Man stellt sich die Sahara (arabisch für »Wüste«) als unermessliche Sandwüste vor, doch besteht sie zu großen Teilen aus unwegsamem Geröll. Das riesige Gebiet trennt die Länder des südlichen Mittelmeerraums vom tropischen Afrika. Seit dem 7. Jahrhundert wurde hier einer der wichtigsten Handelswege zwischen Nord und Süd gebahnt – eine historische Verkehrsader, die ihre Bedeutung bis Mitte des 20. Jahrhunderts behielt. Die Seewege entdeckte man erst nach und nach, und so wurden materielle Güter, Ideen und kulturelle Neuheiten über tausend Jahre lang zunächst mit Kamelkarawanen, später – forciert durch die europäischen Kolonialmächte – auf Eisenbahngleisen transportiert: Gold und Sklaven in den Norden und mittelmeerische, vor allem islamische Kultur in den Süden. Der Islam brachte Afrika nicht nur ein Rechtssystem, das die Grundlage aller künftigen Handelsbeziehungen bildete, sondern auch Alphabetisierung und einen kosmopolitischen Wissensspeicher, wodurch das Gebiet zwischen Atlantik und Rotem Meer zu einem Zentrum der afrikanischen Welt wurde.

Eine – in angelsächsischer Tradition – glänzend geschriebene Kulturgeschichte Afrikas, sorgfältig ausgestattet und mit zahlreichen Bildern und Karten illustriert.

Ein Marktplatz vor der Großen Moschee in der westsudanischen Stadt Djenné. Diese Szene versinnbildlicht die beiden wichtigsten Hinterlassenschaften des transsaharischen Verkehrs: Handel und Islam.

Ralph A. Austen

SAHARA

Tausend Jahre Austausch
von Ideen und Waren

Aus dem Englischen von Matthias Wolf

Verlag Klaus Wagenbach Berlin

Meinen Enkelkindern: Maiya, Lusia, Noble und Jonah

Inhalt

Vorwort zur deutschen Ausgabe

Dieses Projekt begann als ganz gewöhnliche Übersetzung eines Buchs, das 2010 auf Englisch erschienen war. Eine Verkettung mehrerer Umstände führte jedoch dazu, dass der Text nun wesentliche Änderungen enthält, die – zumindest bis zu einem gewissen Grad – erklärt werden müssen. An erster Stelle möchte ich dem deutschen Übersetzer Matthias Wolf danken, der eine Reihe von Fehlern in der ursprünglichen Fassung aufgedeckt und sie mithilfe der Lektorin Susanne Müller-Wolff vom Verlag Klaus Wagenbach korrigiert hat. Ich meinerseits habe in der Zwischenzeit weitere Texte zur transsaharischen Frühgeschichte verfasst, durch die ich auf neuere Forschungsergebnisse aufmerksam wurde (von denen manche 2010 noch nicht publiziert waren). All dies spiegelt sich in erheblichen Überarbeitungen des ersten Kapitels wider, die insbesondere die Garamanten und den vorislamischen Wüstenhandel betreffen. Mein Kollege Walter Kaegi von der University of Chicago sowie Andrew Wilson von der Cambridge University haben mich bei diesen Bemühungen aufs Großzügigste unterstützt, wofür ich ihnen außerordentlich dankbar bin.

Weitere Veränderungen gibt es bei vielen der Illustrationen und den betreffenden Bildlegenden. Dabei wurde auch versucht, die aktuellen dramatischen/traumatischen Ereignisse in der Region um Timbuktu und Gao zu berücksichtigen. Im Wesentlichen ist dieses Buch dasselbe, das ich auf Englisch geschrieben habe; ich hoffe aber, dass seine Neuausgabe eine Verbesserung gegenüber dem Original bedeutet.

Ralph A. Austen, University of Chicago, August 2012

Vorwort

Dieses Buch erzählt die Geschichte einer afrikanischen Welt, die sich im Verlauf eines über tausendjährigen Transsahara-Handels herausgebildet hat, eines Handels, der die Mittelmeerküsten Nordafrikas mit den vom Niltal bis zum Atlantik sich erstreckenden Steppengebieten des Sudan verband. Zu Beginn dieses Entstehungsprozesses, der hier nachgezeichnet wird, bildete die größte Wüste unseres Planeten noch eine unüberwindliche Barriere zwischen den beiden sehr unterschiedlichen Welten. Doch während der Blütezeit des Karawanenhandels mit Kamelen – sie reichte vom 8. Jahrhundert, gleich nach den Invasionen der Araber in Nordafrika, bis zum frühen 20. Jahrhundert, als die europäischen Kolonialherren Eisenbahnlinien zwischen dem Sudan und dem Atlantik anzulegen begannen – entwickelte sich die Sahara dann zu einer der großen Verkehrsadern der Welt. Gold, Sklaven und andere Handelswaren reisten nach Norden, während Fertigprodukte und mediterrane Kultur ihren Weg nach Süden fanden. Bei diesem Güteraustausch spielten neben den Moslems auch nordafrikanische Juden eine bedeutende Rolle.

Im Laufe der Zeit entwickelten Städte im Sudan eigene Formen der handwerklichen Produktion und islamischen Bildung, die als Importe zu ihnen gekommen waren, und verbreiteten diese nicht nur in ihren heimischen Regionen und in den weiter südlich gelegenen Waldgebieten, sondern auch durch die Sahara zurück in den Norden. Am nachhaltigsten beeinflusst wurde dieser Handel durch den Islam, der auch zum gemeinsamen kulturellen Bezugspunkt des transsaharischen Afrika werden sollte. Dieser Glaube spielte in der gesamten Region verschiedene Rollen, als Rechtssystem zur Regulierung des Handels, als Inspiration für religiös-politische Reformbewegungen und als Transportmittel der Bildung und eines kosmopolitischen Wissens, das – oft auf sehr unorthodoxe Weise – zur Kreativität unter den diversen ethnolinguistischen Gruppen der Region beitrug: Araber, Berber und sudanische Völker (Mande, Fulani, Hausa, Kanuri und andere).

Als ab Mitte des 15. Jahrhunderts europäische Seefahrer an den Küsten West- und Zentralafrikas landeten, eröffnete sich damit eine alternative internationale Handelsroute, die den Transsahara-Handel global gesehen zwar marginalisierte, sein lokales Wachstum jedoch beschleunigte. Stärker beeinträchtigt wurde er dann erst im 19. und frühen 20. Jahrhundert durch die territorialen Eroberungen der Franzosen und Engländer. Die transsaharische Kultur dagegen passte sich diesen kolonialen und postkolonialen Umbrüchen nicht nur an, sondern profitierte oft sogar von ihnen und sollte bis weit ins 20. Jahrhundert hinein eine lebendige Kraft bleiben.

Die Sahara:
Von der Wüstenbarriere zur globalen Verkehrsader

Die Sahara ist ein paradoxer Ort. Der Klang dieses Namens (der im Arabischen »Wüste« bedeutet) weckt bei den meisten von uns die Assoziation eines unendlichen Sandmeers, in dem überhaupt nur sehr wenige Menschen leben können und in dem zu reisen äußerst gefährlich ist. Auf Landkarten wie auch im allgemeinen geographischen Verständnis trennt die Sahara zwei Welten: den Mittelmeerraum, eines der dynamischsten Zentren menschlicher Zivilisation, und das tropische (oder »subsaharische«) Afrika, eine Region, die oft als »unzivilisiert« karikiert wird.

Doch über eintausend Jahre lang verbanden Transportrouten durch die Sahara die Welt des Mittelmeers mit dem übrigen afrikanischen Kontinent. Kamelkarawanen transportierten nicht nur höchst begehrte Waren wie Gold und Sklaven in den Norden, sondern brachten auch die materiellen Güter und die Kultur islamischer Händler in die Wüste und in die Städte der angrenzenden Regionen. In dieser Zeit entwickelte sich die Sahara zum Zentrum einer eigenen afrikanischen Welt, genauso wie die Seefahrt auf den Ozeanen des Globus überall an deren Küsten reiche, multikulturelle Zivilisationen entstehen ließ.

Die meisten Historiker datieren den Beginn des Transsahara-Handels etwa auf das 8. Jahrhundert, also kurz nachdem sich der Islam in Nordafrika auszubreiten begonnen hatte. Doch bereits im 5. Jahrhundert vor unserer Zeitrechnung beschreibt der griechische Geschichtsschreiber Herodot eine zu seinen Lebzeiten bestehende Handelsroute von Ägypten bis tief in die Wüste hinein. Wann und wie begann der Transsahara-Handel also tatsächlich? Welche afrikanischen Völker – innerhalb der Wüste wie auch an ihren Rändern – waren an diesem Unternehmen in seinem Frühstadium aktiv beteiligt? Inwiefern ergänzten die neue Religion und Gesellschaft des Islam den Einfluss früherer Zivilisationen auf diese Region?

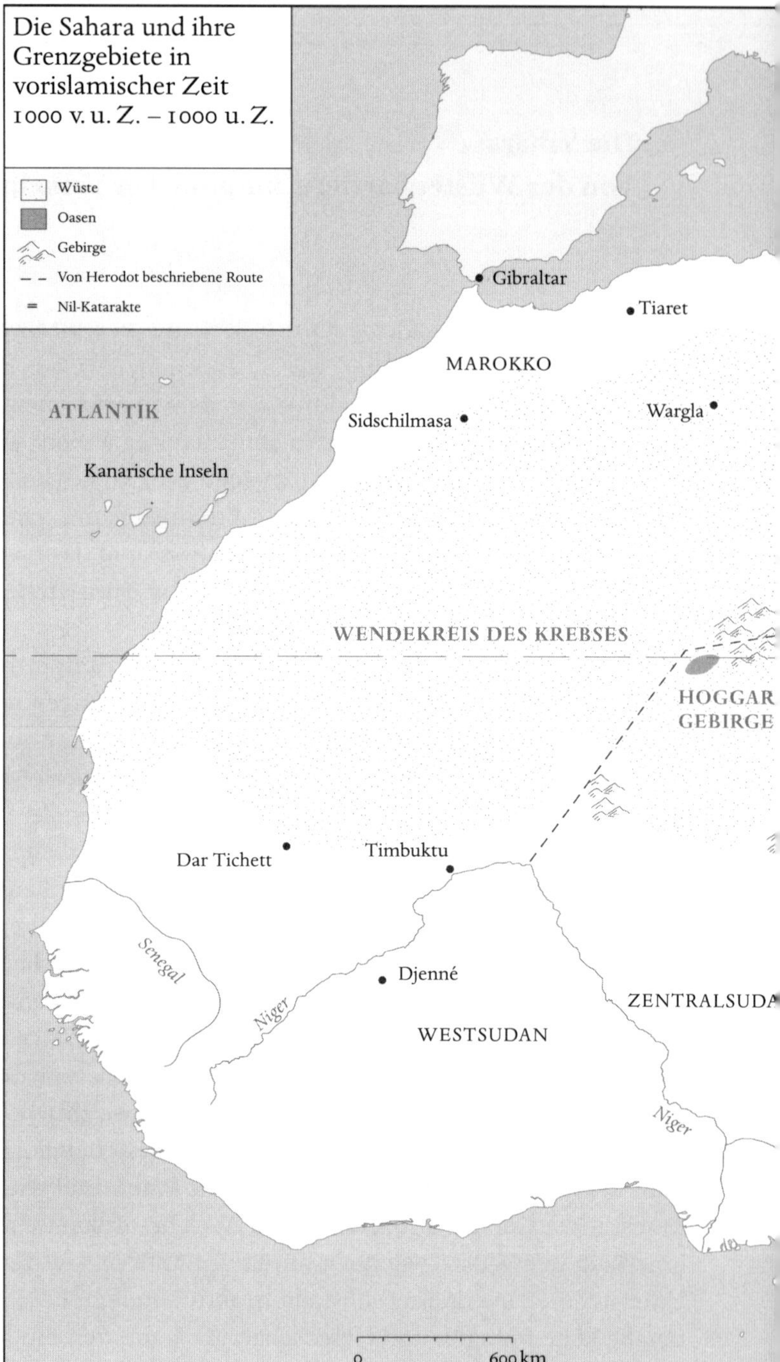
Die Sahara und ihre Grenzgebiete in vorislamischer Zeit 1000 v. u. Z. – 1000 u. Z.
Wüste
Oasen
Gebirge
Von Herodot beschriebene Route
Nil-Katarakte
Gibraltar
Tiaret
MAROKKO
ATLANTIK
Sidschilmasa
Wargla
Kanarische Inseln
WENDEKREIS DES KREBSES
HOGGAR
GEBIRGE
Dar Tichett
Timbuktu
Senegal
Djenné
Niger
ZENTRALSUDA
WESTSUDAN
Niger
0
600 km

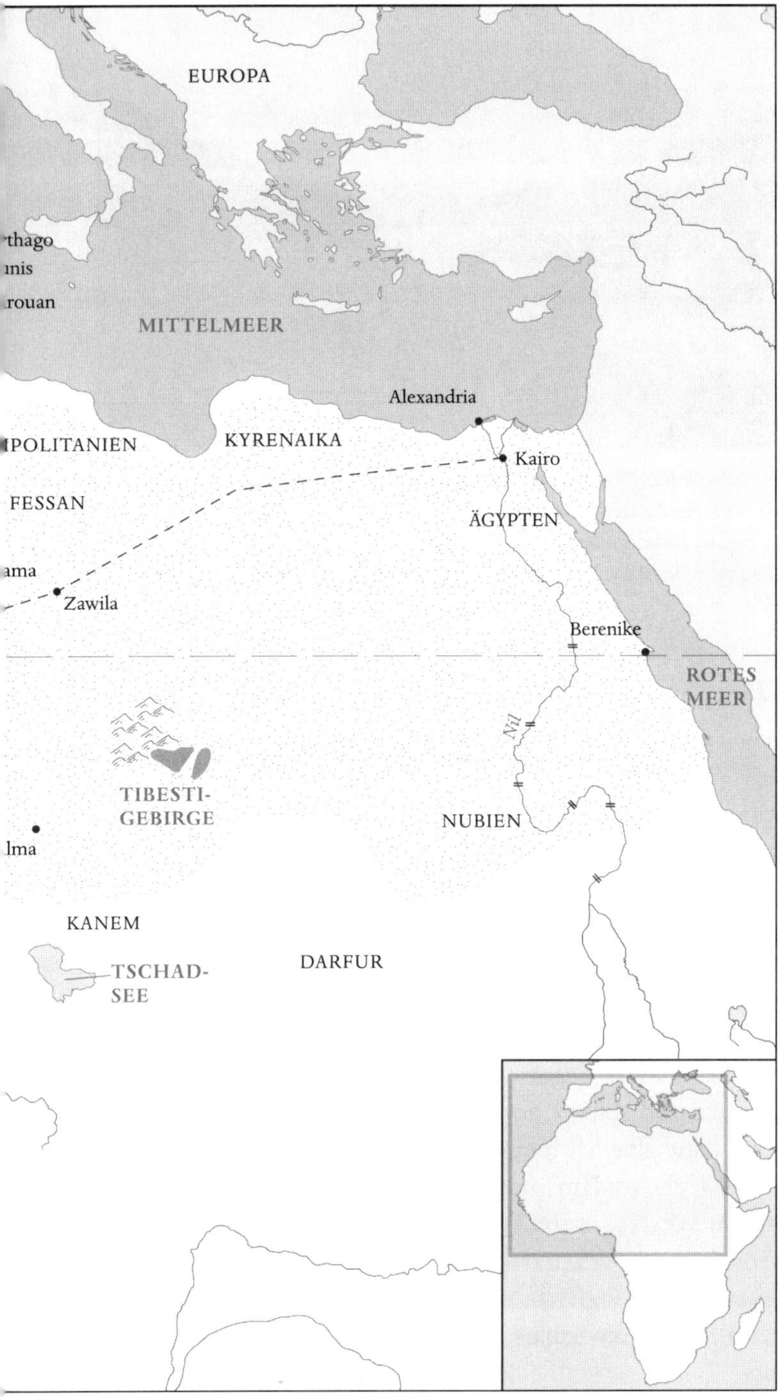

EUROPA
·thago
ınis
ırouan
MITTELMEER
Alexandria
ıPOLITANIEN
KYRENAIKA
Kairo
FESSAN
ÄGYPTEN
ıma
Zawila
Berenike
ROTES
MEER
Nil
TIBESTI-
GEBIRGE
NUBIEN
lma
KANEM
DARFUR
TSCHAD-
SEE

Nomadenzug im algerischen Teil der Sahara. Die Einführung (oder Wiedereinführung) des Kamels nach Nordafrika etwa im ersten Jahrhundert machte den Transsahara-Handel möglich. Die Technik dieses Transports hat sich in den nachfolgenden Jahrtausenden nicht mehr geändert. Photo 1910

Um die Auseinandersetzung des Menschen mit der Sahara zu verstehen, müssen wir uns zunächst einmal die Geographie und die Naturgeschichte der Wüste selbst anschauen. Die Sahara ist die größte Wüste der Welt, doch nur 25 Prozent ihrer 9,4 Millionen Quadratkilometer großen Fläche sind heute mit Sand bedeckt. Der größte Teil des restlichen Gebiets ist fast genauso trocken, besteht allerdings hauptsächlich aus Geröll, felsigen Ebenen und Plateaus. Die einzigen Grünflächen dieser Landschaft sind vereinzelte Oasen mit ständigem Wasservorrat und Palmen sowie Berge und andere große Erhebungen, die teilweise genügend Feuchtigkeit speichern, um Vegetation zu ermöglichen.

Am Rande der Sahara liegen – auf drei Himmelsrichtungen verteilt – fruchtbarere und stärker bevölkerte Regionen Afrikas: im Norden die Küstenebene des Mittelmeers; im Osten das Niltal und die Küste des Roten Meers; und im Süden die sudanischen Savannen (Grassteppen).[1] Nur im Westen erstreckt sich die Wüste direkt bis zum Atlantik. Die Bedingungen für Landwirtschaft und Handel sind in diesen drei Randregionen sehr ungleich, und diese Unterschiede erklären zu einem guten Teil, wieso die Sahara zu einer historischen Verkehrsader werden konnte.

Die nordafrikanischen Gebiete oberhalb der Wüste haben dieselben Bodenarten, milden Temperaturen und günstigen Niederschlagszyklen wie der restliche Mittelmeerraum und der größte Teil der nördlichen gemäßigten Zonen. Tatsächlich gehört ja das »mediterrane Klima«, wie man es auch an der Südspitze Afrikas rund um das Kap der Guten Hoffnung findet, zu den weltweit günstigsten, was den Anbau von Edelprodukten der Alten Welt wie Weizen, Oliven oder Weintrauben betrifft. Das östlich gelegene Ägypten und Nubien (der nördliche Teil der heutigen Republik Sudan) sind fast genauso regenarm wie die Sahara. Das Niltal liefert ihnen jedoch regelmäßige Zufuhr von Wasser und Schlick, ein Geschenk des üppigen Niederschlags und der feuchten Böden der ostafrikanischen Gebiete im Süden, wo der Nil seinen Ursprung hat. Die Landwirtschaft im Niltal basiert also auf der Bewässerung eines schmalen, aber extrem fruchtbaren Landstreifens inmitten der Wüste.

Im Süden der Sahara verläuft die Grenze zwischen Wüste und Kulturland sehr viel weniger deutlich als im Norden, zumal sich gerade in den letzten Jahrzehnten die Wüste immer weiter in diese Richtung vorgeschoben hat. Selbst innerhalb der eindeutig als Savanne definierten Regionen ist die Landwirtschaft ein sehr viel heikleres Unternehmen als an der Mittelmeerküste oder im Niltal. Die Niederschläge fallen hier weniger üppig aus, und die kurzen Perioden, in denen überhaupt mit ihnen zu rechnen ist, sind die einzigen Zeiten des Jahres, die eine landwirtschaftliche Aktivität zulassen. Die Temperaturen in dieser tropischen Zone sind ziemlich hoch, eine klimatische Bedingung, die – in Verbindung mit konzentriertem Niederschlag – dazu führt, dass die Nährstoffe dem Boden tendenziell entzogen werden und nur noch eine sehr dünne Schicht Ackerkrume übrig bleibt. Weizen und Oliven können hier ebenso wenig gedeihen wie die meisten Obstsorten. Die sudanischen Populationen waren gezwungen, ihr eigenes Anbausystem zu entwickeln, das auf Hirse und Sorghum basiert. Diese winterharten Getreidesorten sind im tropischen Afrika heimisch, doch für die Ernährung in der gemäßigten Zone spielen sie nur eine untergeordnete Rolle, und außerdem lassen sie sich nicht sehr weit exportieren.

Eine Entsprechung zum Niltal bildet in der Region der Savannen der mächtige Strom des Niger, der von der feuchten Zone des Hochlands von Guinea durch einen Großteil des West- und Zentralsudan fließt. An manchen Stellen – vor allem im »inneren Delta« Zentralmalis, wo sich der Niger verzweigt und die angrenzenden Gebiete regelmäßig überschwemmt – liefert das Flusswasser die Grundlage für eine intensivere Landwirtschaft, etwa für den Anbau von heimischem afrikanischem Reis. Schon vor Beginn des Handels quer durch die Sahara (oder zumindest in einem sehr frühen Stadium) entstanden städtische Zentren sowohl hier als auch im Tal des Senegal und in der Umgebung der alten Ansiedelung Dar Tichett im heutigen Mauretanien. Doch selbst in denjenigen dieser Regionen, die die günstigsten klimatischen Bedingungen aufweisen, sind die Möglichkeiten der Bewässerung aus den oft nur spärlich vorhandenen Wasservorräten des Niger beschränkt, wie das spektakuläre Scheitern des Office du Niger in neuerer Zeit belegt. Von 1932 bis 1984 investierten die französischen Kolonialherren Malis und ihre afrikanischen Nachfolger Millionen von Dollar in das gewaltige Projekt, in dessen Rahmen Staudämme gebaut, Kanäle angelegt und landwirtschaftliche Neuansiedelungen betrieben wurden, ohne dass dies nennenswerte Erfolge gezeitigt hätte. Diese schwierigen landwirtschaftlichen Bedingungen führten dazu, dass die Populationen der sudanischen Gebiete Afrikas immer sehr viel dürftiger waren als diejenigen, die unmittelbar an der Mittelmeerküste lebten.

Das zuträgliche Klima und die günstigen Bodenbedingungen verschafften Nordafrika und Ägypten auch große Vorteile im Verkehr mit dem an drei Kontinente grenzenden Mittelmeer. Schon lange vor der Ära des motorisierten Land- oder Lufttransports bot das Wasser dieses engen Binnenmeers ideale Voraussetzungen für den Handel, und es ist kein Zufall, dass der Mittelmeerraum zur Geburtsstätte alter städtischer Zivilisationen wurde, die eine sehr viel größere Welt beeinflussen sollten. Ägypten profitierte nicht nur von den Vorteilen der mediterranen Kontakte, sondern auch von der Tatsache, dass es im Süden über eine weitere Küste verfügte. Bereits ab dem 3. Jahrhundert vor unserer Zeitrechnung konnten Schiffe von der Hafenstadt Berenike am Roten Meer aus direkt in den Indischen Ozean fahren und Handelsverbindungen herstellen, die bis nach Südostasien reichten.

Für internationale Transporte hatte Ägypten auch den Nil. Doch wie alle afrikanischen Flüsse ist der Nil nur auf eine relativ kurze Strecke stromaufwärts schiffbar, in diesem Falle bis knapp nördlich der Grenze des heutigen Sudan. Jenseits davon wird der Wasserstrom durch eine Reihe von Katarakten unterbrochen. Dennoch entwickelte sich der Handel zwischen Ägypten und Nubien bereits 3000 vor unserer Zeitrechnung. Für den Transport zu Wasser nutzte man bisweilen die längeren Abschnitte zwischen den Katarakten, und der Warenverkehr funktionierte auch mithilfe von Eselkarawanen, die durch die vom Klima relativ begünstigten Landschaften in Flussnähe zogen und sogar kürzere Strecken durch die Wüste zurücklegen konnten.

Bis zum 15. Jahrhundert, als die Europäer die Atlantikküste Westafrikas anzusteuern begannen, hatten die Gebiete südlich der Sahara keinen regelmäßigen Kontakt zur Außenwelt, es sei denn über den Wüstenweg. Selbst im Landesinneren des Sudan gestaltet sich der Transport schwierig. Ebenso wie der Nil ist der Niger durch Stromschnellen blockiert, namentlich dort, wo er die heutige Grenze des Staates Niger quert und sich in das fruchtbarere Ackerland Nordnigerias ergießt. Im Quellgebiet des Niger gibt es – anders als beim Nil – nicht genügend Niederschläge, so dass nicht einmal seine im Flachland gelegenen Abschnitte zu allen Jahreszeiten passierbar sind. Der Landtransport im Sudan wird auch noch insofern erschwert, als in den südlicheren Zonen Packtiere wie Ochsen oder Esel einheimischen Krankheiten, insbesondere der Schlafkrankheit, zum Opfer fallen.

Um die transsaharischen Kontakte historisch einzuordnen, muss man die unterschiedlichen Lebensweisen der Menschen nördlich und südlich der Sahara betrachten. Doch das Zustandekommen ihrer Lebensbedingungen gehört in den Bereich der Prähistorie, denn es fällt in eine Zeit, für die es keine schriftlichen Aufzeichnungen oder Erinnerungen gibt. Für die Wissenschaft bedeutet dies, dass sie sich auf archäologische und geologische Zeugnisse stützen muss, die oft schwer zu entschlüsseln sind.

Ein wesentlicher Akteur in dieser Schilderung ist die Sahara selbst, die sich in der Epoche unmittelbar vor Beginn ihrer Geschichtlichkeit auf dramatische Weise ausdehnte, um dann wieder zu schrumpfen. Geologen haben festgestellt, dass die Wüste ihre größte Ausdehnung im Pleistozän (Eiszeit) um etwa 19.000 vor unserer Zeitrechnung erreichte, als sich die trockenen Landschaften bis weit nach Süden in die Savannengebiete des heutigen West- und Zentralafrika hinein erstreckten. Vom Ende des Pleistozäns (circa 9000 vor unserer Zeitrechnung) bis etwa 3000 vor unserer Zeitrechnung erlebte das nördliche Afrika eine »Feuchtphase«, welche die Fläche der Sahara weit unter ihre heutige

Größe zusammenschrumpfen ließ. Nach 3000 vor unserer Zeitrechnung stellten sich wieder sehr viel trockenere Verhältnisse ein. Auch in der Folge fanden klimatische und landschaftliche Veränderungen statt, allerdings von bedeutend kleinerem Ausmaß, und seit etwa 300 hat die Wüste diejenigen Dimensionen, die uns heute vertraut sind.

Diese Wechsel zwischen Feucht- und Dürreperioden spielten bei der menschlichen Besiedelung der Sahara und ihrer Randgebiete eine wesentliche Rolle. Die Phase großen Niederschlagsreichtums in der Epoche vor 4000 vor unserer Zeitrechnung fällt zeitlich mit dem Beginn des Neolithikums beziehungsweise der Jungsteinzeit im gesamten Mittelmeerraum zusammen. Während dieser Ära wurden kleine Gruppen migrierender Jäger und Sammler in festen Ansiedelungen sesshaft, und ihre Populationen vermehrten sich. Diese neue Lebensweise brachte es mit sich, dass neben Steinwerkzeuge auch Keramikwaren traten und die Nahrungsquellen einer unmittelbaren Kontrolle unterworfen wurden. Diese Veränderungen vollzogen sich auch in der Sahara, wobei hier allerdings – wie im größten Teil des tropischen Afrika – Ackerbau und Viehhaltung erst spät Einzug hielten, was vor allem der Rückkehr eines trockeneren Klimas geschuldet war. Archäologen fanden Belege für dauerhafte Gemeinschaften, die nicht nur jagten und sammelten, sondern an den Seen, die in der frühen Feuchtphase der Region entstanden waren, auch Fischerei betrieben. Als später aufgrund nachlassender Niederschläge die Fisch- und Wildbestände zusehends schrumpften, gingen die Menschen dazu über, einheimisches Vieh und Schafe zu züchten, und wurden Hüter. Zu den Nahrungsmitteln der saharischen Populationen gehörten um diese Zeit auch einige Getreidesorten, aber es ist nicht klar, ob sie von wildwachsenden oder angebauten Pflanzen stammten.

Obwohl die Sahara während ihrer Feuchtphase nur wenige Transportbarrieren aufwies, scheint die dortige Population keine regelmäßigen Kontakte zur Mittelmeerküste oder zum Niltal unterhalten zu haben. In dieser Epoche waren die Völker der Sahara weder motiviert noch besaßen sie die Mittel, Handel über große Entfernungen hinweg zu betreiben. Angesichts solch günstiger klimatischer Bedingungen konnte jede kleine Gemeinschaft in der Region ihre eigenen Grundnahrungsmittel produzieren, allerdings gab es wohl auch Gruppen in benachbarten Gebieten, die Gegenstände wie etwa Keramikwaren untereinander austauschten. Der Güterverkehr über weitere Landstrecken hinweg hätte einen Transport mithilfe von Tieren erfordert, und der war noch nicht verfügbar. Die Menschen der Sahara züchteten Vieh nicht zu diesem Zweck, Wildesel waren noch nicht domestiziert worden, und Pferde gelangten erst im 1. Jahrtausend vor unserer Zeitrechnung in die Region, als die Wüste bereits wieder sehr trocken geworden war.

In dieser späteren Periode schrumpften die saharischen Populationen erheblich zusammen, und die Bewohner der weit verstreuten Wüstenoasen benötigten Güter, die aus entfernten Gebieten herangeschafft werden mussten. Felszeichnungen aus dieser Zeit zeigen Sahara-Bewohner, die nicht nur Zugtiere verwenden, sondern auch mit Rädern versehene Fahrzeuge – eine Art Handel quer durch die Wüste muss jetzt also möglich gewesen sein. Doch diese Zeugnisse verraten nicht allzu viel über Ursprünge und Form eines solchen Verkehrswesens.

In den südlichen Regionen der Sahara sorgte das trockenere Klima eindeutig für neue Kontakte zu den Ackerbau betreibenden Völkern im Süden. Einige Wüstengemeinschaften zogen in besser bewässerte Gebiete des Sudan wie etwa das Binnendelta des Niger. Hier lebten sie hauptsächlich von Landwirtschaft und bewohnten Siedlungen, die noch dichter waren als diejenigen der neolithischen Sahara. Allerdings gab es eine ganz wesentliche Beeinträchtigung, die den Siedlern in diesen Grassteppen zu schaffen machte: Das Vieh, das dort über das Jahr gehalten wurde, erkrankte regelmäßig während der Regenzeit, wenn es von den Tsetsefliegen befallen wurde, deren Parasiten die Erreger der Schlafkrankheit verbreiteten.

Diese Behinderung bewirkte eine Verflechtung zwischen einzelnen Gemeinschaften von Ackerbauern und Viehhaltern, die vielfältige Formen von Handelsbeziehungen nach sich zog. Nicht nur konnte Getreide gegen Milchprodukte eingetauscht werden, während der Trockenzeit zogen auch Herden von den Wüstenrändern her auf bereits abgeerntete Felder, um dort zu weiden. Den Feldern wiederum kam der Tierdung zugute. Eine weitere Spezialisierung sowie neue Anreize zum regionalen Handel brachte die Eisenverarbeitung mit sich, die ebenfalls im 1. Jahrtausend vor unserer Zeitrechnung im Sudan einsetzte. Diese Kontakte sorgten dafür, dass bereits in jener Zeit städtische Zentren mit aktiven regionalen Märkten in den Savannengebieten unmittelbar südlich der Sahara entstanden.

In den Phasen des Übergangs zwischen Dürre, Feuchtigkeit und erneuter Dürre funktionierte die Sahara wie eine Pumpe, die verschiedene Populationen aufsaugte, um sie dann in etwas unterschiedlicher Form wieder auszustoßen. Die daraus resultierende Ausbreitung der Gemeinschaften über das transsaharische Afrika stellt eine der nachhaltigsten und gängigsten Vorstellungen in Frage, die mit der Teilung zwischen nördlichem und südlichem Rand der Wüste verbunden ist, nämlich die der Rasse.

Die frühesten schriftlichen Zeugnisse aus Nordafrika bezeichnen die Menschen aus dem Inneren des Kontinents als schwarz: Der griechische Begriff »äthiopisch« [αἰθαλωτός ὄψ] (der auch von den Römern verwendet wurde und sich auf keine bestimmte Region Afrikas bezieht) bedeutet »verbranntes« oder »mit Ruß überzogenes Gesicht«. Das arabische Wort für die Regionen südlich der Sahara – *Bilad as-Sudan* – ist mit »Land der Schwarzen« zu übersetzen. Die Menschen aus anderen Regionen des Mittelmeerraums, die diese Beobachtungen machten, kamen erst im 1. Jahrtausend vor unserer Zeitrechnung hierher, also lange nachdem die Sahara wieder eine Dürrezone geworden war, die die nördliche Hälfte Afrikas in zwei ganz eigene Gebiete unterteilte. Zu dieser Zeit, wie auch heute, hatten die einheimischen Populationen der Mittelmeerküste und ihres unmittelbaren Hinterlands – die sogenannten Berber oder Libyer – einen bräunlichen Teint. Die Hautfarbe derjenigen aus südlicheren Gebieten war dagegen sehr viel dunkler, und auch die Textur ihrer Haare und ihre Gesichtszüge ließen sie als »schwarze« Afrikaner erscheinen.

Skelettteile und saharische Felszeichnungen aus der Zeit der neolithischen Besiedelung zeigen jedoch unterschiedliche Typen, die dieselben Regionen bewohnten. Nachdem das Klima wieder trockener geworden war, drangen Berberisch sprechende Menschen aus dem Mittelmeerraum mit Pferden und später Kamelen in die Wüste vor und entwickelten sich sowohl zahlenmäßig als auch vom Einfluss her zur beherrschenden Population.

Dies waren die Vorfahren der Beduinen, die den größten Teil der Sahara bis in die Moderne hinein kontrollieren sollten. Zu der Zeit, als die Beduinen in die Wüste kamen, hatte sich die große Mehrheit der früheren Sahara-Population jedoch schon in wirtlichere Gefilde weiter südlich zurückgezogen. Die Abkömmlinge dieser Emigranten sind heute alle dunkelhäutig, doch einige von ihnen waren eindeutig mediterraner und nicht tropischer Herkunft.

Welche Erkenntnisse liefert das physische Erscheinungsbild über die größere Geschichte der Zivilisationen, die sich im sudanischen West- und Zentralafrika herausbildeten? Nach einer Theorie, die unter Europäern lange beliebt war, aber auch von manchen Gruppen im subsaharischen Afrika geteilt wurde, repräsentieren die Menschen aus dem Norden – also aus einer Gegend, in der wohlhabendere und global vernetzte Gesellschaften existieren – eine »überlegene« Rasse, die die schwarzen »Eingeborenen« unterwarf und ihnen die Zivilisation brachte. Diese Theorie ist insofern problematisch, als die Zivilisation des Sudan auf lokal entwickelten Formen der Landwirtschaft basierte. Die Migranten aus der Sahara waren fast ausschließlich Viehhalter, die sich erst an diese neue Umgebung anpassen mussten – oft als Untertanen und nicht als Herrscher. Zum Beispiel begründen die Fulani oder Fula,

Diese Felszeichnung aus dem Hoggar-Gebirge im südwestlichen Libyen belegt, dass von Pferden gezogene Fahrzeuge mit Rädern in der vorgeschichtlichen Sahara bekannt waren. Zu welchem Zweck und in welchem Umfang dieses Fortbewegungsmittel genutzt wurde, ist unklar. Es wurde schließlich vom Kamel abgelöst.

die größte dieser Hirtengruppen, ihre Überlegenheit mit der Tatsache, dass sie etwas länglichere und damit »weiße« (das heißt nördliche) Gesichtszüge haben, im Gegensatz zur Masse der einheimischen sudanischen Bevölkerung, und zum anderen betrachten sie die Viehhaltung als eine im Vergleich zum Ackerbau edlere Beschäftigung.

Auch die Sprachen, die von diesen Gruppen gesprochen werden, lassen sich nicht ohne weiteres nach Rassenkategorien einteilen. Das Fulani oder Fulfulde gehört zur Niger-Kongo-Sprachfamilie, die im größten Teil des subsaharischen Afrika verbreitet ist und auch die Bantu-Sprachen einschließt, die sich heute bis zum Kap der Guten Hoffnung hin erstrecken. Andererseits sprechen die Hausa, eine der größten sudanischen Ackerbaugruppen, die keinerlei physische Ähnlichkeit mit mediterranen Völkern haben, eine Sprache, die zur selben afroasiatischen Familie gehört wie Altägyptisch, Arabisch und Hebräisch.

Über die Herausbildung dieser rassischen und kulturellen Strukturen kann die Wissenschaft nur spekulieren. Die Fulani stammen wahrscheinlich von Populationen mit genetischen Verbindungen zu Nordafrika ab, deren Sprache sich entweder in der Sahara oder während ihrer Migration in den Sudan veränderte. Dennoch gibt es weiter östlich in der Sahara Gemeinschaften wie die Kanuri und Teda, die das Leben von Hirten führen wie die Fulani, aber sowohl biologisch als auch sprachlich mit den Schwarzen des Sudan verwandt sind und nicht mit den Völkern des Mittelmeerraums. Die Geschichtsschreibung über die transsaharischen Beziehungen war ebenso von Rassenvorstellungen bestimmt wie diejenige über die atlantische Welt. Doch die frühesten bekannten Migrationsbewegungen in die Wüste hinein und aus ihr heraus sollten uns davor warnen, mit derlei Ideen zu operieren, wenn es darum geht, Ereignisse in vorgeschichtlicher Zeit zu erklären.

Ihr Wachstum verdankten die Nahrungsmittel produzierenden Gemeinschaften, nachdem sie nördlich und südlich der Sahara wie auch im Niltal sesshaft geworden waren, dem Handel und Transport ebenso wie der Viehhaltung und Landwirtschaft. Die frühen Städte Malis wie Djenné prosperierten, weil ihre Lage eine gute Nahrungsversorgung ermöglichte und günstige Transportbedingungen bot. Die räumliche Nähe zur Sahara förderte den Export von Nahrungsüberschüssen im Austausch gegen Salz und Kupfer aus der Wüste. Den Händlern von Djenné bot sich zudem der Niger als Transportweg an: Auf dem Fluss und seinen Verzweigungen konnten sie all diese Waren, aber auch Eisenprodukte zumindest auf mittlere Entfernungen am Rand der Wüste und durch die Savanne verschiffen.

In der späteren Phase des islamischen Transsahara-Handels wurde Timbuktu an der nördlichen Biegung des Niger zur bekanntesten Stadt im Sudan. Diese Gegend ist zwar sehr trocken, konnte sich aber den Vorteil zunutze machen, dass sie an einem Schnittpunkt von Kamelkarawanen und dem Flusstransportsystem des Sudan liegt. Lange bevor die ersten Karawanen durch die Wüste zogen, war die Bevölkerung des Sudan ganz offensichtlich schon darauf eingerichtet, ausgedehnten Handel zu treiben. Doch die Initiative zu einer solchen direkten Verbindung zwischen den beiden Welten Afrikas sollte von den Zivilisationen des Mittelmeerraums ausgehen, die in wirtschaftlicher Hinsicht begünstigter waren.

Die erste dieser Zivilisationen, die am Rande der Sahara entstand, war Ägypten. Doch trotz ihres Mittelmeer- und Rotmeerhandels waren die alten Ägypter selbst keine bedeutenden Seefahrer und reisten auch auf dem Landweg kaum in die Sahara hinein. Das gesamte nordafrikanische Gebiet zwischen Niltal und Atlantikküste galt ihnen als eine Art Wilder Westen (die arabische Bezeichnung der Region – Maghreb – bedeutet »Westen«), dessen Wüstenlandschaften und Nomadenvölker eher eine Bedrohung darstellten, als dass sie einen Anreiz für Handel geboten hätten. Bedeutsam für die Weltwirtschaft wurde der Maghreb erst, als Menschen außerhalb Afrikas seine strategische Lage an den Seerouten erkannten, die das östliche Mittelmeer mit europäischen Territorien wie Sizilien, Sardinien und Spanien verbinden.

Bereits im 9. Jahrhundert vor unserer Zeitrechnung gründeten phönizische Händler aus dem heutigen Libanon eine größere Siedlung in Karthago (nahe dem heutigen Tunis), die sich relativ schnell zur Basis eines ausgedehnten Seereichs entwickeln sollte. Als Händler befanden sich die Phönizier in ständiger Konkurrenz mit denjenigen Griechen, die ab dem 8. Jahrhundert vor unserer Zeitrechnung Niederlassungen in der Kyrenaika (dem östlichen Teil des heutigen Libyen) zu gründen begannen. Die großen politischen Rivalen der Karthager waren jedoch die Römer, die die phönizischen Außenposten im 2. Jahrhundert vor unserer Zeitrechnung eroberten und zerstörten. In der Folge gründete Rom seine eigenen nordafrikanischen Kolonien, die hauptsächlich dem Anbau von Weizen und Oliven für den großen heimischen Bedarf dienten.

Das Hinterland dieser kolonialen Ansiedelungen, das sich bis in die nördliche Sahara hinein erstreckte, blieb ursprünglich unter der Kontrolle einheimischer Berber, die – ebenso wie frühere Sahara-Gemeinschaften – eher Viehzucht als Ackerbau betrieben. Die Grenzen zwischen beiden Regionen wurden jedoch immer durchlässiger. An der Küste vermischten sich Kolonisten von außerhalb Afrikas mit den ansässigen Ackerbauern und Schafhaltern, die dort bereits den Großteil der Berberbevölkerung ausmachten, und beeinflussten sie kulturell. Im Landesinnern bestanden Berber-Reiche, deren Häuptlinge zum Teil Verbündete, zum Teil Rivalen von Karthagern und Römern waren und letztlich das Römische Reich zwangen, seine Autorität – oder zumindest seinen Einfluss – bis weit in die Wüste hinein auszudehnen.

Die Historiker sind sich nicht völlig sicher, ob im alten Nordafrika die Verbindungen zwischen den mediterranen und saharischen Regionen über die Wüste hinausreichten, ob es also auch Handelsbeziehungen mit dem West- und Zentralsudan gab. Anhand der heute verfügbaren Quellen kann man davon ausgehen, dass schon vor der Ankunft der arabischen Eroberer im 7. Jahrhundert ein direkter Handel quer durch die gesamte Wüste bestand, wenn auch wohl nur in geringem Umfang und jedenfalls nicht von nachhaltiger Wirkung. Jedoch gibt es Hinweise auf einen bedeutenden indirekten Sahara-Handel. Zudem lohnt sich die Auseinandersetzung mit solchen Thesen, die eine größere Handelsaktivität unterstellen, da sie – so anfechtbar sie auch sein mögen – doch auf die Schwierigkeiten verweisen, die geographische Barriere der post-neolithischen Sahara zu überwinden.

Die romantischste Fiktion einer Verbindung zwischen dem Mittelmeer und dem Sudan findet sich in einer angeblich karthagischen Inschrift aus dem 6. Jahrhundert vor unserer Zeitrechnung, dem sogenannten »Periplus Hannonis«. Dieser Bericht über eine Seereise zur südatlantischen Küste Westafrikas enthält Beschreibungen eines »von Feuer durchglühten Landes« und einer Insel, »voll von wilden Menschen. Es waren überwiegend Weiber, die am ganzen Körper dicht behaart waren; die Dolmetscher nannten sie *gorillai*.«[2] Dieser lange Zeit als authentisch angesehene Text, der heute als literarische Erfindung gilt, wurde mindestens zweihundert Jahre später von Griechen verfasst. Tatsächlich gelangten karthagische Seefahrer über das westliche Ende des Mittelmeers hinaus, doch gibt es keinerlei archäologischen Beleg dafür, dass sie weiter als bis zu den Kanarischen Inseln oder bis Südmarokko vorgedrungen wären. Die Technik der Seefahrt war seinerzeit noch nicht so weit gediehen, als dass es möglich gewesen wäre, unter Nutzung der im Atlantik herrschenden Windströmungen über diesen Punkt hinaus und auch wieder zurück zu segeln.

Eine andere, weit verbreitete Vorstellung aus innerafrikanischer Perspektive betrifft die enge und dauerhafte Beziehung zwischen dem alten Ägypten und der gesamten Zivilisation des tropischen Afrika, die durch Nubien im oberen (südlichen) Niltal gewährleistet wurde. Seit den frühesten Stadien der Sesshaftigkeit in dieser Region existierten engste kommerzielle und politische Verbindungen zwischen Ägypten und Nubien, die sich auch kulturell gegenseitig beeinflussten. Doch weder gibt es Anzeichen dafür, dass Städte im sudanischen Teil des Niltals ihre Handelskontakte zu Regionen westlich von Darfur (in der heutigen Republik Sudan) ausgedehnt hätten, noch finden sich archäologische Zeugnisse, die irgendeinen Einfluss Nubiens in diese Richtung erkennen ließen. Selbst in späteren Phasen des extensiven Fernhandels war es außergewöhnlich schwierig, vom Oberlauf des Nil aus in östlicher Richtung durch die Sahara zu reisen, und der Aufwand lohnte sich auch nicht, da sich der Strom aufgrund der Katarakte für einen preisgünstigen Transport hier nur eingeschränkt nutzen ließ. Stattdessen zogen Karawanen aus dem West- und Zentralsudan, ja sogar aus Darfur auf dem Landweg nach Norden zum schiffbaren Abschnitt des Nil im südlichen Ägypten oder direkt zur Mittelmeerküste.

In der gesamten Geschichte der Sahara gab es immer zwei Bedingungen, die für den Fernhandel entscheidend waren: das Vorhandensein von Gütern, die den Aufwand einer mühevollen Wüstenreise lohnten, und die Verfügbarkeit von Transportmitteln, die solche Reisen überhaupt erst ermöglichten. Antike Produkte aus dem Mittelmeerraum – Textilien, Keramik, Glas- und Metallwaren – erfreuten sich allseits großer Beliebtheit, und entsprechende Funde an archäologischen Stätten im Süden liefern einen wichtigen Hinweis auf kommerzielle Verbindungen. An anderen Orten des Zentral- und Westsudan, wo es schon in vorislamischen Zeiten eine dichte Besiedelung gab, wurden solche Materialien kaum entdeckt, weshalb es unwahrscheinlich ist, dass sie zu dieser Zeit als Importgüter regelmäßig dorthin gelangten. In der südlibyschen Sahara-Region des Fessan finden sich jedoch sehr große Mengen mediterraner Artefakte an solchen Orten, die einen Bezug zum Volk der sogenannten Garamanten haben. Die Zivilisation der Garamanten, die ihre höchste Entwicklung zwischen 1000 vor unserer Zeitrechnung und 700 erlebte, begründete also möglicherweise eine wichtige indirekte Handelsbeziehung zwischen der mediterranen Welt und derjenigen des Sudan.

Das wichtigste literarische Zeugnis über die Garamanten verdanken wir dem griechischen Geschichtsschreiber Herodot aus dem 5. Jahrhundert vor unserer Zeitrechnung, der auch schon eine Art transsaharischer Handelsroute beschreibt. Sie erstreckt sich von Ägypten aus durch die Wüstenlandschaft des Fessan im heutigen Libyen und das südalgerische Hoggar-Gebirge bis zur Niger-Biegung. Während einige moderne Historiker darauf hingewiesen haben, dass diese Route weitgehend einer aus späterer Zeit bekannten ähnelt, wird sie von Herodot zu einem viel zu frühen Datum erwähnt, als dass dies mit archäologischen Belegen für eine Urbanisierung im Westsudan in Einklang gebracht werden könnte. Die Rolle, die die Garamanten im vorislamischen Transsahara-Handel gespielt haben dürften, lässt eher auf ihre unterschiedlichen Verbindungen zum Zentralsudan schließen.

Dass die Garamanten Güter aus dem Mittelmeerraum importierten, belegt den Umfang ihrer Marktaktivitäten, doch was sie zu solch einem Handel überhaupt erst befähigte, waren ihre Leistungen auf dem Gebiet der Landwirtschaft und des Handwerks. Ihren Ackerbau betrieben sie auf der Grundlage eines ausgeklügelten Kanalisations- und Bewässerungssystems, den sogenannten *Foggara*, das (zu seiner Blütezeit zwischen dem 1. und dem 3. Jahrhundert) eine Bevölkerung von 50.000 bis 100.000 Menschen auf einem Gebiet von rund 250.000 Quadratkilometern ernähren konnte. Neben landwirtschaftlichen Aktivitäten brachte die Zivilisation der Garamanten auch bedeutende städtische Siedlungen mit ihren eigenen Manufakturen hervor.

Über das Wirtschaftsleben oder die Kultur der Garamanten erfahren wir leider nicht sehr viel – weder aus den wenigen und nicht entzifferbaren Inschriften, die sie selbst hinterlassen haben, noch aus den schriftlichen Zeugnissen der Griechen, Karthager oder Römer. Die griechischen Texte wie diejenigen Herodots sind zeitlich zu früh, um diese Zivilisation auf ihrem Höhepunkt zu beschreiben, und berichten uns nur, dass sie rote Karneol-Halbedelsteine exportierten – sogenannte Karfunkel –, eine Ware, mit der sich ihre späteren umfangreichen Importe nicht hinreichend erklären lassen. Aus Karthago existieren überhaupt keine Zeugnisse dieser Art, da die Karthager selbst in ökonomischen Dingen außerordentlich verschwiegen waren und die Römer alles zerstörten, was sie an Überresten ihrer Erzfeinde finden konnten. Die Römer hatten mehr Kontakt zu den Garamanten, vor allem über Golaia (heute Bu Njem), einen der Grenzposten, den sie nördlich des Fessan errichteten. Aus archäologischen Quellen wissen wir, dass Bu Njem als Handelsniederlassung zwischen den Römern und den Garamanten fungierte, aber die Römer bezeichneten solche Stationen meist mit dem militärischen Begriff *Limes* – Steinwälle, die die »Barbaren« aus dem Hinterland fernhalten sollten. (Der ethnische Name »Berber« ist wahrscheinlich eine Variante dieses negativen Begriffs, weshalb manche Angehörige dieser Gruppe lieber »Amazigh« genannt werden wollen; die alternative Bezeichnung hat sich jedoch nie wirklich durchsetzen können und wird hier auch nicht verwendet.)

Sofern sich die Römer tatsächlich über die Bewohner der Sahara im Allgemeinen und über die Garamanten im Besonderen äußerten, schlugen sie einen negativen Ton an. Für den Geographen Plinius d. Ä. aus dem 1. Jahrhundert waren all diese Wüstenvölker »der menschlichen Lebensweise entfremdet«.[3] Plinius bezeichnet sie als »Räuber«, die ein friedliches Reisen verhinderten, indem sie »die Brunnen [...] mit Sand zuschütteten«, und für Tacitus, der seine historischen Aufzeichnungen im 2. Jahrhundert verfasste, waren sie »ein noch unbezwungener Stamm, der seine Nachbarn ununterbrochen mit Raubzügen heimsuchte«.[4] In Wirklichkeit waren die Garamanten offenbar sehr darum bemüht, ein »friedliches Reisen« zu fördern und Wasserquellen zugänglich zu machen, aber die verzerrten römischen Berichte geben uns wenige Hinweise darauf, welche Güter sie zu den Handelszentren des Nordens brachten.

Wenn diese Güter aus dem Süden der Sahara kamen, müssen wir davon ausgehen, dass sie aus denselben Waren bestanden, die für die sudanischen Exporte in den Mittelmeerraum zu islamischen Zeiten bestimmend waren: Gold und Sklaven. Historiker der Antike konzentrierten ihre Aufmerksamkeit vor allem auf Gold, obwohl es höchst unwahrscheinlich ist, dass dieses Edelmetall, dessen Quellen westlich der Niger-Biegung liegen, seinen Weg nach Norden durch die Garamanten fand, die viel zu weit östlich angesiedelt waren und ihre Blütezeit auch viel zu früh erlebten, als dass sie ein zusätzliches sudanisches Transportsystem hätten entwickeln können. Im zentralsaharischen Hoggar-Gebirge haben Archäologen eine Festung aus dem 5. Jahrhundert mit dem Grab einer Frau freigelegt, die in Berber-Legenden als Prinzessin Tin Hinan bekannt ist. Die Funde enthalten unter anderem Goldgegenstände unbekannter Herkunft sowie von Römern produzierte Objekte. Angesichts der geographischen Nähe der Hoggar-Region zur Niger-Biegung sowie neuerer Funde von Gütern aus dem Mittelmeerraum in Kisii, einem sudanischen Ort am Weg zu den dortigen Goldfeldern, könnte man vermuten, dass hier, an der Grabstätte der Tin Hinan mit ihren Beigaben, möglicherweise sudanisches Gold und mediterrane Produkte aufeinandertrafen. Doch es gibt kei-

Luftaufnahme der Ruinen von Garama, dem Zentrum der bemerkenswerten Zivilisation der Garamanten in der antiken Westsahara (Fessan). Ihre Blüte erlebten die Garamanten während der Herrschaft der Karthager und Römer in Nordafrika, aber zur Zeit der arabischen Eroberung im 7. Jahrhundert war von ihren Städten und ihrer Landwirtschaft kaum noch etwas übrig.

ne anderen Belege, die eine solche Spekulation erhärten würden. Eine scheinbare Bestätigung dieser Annahme, nämlich das Prägen von Gold in Karthago während der byzantinischen Herrschaft in Nordafrika (6. bis 7. Jahrhundert), wurde kürzlich durch Spurenanalysen widerlegt, aus denen hervorgeht, dass die entsprechenden Münzen kein Metall aus subsaharischen Quellen enthalten. Die frühesten literarischen und numismatischen Belege für sudanischen Goldhandel tauchen erst im 8. Jahrhundert nach der Eroberung Nordafrikas durch die Araber auf.

Während der islamischen Zeit exportierte der Zentralsudan, also das den Garamanten näher liegende subsaharische Gebiet, vor allem Sklaven. Über die Garamanten berichtet uns Herodot, dass sie »Jagd auf die aithiopischen Höhlenbewohner mit Viergespannen« machen,[5] was auch durch eine spätere römische Quelle bestätigt wird. Aus Skelettfunden, die bei Ausgrabungen im Gebiet der Garamanten gemacht wurden, geht auch hervor, dass es dort eine bedeutende schwarzafrikanische Population gab, sehr wahrscheinlich Sklaven, die als Hilfskräfte beim Bau des Bewässerungssystems der *Foggara* eingesetzt wurden. Die nachweisliche Existenz schwarzer Sklaven im römischen Mittelmeerraum (sowie die spärlichen Belege für den Sklavenexport der Garamanten) weisen darauf hin, dass sie an der sehr viel größeren Zahl von Sklaven aus anderen Teilen der Welt (unter ihnen Berber aus Nordafrika) nur einen vergleichsweise geringen Anteil hatten. Andrew Wilson hat jedoch überzeugend dargestellt, dass Sklaven – bis zu tausend pro Jahr – der einzige Export waren, der den dokumentierten Umfang mediterraner Importe durch die Garamanten hätte begründen können.[6] Wenn einige dieser Sklaven gefangengenommen und andere zusammen mit garamantischen Gütern verkauft worden wären, hätte es einen indirekten Transsahara-Handel von beträchtlichem Umfang geben können, zumindest in dieser Gegend und während der Blütezeit der Garamanten.

Eines der Güter des Sahara-Handels, das Herodot in seinem Bericht immer wieder erwähnt, ist Salz. Schon damals gab es, ebenso wie heute, reichliche Mengen dieses Minerals in der Sahara, das sich umso leichter gewinnen ließ, als es in großen Blöcken vorkam, und das bei den Agrarvölkern des Sudan auch außerordentlich begehrt war. Menschen wie Tiere, die dem heißen tropischen Klima Afrikas ausgesetzt sind, verlieren durch Ausdünstung sehr viel Körpersalz. Die ökologischen Verhältnisse des Sudan bieten keine natürliche Möglichkeit, diese lebenswichtige Substanz zu ersetzen, abgesehen von der sehr ineffizienten Methode, Asche aus dem Verbrennen einheimischer Pflanzen zu gewinnen. Die städtischen Gemeinschaften des Nigerdeltas bezogen höchstwahrscheinlich Salz von saharischen Völkern, und diese Art von Handel könnte mit der Route zusammenhängen, die Herodot vom Fessan aus verzeichnet. Diejenigen Exportgüter, die aus dem Sudan kamen, dürften allerdings nicht Gold oder Sklaven gewesen sein, sondern am ehesten wohl Agrarprodukte und Trockenfisch, also Waren, für die es in der Wüste Bedarf gab, nicht aber in dem sehr viel weiter entfernten und fruchtbaren Niltal oder an der Mittelmeerküste.

Der Transport von Salzblöcken wirft die Frage auf, wie diese innerhalb der Region fortbewegt wurden. Aufgrund von saharischen Felszeichnungen mit Darstellungen von Pferdewagen und Ochsenkarren entlang zweier Reisewege, die späteren Karawanenstraßen entsprechen, hatte man lange angenommen, dass es einmal so etwas wie »Wagenrouten« gegeben haben muss, die den südlichen Teil der Wüste mit der Mittelmeerküste verbanden. Es ist allerdings nur schwer vorstellbar, dass sich derlei Verkehrsmittel für den Transport großer Warenmengen über weite Entfernungen in der Wüste nutzen ließen. Die Sahara ist eine derjenigen Gegenden der Welt, für die das Rad – der bekannten Redewendung zum Trotz – nicht erfunden zu werden brauchte. Pferde dienten in der Wüste schon ab dem frühen 1. Jahrtausend vor unserer Zeitrechnung sowohl zu Kriegszwecken als auch für den Transport, und Ochsen oder Esel wurden auch für den Warentransport eingesetzt. Aber Wagen und Fuhrwerke – vor allem solche, wie sie im Altertum zur Verfügung standen – funktionieren in diesem schwierigen Terrain nicht sonderlich gut. Ihre Darstellung in Felszeichnungen der Sahara lässt vielmehr vermuten, dass sie zum Kämpfen, Jagen, für Wettkämpfe und zeremonielle Paraden genutzt wurden, nicht aber für den Handel.

Die Verfrachtung der Salzblöcke über weite Gebiete innerhalb der Sahara erforderte also Transportmittel, die leistungsfähiger waren als Fuhrwerke, Esel, Pferde oder Ochsen. Die Geschichte eines regelmäßigen Fernhandels quer durch die Wüste beginnt erst mit dem Einsatz des Kamels. Kamele können schwerere Lasten tragen als Pferde oder Esel und bewegen sich schneller als Ochsen. Was für Reisen durch die Sahara aber am wichtigsten ist: Sie können weite Strecken ohne Wasser zurücklegen, benötigen für die Wege zwischen einzelnen Oasen also nur ein Minimum an Frachtgewicht für Proviant und können entsprechend größere Mengen an wertvollen Handelsgütern transportieren.

Für die meisten von uns gehört das Kamel ebenso zur Sahara-Landschaft wie der Sand. Doch selbst diejenigen Objekte, die in unserer Phantasie »schon immer da« waren, haben irgendwo ihren historischen Anfangspunkt. Die Frage, wann genau dieser Beginn in Nordafrika anzusetzen ist, bleibt unter Historikern und Archäologen bis heute höchst umstritten. Weit früher, als es irgendeine Art von Wüstenhandel gab, lassen sich bereits die ersten Kamele in der Sahara nachweisen. Die einheimischen afrikanischen Wildkamele, deren Skelette erst kürzlich entdeckt wurden, waren möglicherweise schon ausgestorben, als sich die Sahara abkühlte und es im Neolithikum zu den ersten menschlichen Ansiedelungen kam. Selbst wenn sie überlebten, sieht es nicht so aus, als wären sie domestiziert und zu Transportzwecken eingesetzt worden. Deshalb kann man höchstwahrscheinlich davon ausgehen, dass die Kamele selbst – ganz sicherlich aber ihre Nutzung als Haustiere – in Nordafrika erst vom Vorderen Orient aus eingeführt werden mussten, wo derlei Praktiken bereits zwischen 2500 und 3000 vor unserer Zeitrechnung üblich geworden waren. Um die Ursprünge des Transsahara-Handels zu bestimmen, müsste man wissen, wann der Kameltransport im Maghreb begann, nicht nur aus ökonomischen und technischen Gründen, sondern auch um zu verstehen, welche weiteren Bedingungen nötig waren, damit sich ein solcher Handel fest etablieren konnte.

Sämtliche Wissenschaftler sind sich darin einig, dass das Kamel erst kurz vor dem 1. Jahrhundert vor unserer Zeitrechnung an die afrikanische Mittelmeerküste kam. Weniger Einhelligkeit besteht darüber, wann Kamele zuerst in Ägypten auftauchten und ob sie auf den von Herodot beschriebenen saharischen Handelsrouten des 5. Jahrhunderts vor unserer Zeitrechnung eingesetzt wurden. Weder bei Herodot noch in ägyptischen Quellen aus dieser Zeit ist von Kamelen die Rede, obwohl sie sich im Niltal bereits im 9. Jahrhundert vor unserer Zeitrechnung materiell nachweisen lassen. Ausführliche Berichte über sie haben wir erst in der Zeit, als Ägypten von den Ptolemäern beherrscht wurde (einer Dynastie, die von einem der Generäle Alexanders des Großen abstammte und mit Kleopatra endete), also nicht früher als 300 vor unserer Zeitrechnung. Ab den ersten Jahrhunderten unserer Zeitrechnung benutzten Karawanen, die durch Ägypten und an der nordafrikanischen Küste entlangzogen, Kamele in großer Zahl, und auch bei landwirtschaftlichen Arbeiten kamen sie zum Einsatz, etwa zum Ziehen von Pflügen oder zum Drehen von Wasserrädern.

Im Inneren der Sahara waren es Berberstämme, die zur selben Zeit begannen, Kamele als Nutztiere zu halten. Sie erscheinen in Felszeichnungen von etwa 100 vor unserer Zeitrechnung, aber auch in zeitgenössischen Berichten der Römer über Geschäftsbeziehungen zu Wüstennomaden, die unter anderem einen Karawanenhandel über kurze Entfernungen in nord-südlicher Richtung erwähnen. Da diese Tiere wahrscheinlich aus Ägypten stammten, transportierten sie möglicherweise Salz und andere Güter auf den von Herodot beschriebenen Routen von Ägypten in die Zentralsahara und von dort vielleicht bis zur Niger-Biegung. Aufgrund entsprechender zeitgenössischer Beschreibungen vertreten manche Historiker allerdings die These, dass die Garamanten mit der Kamelhaltung erst sechs Jahrhunderte später begannen, als ihre Region zu trocken wurde, als dass Pferde hier hätten überleben können.

Die historische Quellenlage lässt sich dahingehend zusammenfassen, dass wir vor der arabischen Eroberung im 7. Jahrhundert zwar viele Hinweise auf einen direkten Karawanenverkehr zwischen den sudanischen und den mediterranen Anrainern der Sahara haben, aber keinen eindeutigen Beleg dafür, dass ein solcher Handel auch tatsächlich stattfand. Was sagt das über diese Phase der saharischen Geschichte aus?

Eine Form des Schweigens, die Historikern die Arbeit besonders erschwert, ist der Mangel an schriftlichen Aufzeichnungen von Menschen in oder südlich der Wüste. Für den West- und Zentralsudan ist in dieser Periode keine wie auch immer geartete Form der Schriftlichkeit bekannt, was wiederum darauf schließen lässt, dass zum hochzivilisierten Mittelmeerraum nur wenig Kontakt bestand – wenn überhaupt. Die einheimischen Bevölkerungen Nordafrikas (inklusive der Garamanten) entwickelten tatsächlich eine vom phönizischen Alphabet inspirierte Methode zur Aufzeichnung ihrer Sprache, die von den Tuareg noch heute verwendet wird. Forscher haben zahlreiche schriftliche Zeugnisse entdeckt, die zum Teil bis ins 4. Jahrhundert vor unserer Zeitrechnung zurückgehen, bei den meisten von ihnen handelt es sich allerdings um Grabinschriften, die nur wenig historische Informationen enthalten. Auf jeden Fall lassen sich diese Dokumente nicht ohne weiteres übersetzen, da ihr altes »Libysch« bestenfalls eine sehr entfernte Verwandtschaft mit dem heutigen Berberisch besitzt. Deshalb ist es auch so schwierig, irgendetwas Wissenswertes über den Wüstenhandel vor der Ankunft Arabisch sprechender Händler zu erfahren. Weitere archäologische Auswertungen der materiellen Zeugnisse saharischer und sudanischer Herkunft mögen vielleicht dazu beitragen, die eine oder andere Lücke zu schließen (wie bereits im Fall der Garamanten geschehen), doch eine große Unsicherheit wird wohl immer bestehen bleiben.

Aus den reichhaltigeren Informationen über Römer und Byzantiner geht auch hervor, dass die Phase unmittelbar vor der arabischen Eroberung eine Zeit erheblicher Unruhen war. Ab dem 3. Jahrhundert hatten die Römer zunehmend Schwierigkeiten, ihre Grenzen gegen Wüstennomaden zu verteidigen und zogen sich von einigen Stätten am *Limes* wie Bu Njem zurück. Ab dem 4. Jahrhundert erlebte auch die Zivilisation der Garamanten ihren allmählichen Niedergang. Kennzeichnend für diesen Wandel ist einerseits die Errichtung von Verteidungsmauern um ihre Städte – was darauf schließen lässt, dass sie denselben Bedrohungen seitens der Nomaden ausgesetzt waren wie die Römer – und andererseits ein Verfall des Bewässerungssystems der *Foggara*, sei es aufgrund der übermäßigen Nutzung des Grundwassers, sei es durch natürlichen Klimawandel. Welche Rolle die Garamanten bis zu dieser Zeit – und sogar noch einige Jahrhunderte später – im Transsahara-Handel gespielt haben mochten, eines steht auf jeden Fall fest: Zur Zeit der siebten arabischen Invasion hatte sich die Zahl ihrer Städte und landwirtschaftlichen Siedlungen drastisch verringert. Zur selben Zeit breitete sich das Christentum rasch an den Küstenregionen Nordafrikas aus. Der neue Glaube weckte nicht etwa Einheitsbestrebungen, sondern führte vielmehr innerhalb der christlichen Kirche zu Spaltungen über Glaubens- und Autoritätsfragen. Eine Gruppe lokaler Priester, die sogenannten Donatisten (so bezeichnet nach ihrem Oberhaupt, dem Berber Donatus Magnus), verweigerte den vom römischen Kaiser ernannten Bischöfen die Gefolgschaft. Dieser religiöse Dissens trug dazu bei, dass sich auch Landarbeiter, Sklaven und große Teile der ländlichen Berberbevölkerung gegen reiche Grundbesitzer erhoben.

Im Jahr 429 wurde Nordafrika – wie viele andere römische Provinzen auch – von einem germanischen Volk, den Vandalen Spaniens, überfallen. Zwar waren die Vandalen keineswegs so mutwillige Zerstörer, wie es ihr Ruf (und ihr Name) suggeriert, doch sorgten sie über ein Jahrhundert lang für ständige Kriege wie auch für neue Konflikte zwischen verschiedenen christlichen Gruppen. 533 eroberten die Römer Nordafrika zurück, allerdings nicht vom historischen Zentrum ihres Imperiums in Italien aus. Die neuen Herrscher, die Byzantiner, waren die Griechisch sprechenden Nachfolger in der östlichen Hälfte des alten Römischen Reichs mit ihrer Hauptstadt Konstantinopel (dem heutigen Istanbul). Unter byzantinischer Herrschaft geschah nichts, um die Ordnung in dieser früher einmal prosperierenden Region wiederherzustellen, ganz im Gegenteil: Ihre schweren Steuerlasten riefen massive Berber-Rebellionen hervor, die ihrerseits zu neuen religiösen Spaltungen führten. Die Wissenschaftler haben kaum Kenntnisse darüber, was während dieser jahrhundertelangen Turbulenzen, die die Mittelmeerküste heimsuchten, im Innern der Sahara geschah, doch es ist wohl eher unwahrscheinlich, dass der Handel mit dem Sudan sehr viel weiter gedieh als bis zu einem direkten Austausch von Wüstengütern gegen Agrarprodukte aus dem unmittelbar angrenzenden Süden.

Mit der Einführung des Kamels wurde es zwar technisch möglich, die gesamte Sahara zu durchqueren, doch ganz offensichtlich gelang es weder den Karthagern noch den Römern oder ihren Nachfolgern, irgendwelche sozialen oder kulturellen Bindungen zu schaffen, die sich vom Mittelmeer durch die Wüste bis ins »Land der Schwarzen« erstreckt hätten. Dieser Wandel sollte sich erst mit den arabischen Invasionen und der Ausbreitung des Islam vollziehen.

Der Islam, die jüngste der drei im Mittelmeerraum entstandenen Weltreligionen, knüpft an jüdisch-christliche Traditionen an. Seinen Ursprung nahm er in Zentralarabien, einer Umgebung, die dem saharischen und subsaharischen Afrika verwandter ist als die mediterranen Welten. Ein Großteil Arabiens ist Wüstengebiet, und hier wurden Kamele erstmals domestiziert. Der Prophet Mohammed, der den Islam in den Jahren nach 620 begründete, war Kaufmann in einer aufstrebenden Handelsstadt. Wie die meisten anderen Bewohner seiner Geburtsstadt Mekka und des benachbarten Medina hatte Mohammed seine Wurzeln in den nomadischen Stämmen, die seinerzeit noch die Mehrheit unter der Bevölkerung der Arabischen Halbinsel ausmachten. Die soziale Botschaft der Lehren Mohammeds betraf also die Bedingungen, die erst mit der Ausbreitung des Handels durch die Sahara entstehen sollten.

Der islamische Kalender beginnt offiziell im Jahr 622, als Mohammed vor der Verfolgung in Mekka ins benachbarte Medina floh, wo er seine Anhänger in einem streng theokratischen Staat und einer schlagkräftigen militärischen Streitmacht organisierte. Nachdem diese Religionskrieger Mekka und das restliche Arabien erobert hatten, breitete sich der Islam in nördlicher Richtung bis nach Palästina und Syrien aus (Jerusalem wurde zu seiner zweitwichtigsten heiligen Stadt), um dann östlich bis zum Irak und Persien und westlich bis nach Ägypten vorzudringen. Von Ägypten aus fielen die arabischen Armeen 643 in den Maghreb ein, und ab da avancierte der Islam zum integralen Bestandteil der transsaharischen Geschichte Afrikas.

Die muslimischen Streitkräfte, die als Erste nach Nordafrika eindrangen, waren keineswegs darauf bedacht, die Ordnung in den formal noch unter byzantinischer Herrschaft stehenden Küstengebieten wiederherzustellen. Die ersten Jahrzehnte dieser Einfälle kann man eigentlich nicht als eine Zeit der Eroberung bezeichnen, denn es wurde keinerlei Versuch unternommen, hier ein neues Regierungssystem zu etablieren. Die eindringenden Armeen unternahmen eher einzelne Vorstöße, bei denen sie Güter und Sklaven erbeuteten oder bestenfalls lokale Gemeinschaften zu regelmäßigen Tributzahlungen zwangen. Auch trafen die Araber auf heftigen Widerstand der Byzantiner und der einheimischen Berber; einer der Kalifen (die Nachfolger Mohammeds an der Spitze des muslimischen Staats) soll die unmittelbar westlich an Ägypten grenzenden Regionen als »Tor zur Hölle« bezeichnet haben. Auch nachdem sie die Byzantiner endgültig vertrieben hatten, waren die nordafrikanischen Muslime, zu denen jetzt mehr konvertierte und assimilierte Berber als Araber gehörten, noch immer politischen und religiösen Krisen ausgesetzt. Doch selbst in der äußerst turbulenten Anfangsphase ihrer Präsenz im Maghreb richteten die Muslime ihre ganze Energie auf die Wüste und deren südliche Grenze, womit sie sich von allen früheren Kolonisatoren dieser Region drastisch unterschieden.

Uqba ibn Nafi, der erste große Held der arabischen Eroberung, symbolisiert diese Orientierung in verschiedener Hinsicht. Zwischen 666 und 683 unternahm er mehrere große Feldzüge in Nordafrika. Doch das meiste, was wir über die reale historische Figur des Uqba wissen, stammt aus einer Chronik, die erst Jahrhunderte später vom

Geschichtsschreiber Ibn Abd al-Hakam verfasst wurde und insofern von nachfolgenden Ereignissen beeinflusst ist. Ebenso wie die Werke Herodots enthält dieser Text Informationen, die kaum als reale Fakten zu akzeptieren sind. In noch späteren Jahrhunderten verbreiteten Sahara-Berber und selbst sudanische Familien Legenden über Uqba, die eine unmittelbare Verbindung zwischen ihren Gemeinschaften und dem Propheten Mohammeds nachweisen und sie damit legitimieren sollten. Die Verehrung für Uqba resultiert aus einer Kombination mehrerer Faktoren: seine historisch belegte Durchquerung der Sahara, seine glanzvollen (wenn wahrscheinlich auch übertriebenen) militärischen Heldentaten in ganz Nordafrika und sein dramatischer Tod in den Händen des großen anti-arabischen Berberhäuptlings Kusaila.

Dagegen scheint die Behauptung des Chronisten, Uqba habe einheimische Herrscher im Fessan und anderswo während eines Raubzugs der Jahre 666–667 gewaltsam unterworfen, insgesamt wohl den Tatsachen zu entsprechen, auch wenn Ibn Abd al-Hakam jede dieser Episoden nach einer einheitlich stilisierten Formel schildert: »Er nahm den König gefangen und schnitt ihm einen Finger ab. ›Warum tust du mir das an?‹ – ›Es soll dir eine Lehre sein, denn wenn du deinen abgeschnittenen Finger siehst, wird es dich nicht mehr gelüsten, gegen die Araber Krieg zu führen.‹ Dann erlegte er ihm einen Tribut von dreihundertsechzig Sklaven auf.«[6]

Der südlichste Punkt, den Uqba bei seinem Feldzug in die Sahara erreichte, ein Ort namens Kawar, lässt sich in der Nähe von Bilma verorten, einem traditionellen Zentrum der Salzgewinnung im heutigen Niger. Die spärlichen Berichte über römische Unternehmungen bei den Garamanten deuten darauf hin, dass sie bis zu denselben Breiten vordrangen, allerdings handelte es sich bei ihnen um vereinzelte Aktionen, die weder besondere Aufmerksamkeit erregten noch anhaltende Unterstützung von ihren militärischen Basen an der Mittelmeerküste erfuhren. Die Geschichte Uqbas erzählt uns dagegen von den glorreichen Anfängen islamischer Vorstöße, die sich kontinuierlich fortsetzen sollten. Nach dem Muster arabischer Eroberer in anderen Mittelmeerregionen errichtete Uqba auch ein Feldlager im nördlichen Binnenland des heutigen Tunesien – die Küste gehörte seinerzeit noch zum Herrschaftsbereich der Byzantiner – und machte es zu seiner Hauptstadt Kairouan (Qairawan = »Karawane«).

Es wäre jedoch verfehlt zu behaupten, die arabischen Eroberer Nordafrikas hätten es bewusst darauf angelegt, die Ressourcen der Sahara und nicht die des Mittelmeerraums auszubeuten. Im späten 7. und frühen 8. Jahrhundert richteten sie ihre Energie hauptsächlich auf die Einnahme von Küstenstädten. Den krönenden Abschluss dieses Feldzugs bildete die Invasion Spaniens im Jahre 711. Die meisten muslimischen Streitkräfte, die Europa auf dieser Route durchquerten, waren Berber, so auch ihr Anführer Tariq ibn Ziyad, nach dem Gibraltar benannt ist (Dschabal at-Tariq: »Berg des Tariq«). So verschmolzen die Gesellschaften der Berber und der Araber – ungeachtet aller Konflikte, die auch weiterhin zwischen ihnen bestanden – letzten Endes zu einer neuen islamischen Zivilisation.

Dass der Islam in den West- und Zentralsudan vordringen konnte, verdankte er seiner Fähigkeit, unterschiedliche Menschengruppen zusammenzuschließen. Doch die ersten Kaufleute, die einen regelmäßigen Transsahara-Handel organisierten, waren dissidente Muslime. In den ersten anderthalb Jahrhunderten islamischer Präsenz (650–800) wurde der Maghreb von gravierenden Spaltungen konfessioneller und ethnischer Art heimgesucht. In kultureller Hinsicht standen die arabischen Herrscher jener Zeit den Berbern sehr viel näher als ihre römischen, vandalischen und byzantinischen Vorgänger. Doch wie diese früheren Regime bürdeten auch sie ihren nordafrikanischen Untertanen schwere Steuerlasten auf. Zu den Bedingungen der Unterwerfung, die Uqba den von ihm eroberten Gebieten in der Zentralsahara diktierte, gehörte der Tribut Hunderter von Sklaven, und diese Forderung blieb auch unter seinen Nachfolgern überall in der Region bestehen.

Auf diese Art der Unterdrückung reagierten die Berber unter anderem damit, dass sie sich – wie zur Zeit der Christianisierung – unorthodoxe Varianten ihrer neuen Religion zu eigen machten. Im Falle des Islam war es der Charidschismus (abgeleitet vom arabischen *charaj*, »abfallen«). Diese Version des Glaubens lehnte die Autorität der Erbkalifen ab, die sich – zunächst in Damaskus, später auch in Bagdad – darauf beriefen, die gesalbten Nachfolger der theokratischen Herrschaft Mohammeds zu sein. Die Charidschiten standen im – häufig sehr heftig ausgetragenen – Konflikt mit der Führung des arabischen Herzlandes im Vorderen Orient, und einige von ihnen fanden Zuflucht in den eher marginalen Territorien des Islam wie Nordafrika, wo sie auch neue

Anhänger um sich sammelten. Zwei charidschitische Sekten siedelten sich im 8. Jahrhundert in verschiedenen Wüstenrandgebieten des Maghreb an: die Ibaditen im Hinterland von Tunesien und Algerien und die Sufriten im südlichen Marokko. Beide Sekten waren maßgeblich daran beteiligt, Karawanenrouten in die sudanischen Gebiete anzulegen.

Die Ibaditen übten einen größeren und nachhaltigeren Einfluss aus als die Sufriten und hinterließen auch sehr viel aufschlussreichere Zeugnisse ihrer Aktivitäten. Nachdem sie zunächst den Gouverneur des Kalifen in Kairouan abgelehnt hatten, gründeten die Ibaditen 761 in Tiaret im Landesinnern von Algerien einen großen unabhängigen Staat. 757 errichteten die Midradiden, eine sufritische Berberfamilie, ihr eigenes kleines Reich rund um die neugegründete Stadt Sidschilmasa am Rand der marokkanischen Sahara. Bis zu ihrem Sturz im 10. Jahrhundert lebten diese Charidschiten-Regime in friedlicher Koexistenz mit den orthodoxen Muslim-Reichen an der Küste und richteten während dieser Zeit ihre wirtschaftlichen Energien auf transsaharische Unternehmungen.

Der Bericht über Uqba ibn Nafi zeigt, dass die ersten muslimischen Invasoren Nordafrikas in der Lage waren, in die Wüste vorzudringen, er macht aber auch deutlich, dass sie diese Fähigkeit eher zu Raubzügen als zu friedlichem Handel nutzten. Eine muslimische Expedition in die Souss-Region im südlichen Marokko brachte 734 sogar Goldvorräte mit, die wahrscheinlich aus dem Sudan kamen, aber es gibt keinerlei Belege dafür, dass versucht worden wäre, diese Entdeckung kommerziell auszuschlachten. Tatsächlich galt ein solcher Handel mit nicht-muslimischen Gebieten in den Augen orthodoxer religiöser Autoritäten als nicht wünschenswert, da dem islamischen Recht dort keine Geltung verschafft werden konnte. Im 10. Jahrhundert befand ein islamischer Rechtsgelehrter in Kairouan: »Die Gewährung eines *qirad* [Geldsumme oder Güter in Kommission], die eine Reise in den Bilad as-Sudan zur Bedingung macht, ist unzulässig. Dies ist nach meiner Ansicht nicht wie die Gewährung eines *qirad* für eine Reise zu den Städten des Islam.«[7]

Als dissidente Muslime fühlten sich die Charidschiten nicht an derlei Verbote gebunden, und angesichts ihrer geographischen Position im Landesinnern dürften sie wohl kaum darauf verzichtet haben, sich alles zunutze zu machen, was die Sahara an wirtschaftlichen Vorteilen zu bieten hatte. Außerdem kamen die Führer der Ibaditen nicht aus dem arabischen Kriegsadel wie zum Beispiel Uqba, sondern stammten von Händlern und Gelehrten ab, die oft persischer Herkunft waren, wie die Gründer des Reichs von Tiaret. Ibaditische Händler aus Tiaret breiteten sich schon bald im Fessan aus und zogen bis nach Garama, die Hauptstadt der (inzwischen dezimierten) Garamanten, doch schließlich konzentrierten sie sich in Zawila, einer etwas weiter südlich gelegenen Handelsoase. Die Handelsbeziehungen, die sie von hier aus knüpften, gingen noch über Kawar hinaus – also den südlichsten Punkt, den die Römer oder Uqba bei ihren Vorstößen erreicht hatten – und erstreckten sich bis nach Kanem, den im Zentralsudan dominierenden Staat. Über diese Route wurden vor allem Sklaven exportiert, darunter auch Berber aus noch nicht eroberten Teilen des Fessan, und zunehmend auch eine erhebliche Zahl von Schwarzafrikanern. Der politische und ökonomische Erfolg der Ibaditen in diesem Teil der Sahara beruhte im Wesentlichen auf einer Allianz mit den Mazata, einem großen Berberstamm, der seit Langem die Garamanten bekämpft hatte, jetzt aber Kamele und Führer für einen ausgedehnten Karawanenverkehr stellte.

Das Tiaret-Regime ging im frühen 10. Jahrhundert zugrunde, doch der Fessan wurde noch weitere zweihundert Jahre lang von Ibaditen beherrscht. Diese gründeten im südalgerischen Wargla auch eine wichtige neue Ansiedelung, ein Wüstenzentrum für den Goldhandel mit dem Westsudan. Hier verbanden sich ihre kommerziellen Unternehmungen mit denen der Sufriten, deren Hauptstadt Sidschilmasa offenbar schon früher eine Basis für diesen Zweig des Transsahara-Handels gewesen war.

Die charidschitischen Siedlungen in der Sahara liefern uns zahlreiche Zeugnisse, die den Beginn eines regelmäßigen Transsahara-Handels dokumentieren. Das Zusammenspiel zwischen wirtschaftlicher Aktivität und nicht-aggressiver islamischer Religionsausübung, das für die Ibaditen wie für die marokkanischen Sufriten typisch war, schuf auch ein Vorbild für die friedliche Verbindung der mediterranen Zivilisation mit der sudanischen Welt. Damit aber begann eine neue Ära der Sahara: Was zuvor Wüstenbarriere gewesen war, wurde fortan zur globalen Verkehrsader.

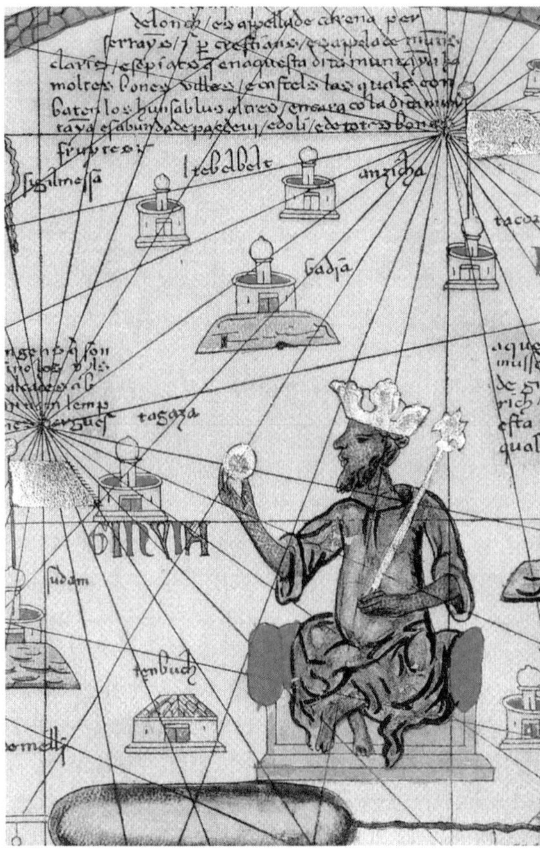

Der sagenumwobene König von Mali, Mansa Musa, mit einem Goldklumpen. Ausschnitt aus dem Katalanischen Weltatlas, um 1375.
Siehe Seite 44–45

Karawanenhandel und afrikanische Wirtschaft

Im Jahr 1324 unserer Zeitrechnung trug sich in Kairo eine denkwürdige Begebenheit zu. Mansa Musa, der Herrscher des sudanischen Reichs Mali, der sich auf einer Pilgerfahrt ins arabische Mekka befand, dem geistigen Zentrum des Islam, legte hier eine dreitägige Ruhepause ein. Kairo war seinerzeit eine hochkultivierte Metropole, und ihre Bewohner hätten Reisenden von auswärts normalerweise kaum Beachtung geschenkt. Doch Mansa Musa war so reich und sein Land den meisten Ägyptern so unbekannt, dass seine Goldausgaben und seine Gespräche mit den örtlichen Notabeln detailliert aufgezeichnet wurden. Ein Bild Mansa Musas ziert den Katalanischen Weltatlas von 1375, eines der ersten europäischen Kartenwerke, das zuverlässige Informationen über Afrika enthält.

Die Geschichte Mansa Musas verrät viel über die Rolle der Sahara in der Weltgeschichte. Erstens zeigt sie, dass die riesige Wüste schon im 14. Jahrhundert sicher durchquert werden konnte, selbst von einem mächtigen König, der wertvolle Güter bei sich hatte und in Begleitung zahlreicher Höflinge reiste. Zweitens macht sie deutlich, dass die Gebiete südlich der Sahara zu dieser Zeit in großen Staaten organisiert und dass zumindest einige ihrer Bewohner inzwischen zu frommen Muslimen geworden waren. Und schließlich erzählt sie uns etwas über die ökonomische Grundlage eines regelmäßigen Handels durch die Sahara, denn Gold aus dem Sudan besaß sowohl für die islamische Welt als auch für das christliche Europa im Spätmittelalter einen hohen Wert.

Mansa Musas Pilgerfahrt fand etwa um die Mitte der großen Zeit des Kamelkarawanenverkehrs durch die Sahara statt, die etwas über ein Jahrtausend andauerte. Sie begann im ausgehenden 8. Jahrhundert und endete im frühen 20. Jahrhundert mit dem Bau von Eisenbahnlinien durch die Europäer, die das sudanische Afrika mit der Atlantikküste

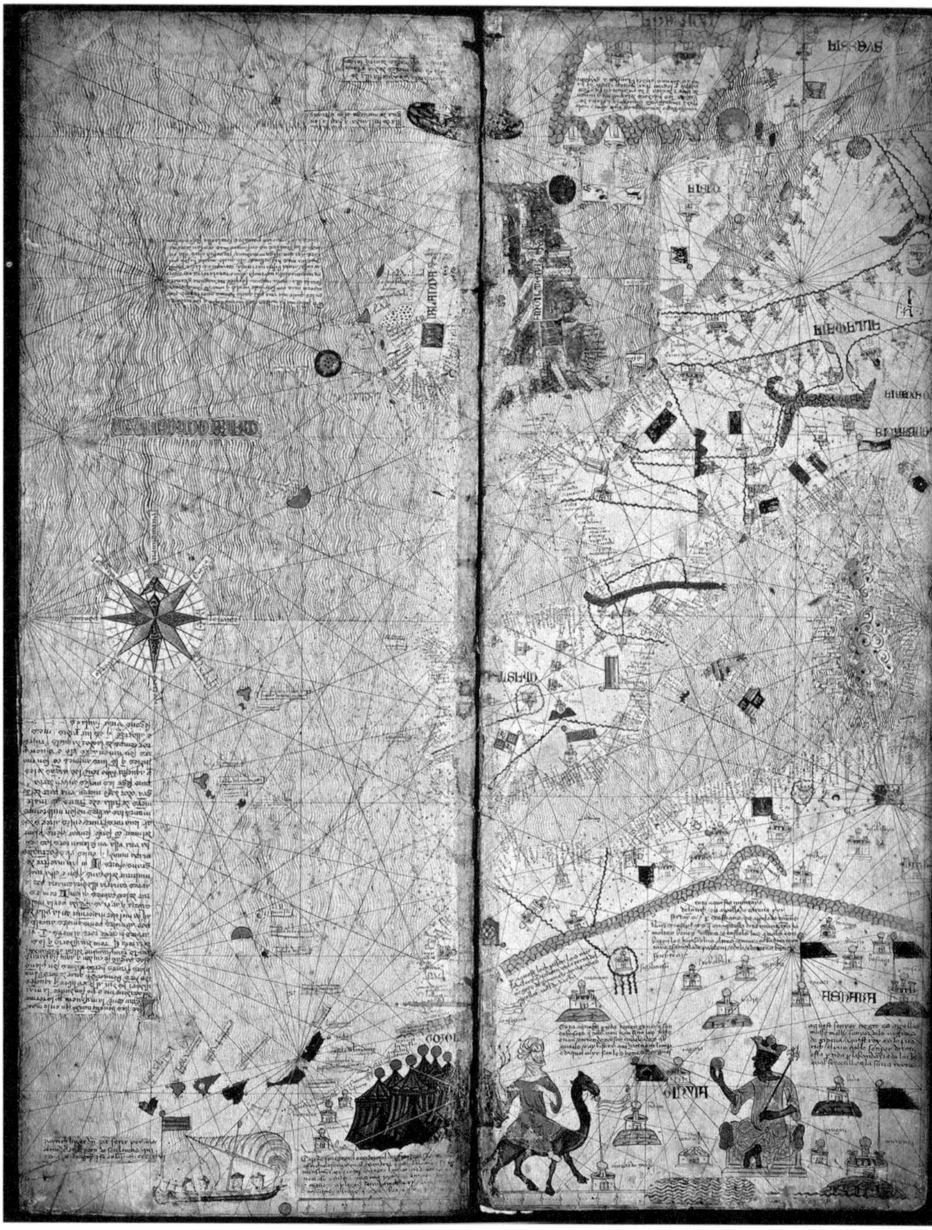

Diese beiden Seiten aus dem Katalanischen Weltatlas zeigen viele der wichtigsten Punkte des Transsahara-Handels. Abraham Cresques, ein jüdischer Kartograph aus Mallorca, zeichnete diese Karte 1375,

in einer Frühphase europäischer Seereisen nach Westafrika, wie durch das Schiff angedeutet ist, das auf das Kamel zuzufahren scheint (ganz unten links).

verbanden. Bis ins späte 15. Jahrhundert hinein, als die Europäer erstmals an der Küste Westafrikas landeten (seinerzeit noch ohne motorisierte Transportmittel), war die Sahara eine der wichtigsten Handelsrouten in der Weltwirtschaft. Von 1500 bis 1900 verlor ihre globale Rolle zwar erheblich an Gewicht, doch Umfang und Vielfalt des Handels quer durch die Wüste nahmen in dieser Zeit tatsächlich zu, wie auch ihre Bedeutung für die politischen, gesellschaftlichen und kulturellen Entwicklungen innerhalb Afrikas.

Diese Entwicklungen waren – zumindest für Afrika – letzten Endes entscheidender als der Handel, der sie überhaupt erst ermöglicht hatte. Doch der Handel als solcher mit seinen unmittelbaren ökonomischen Aspekten spielte die wichtigste Rolle: Über welche Routen verlief er? Welche Güter wurden in und vor allem aus dem Sudan transportiert? Wie war der Handelsverkehr durch die Wüste organisiert und wer kontrollierte ihn? Wie wurden Exportgüter und solche, die für neue Arten örtlichen Konsums bestimmt waren, innerhalb des Sudan produziert? Und schließlich: Wie reagierten die Partner des transsaharischen Wirtschaftslebens auf die Öffnung der Handelsgrenzen infolge der europäischen Seefahrt zu Afrikas Atlantikküste?

Eine detaillierte Karte des Transsahara-Handels in sämtlichen Phasen seiner Geschichte wäre viel zu überladen und zu verwirrend, als dass man sie ordentlich lesen könnte, denn die Karawanen folgten jeweils einem komplexen Netz von Routen, die nicht nur von Nord nach Süd, sondern auch von Ost nach West und umgekehrt verliefen. Nicht alle Karawanen, die durch diese Regionen zogen, dienten rein kommerziellen Zwecken; wie im Fall von Mansa Musa brachten sie auch Muslime auf ihren Pilgerfahrten nach Norden und Osten. Außerdem änderten sich sowohl die wichtigen Haltepunkte als auch die relative Bedeutung der verschiedenen Routen von einer Periode zur nächsten. Gleichwohl lässt sich bei den Reisebewegungen ein durchgängiges Muster ausmachen: zunächst (wenn wir am Mittelmeer beginnen) von bedeutenden Küstenstädten zu mittleren Handelszentren in der nördlichen Sahara, dann durch den Hauptteil der Wüste zu den sudanischen Handelszentren und von dort schließlich zu den Quellen der Exportgüter im Sudan und in den noch weiter südlich gelegenen Waldgebieten. Oasen und Hochlandgebiete in der südlichen Sahara dienten beim Handelsverkehr quer durch die Wüste nicht nur als Ruhepunkte, sondern auch als Quellen wichtiger Güter wie Datteln und Kupfer, vor allem aber Salz.

Die wichtigsten mediterranen Bestimmungsorte für transsaharische Güter verteilten sich über die gesamte nordafrikanische Küste; auch einige Metropolen im Binnenland gehörten dazu wie Kairo in Ägypten, Tlemcen in Algerien oder Marrakesch und Fez in Marokko. Ziel dieser Karawanen waren die meiste Zeit über eher Ägypten, Libyen und Marokko als Algerien oder Tunesien. Manche der Oasenstädte in der nördlichen Sahara, von denen der Wüstenhandel ursprünglich seinen Ausgang genommen hatte – etwa Sidschilmasa und Wargla –, blieben auch in der Folgezeit bedeutsam, aber im Fessan musste Zawila seinen Rang schließlich an die Stadt Murzuk abtreten. Im Verlauf der Handelsgeschichte entstanden auch einige neue Zentren wie Twat im Westen und Ghat weiter südlich. Die Nilstädte Asyut und Girga in Südägypten dienten als Umschlagplätze eines Großteils des für Kairo bestimmten Warenverkehrs.

Zu Beginn des Transsahara-Handels gab es zwei verschiedene sudanische Zielgebiete für Karawanen. Das eine, am Südrand der Wüste zwischen Wadan, Timbuktu und Gao gelegen, war ein Zentrum für Goldgewinnung und mit Städten in ganz Nordafrika verbunden. Das andere, das Sklaven aus dem Reich Kanem und seiner späteren südlichen Ausdehnung Bornu suchte, hatte nur Verbindungen in den Fessan. Nach 1500 entwickelten sich die von den Hausa gegründeten Städte Kano und Katsina jedoch zu bedeutenden sudanischen Handelszentren, und die Verbindungsrouten zwischen ihnen und Kanem-Bornu verliefen nach Norden in sämtliche Richtungen. Im frühen 18. Jahrhundert gewann noch eine weitere Route an Bedeutung: die berühmte, ausschließlich ostwärts orientierte und dem Sklavenhandel dienende Darb-al-Arba'in (Vierzig-Tage-Straße) von Darfur nach Südägypten.

Wie in allen Handelssystemen üblich bewegte sich auch der Warenverkehr durch die Sahara in zwei Richtungen: vom Mittelmeer in den Sudan und vom Sudan aus zurück in den Norden. Was allerdings die bedeutende Rolle der Sahara in der Weltgeschichte ausmacht, sind die Exporte aus dem subsaharischen Afrika – vor allem Gold – und weniger die Importe dorthin. Händler aus dem Mittelmeerraum lieferten den sudanischen Kunden dieselbe Art von Waren, die sie auch in die restliche Welt verkauften: vor allem Stoffe, aber auch Glasgeschirr,

Kriegsausrüstungen, Haushaltswaren aus Keramik und Metall, Papier, Pferde und so weiter. Allerdings nahm der Sudan diese Waren nicht in so großen Mengen ab, als dass er ihre Produktion im Norden beeinflusst hätte.

Die in den Sudan versandten Güter waren nicht nur alltäglicher Art, sondern kosteten im Mittelmeerraum auch sehr wenig, verglichen mit dem, was aus dem Süden zurückkam, vorzugsweise Gold. Auf den ersten Blick könnte man also meinen, der Transsahara-Handel sei für die Kaufleute des Nordens ein blendendes Geschäft gewesen. Als Antonio Malafante, ein unternehmungslustiger Italiener des 15. Jahrhunderts, in diesen Markt vorstoßen wollte, musste er freilich schockiert feststellen, dass »die Twat bei jeder ihrer Transaktionen – Kauf oder Verkauf – eine hundertprozentige Provision verlangen«.[1] Selbst nachdem er gut funktionierte, blieb der Karawanenhandel ein höchst riskantes Geschäft, das erhebliche Kapitalinvestitionen erforderte. Ein solcher Aufwand ließ sich nur durch hochwertige Importe aus dem Sudan rechtfertigen.

Auf lange Zeit blieb Gold die wichtigste aller Waren, die auf dem Landweg durch die Sahara befördert wurden. Dies sollte sich erst ab dem Beginn des 16. Jahrhunderts ändern, als die europäische Konkurrenz begann, das meiste verfügbare Gold über atlantische Schiffsrouten abzutransportieren. Selbst in den Jahrhunderten zuvor wurden jedoch große Mengen von Sklaven quer durch die Wüste verfrachtet, vor allem aus den sudanischen Regionen östlich des Reichs von Mansa Musa, in denen es nur wenig Goldvorkommen gab. Auch nach der Ankunft europäischer Sklavenhändler an den Küsten West- und Zentralafrikas hielt der transsaharische Menschentransport an und verstärkte sich sogar. In den letzten fünf Jahrhunderten des großen Karawanenverkehrs durch die Wüste ließen sich mit diesem System auch beträchtliche Gewinne aus einer wachsenden Vielfalt von Produkten erzielen, darunter Ziegenleder, Gewürze, Elfenbein, Gummiarabikum und Straußenfedern.

Die Geschichtswissenschaft weiß nicht genau, wie viel Gold zwischen 800 und 1500 durch die Sahara strömte, die zuverlässigsten Schätzungen gehen von etwas über einer Tonne pro Jahr aus. Das ist natürlich sehr wenig im Vergleich zu den Hunderten von Tonnen, die mit heutiger Technik in Ländern wie Südafrika geschürft werden. Doch ist dabei auch zu berücksichtigen, dass die Menge an Gold, das sich – wo auch immer – durch mittelalterliche Bergbaumethoden gewinnen ließ, sehr beschränkt war und dass Gebiete mit reichen Vorkommen an Bodenschätzen in der Neuen Welt und in Australien aufgrund der begrenzten geographischen Kenntnisse und Transportmöglichkeiten den globalen Märkten zu dieser Zeit noch verschlossen blieben.

Andererseits bestand im Mittelmeerraum – wegen des dort herrschenden Münzsystems – ein starker Goldbedarf. Ein Großteil des Goldes, das im Sudan sowie in den Minen des südöstlichen Afrika gewonnen wurde, ging auch nach Indien und China und diente als Zahlungsmittel für Gewürze und wertvolle Stoffe aus Gesellschaften, in denen es kaum Bedarf für Importe von Agrarprodukten oder Bedarfsgütern aus dem Vorderen Orient und Europa gab. Insofern kam dem saharischen Goldhandel in der mittelalterlichen Weltwirtschaft eine ganz entscheidende Rolle zu.

Die Produktionsstätten des Goldes, das über die Handelsstraßen der Sahara transportiert wurde, lagen weit außerhalb der Wüste und auch in einiger Entfernung voneinander. Die beiden ältesten Gebiete, Bambuk im Tal des Senegal und Buré – sie decken sich mit den Territorien der heutigen Staaten Mali und Guinea –, enthalten keine bedeutenden Erzvorkommen. Gold wurde vielmehr aus flachen Aushöhlungen gewonnen und aus dem Wasser einheimischer Flüsse wie Senegal und Niger ausgewaschen. Selbst heute noch kann man während der langen sudanischen Trockenperioden, in denen keine landwirtschaftliche Tätigkeit möglich ist, ganz normale Bauern und ihre Familien zu Flussufern trotten sehen, um dort kleine Mengen Gold auszuwaschen. In der bewaldeten Gegend des weiter östlich und südlich gelegenen unteren Volta-Beckens gibt es dagegen reichere Flöze, in denen das Erz aus tiefen Schächten von großen Gruppen professioneller Bergleute, unter ihnen auch Sklaven, abgebaut wurde. Dass dieses Gebiet als einziges bis in die moderne Zeit der industriellen Goldgewinnung hinein bedeutsam war, ist deshalb kaum überraschend.

Die nordafrikanischen Händler, die die Sahara durchquerten, gelangten nie in die Nähe der eigentlichen Goldquellen, und über die Herkunft des Edelmetalls wurden ihnen offenbar die phantastischsten Geschichten erzählt. Mansa Musa selbst soll von einer »Goldpflanze« gesprochen haben, die »nach den Regenfällen aufblüht [...]; ihre Blätter sind wie Gras und ihre Wurzeln aus Gold.«[2] Der Goldhandel wird in verschiedenen Quellen, etwa in den Schriften des arabischen Geographen Yaqut Ibn Abd Allah aus dem 12. Jahrhundert, als eine Art »schweigsames« oder »stummes Tauschgeschäft« beschrieben, bei dem die fremden Kaufleute »alles hervorholen, was sie mitgebracht haben. [...] Dann entfernen sie sich eine Tagesreise weit von diesem Ort. Dann kommen die Schwarzen mit dem Gold, legen eine gewisse Menge Goldes neben jede Ware und ziehen sich zurück. Dann kommen nach ihnen die Kaufleute, und jeder nimmt das Gold, das er neben seiner Ware findet.«[3]

Manche Historiker glauben, diese Berichte seien bewusste Täuschungen gewesen, die Außenstehende davon abhalten sollten, zu weit in die subsaharische Welt vorzudringen. Andere vertreten die These, es handele sich schlicht um Fehlinterpretationen mediterraner Autoren, die selbst nie im Sudan gewesen waren und den Informationen, die sie von dort erhielten, ihre eigenen Vorstellungen einer exotischen und primitiven Welt überstülpten.

Zutreffend sind die arabischen Berichte auf jeden Fall in ihren Aussagen über den niedrigen Preis, der für afrikanisches Gold bezahlt wurde, sobald die Kaufleute den Sudan erreichten. An seinen Produktionsorten selbst erstanden sie das Gold nicht einmal für Güter, die sie aus dem Norden mitgebracht hatten, sondern tauschten es gegen Waren regionaler Herkunft ein – in den meisten Fällen gegen Salz aus der Sahara. Herrscher wie Mansa Musa hatten Anspruch auf einen Teil des Goldes, das in ihr Territorium gebracht wurde, vor allem auf die seltenen Nuggets (das meiste Gold wurde in Form von Splittern oder Pulver gefunden und dann oft zu Barren geschmolzen). Im Allgemeinen forderten die sudanischen Regierungen jedoch keine hohen Steuern von den Händlern und nutzten Edelmetalle auch nicht zur Münzprägung. Die lokalen politischen Autoritäten betrieben den Wüstenhandel hauptsächlich in der Form, dass sie Sklaven gefangen nahmen und exportierten.

Schon seit Beginn der islamischen Präsenz in der Sahara gab es sowohl in Nordafrika als auch weiter östlich in den arabischen Gebieten einen starken Bedarf an Sklaven, der – zeitlich noch vor dem Goldfieber – einen Anreiz für die Etablierung des Transsahara-Handels bildete. In der islamischen Welt und selbst in manchen Gegenden des mediterranen Europa hielt die Nachfrage nach Sklavenarbeit bis 1900 an und teilweise sogar noch darüber hinaus.

Anders als in den europäischen Kolonien Nord- und Südamerikas wurden die zwangsweise durch die Sahara transportierten Schwarzafrikaner nicht in erster Linie für die Landwirtschaft oder andere kommerzielle Aktivitäten eingesetzt, und die meisten Sklaven waren auch nicht männlich, sondern weiblich. Eine nicht unerhebliche Minderheit dieser Gefangenen arbeitete tatsächlich im Innern der Wüste, sei es in Gärten und Bewässerungsanlagen von Oasen, in Salzminen oder als örtliche Karawanenbegleiter; andere landeten in Goldminen südlich von Ägypten oder – während des Baumwoll-Booms Mitte des 19. Jahrhunderts – auf Plantagen in Ägypten selbst. Doch die allermeisten von ihnen kamen als Bedienstete zu reichen oder auch nur gutsituierten städtischen Familien, denen sie den Haushalt besorgten und wo sie bisweilen auch zu Konkubinen des Hausherrn wurden. Eine weitere nicht unerhebliche Minderheit männlicher Sklaven, deren Zahl je nach politischer Konjunktur schwankte, diente in den Streitkräften muslimischer Herrscher in Ägypten, Nordafrika oder sogar im noch weiter östlich gelegenen Irak. Unter diesen Umständen hatten Sklaven in islamischen Gebieten sehr viel größere Möglichkeiten, sich in die jeweilige Mehrheitsgesellschaft zu integrieren, als die Schwarzafrikaner, die man nach Nord- und Südamerika verfrachtete. Oft wurden sie – als ein Akt der Frömmigkeit – nach dem Tod ihrer Herrn freigelassen, und manche von ihnen, vor allem solche, die in militärischen Diensten gestanden hatten (darunter auch Eunuchen), stiegen in einflussreiche Machtpositionen auf. Nach islamischem Recht mussten Gebieter die Söhne, die sie aus Verbindungen mit Sklavinnen hatten, anerkennen und ihre Mütter in die Freiheit entlassen. Manche Nachfahren afrikanischer Sklavinnen gingen sogar als legendäre Herrscher in die Geschichte ein, wie etwa im 17. Jahrhundert der marokkanische Sultan Mulai Ismail, der seine Macht auf eine große Armee von Schwarzafrikanern gründete. Die negativste Seite dieses relativ durchlässigen Sklavensystems war der ständige Nachschubbedarf, da nicht nur die Freigelassenen durch neue Diener ersetzt werden mussten, sondern die ungewohnte Ernährung und die Krankheiten, denen die Schwarzafrikaner im Mittelmeerraum ausgesetzt waren, auch einen hohen Tribut an Menschenleben forderten. Zu berücksichtigen sind dabei auch die hohen Sterblichkeitsraten,

Der Karawanenhandel im transsaharischen Afrika, 800–1900

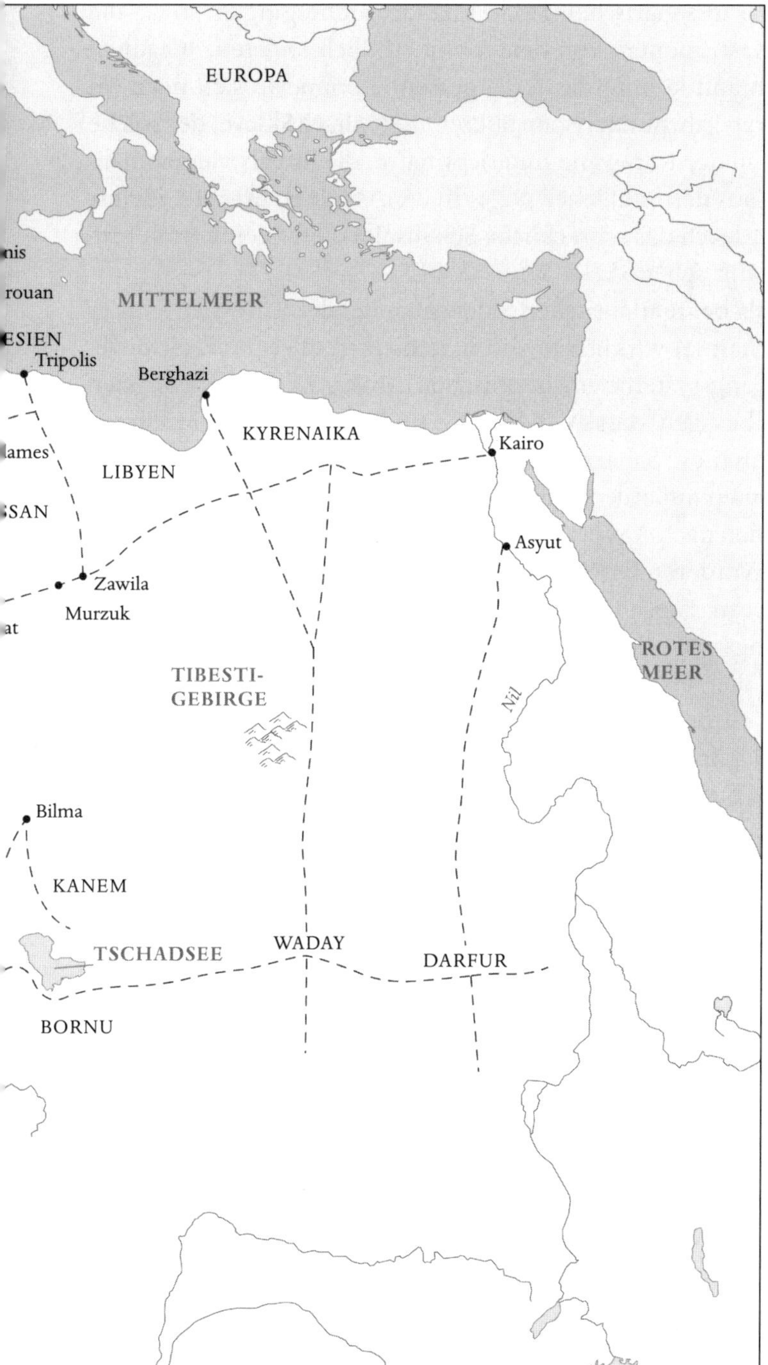
EUROPA
MITTELMEER
Tripolis
Berghazi
KYRENAIKA
Kairo
LIBYEN
Asyut
Zawila
Murzuk
ROTES MEER
TIBESTI-GEBIRGE
Nil
Bilma
KANEM
WADAY
TSCHADSEE
DARFUR
BORNU

die mit dem transsaharischen Sklavenhandel einhergingen, sowie die grausamen Kastrationen, von denen viele tödlich endeten. »Glauben Sie, irgendjemand könnte das je vergessen?«, erinnerte sich noch im Marokko des 20. Jahrhunderts ein älterer ehemaliger Sklave, der solche Operationen in der Karawane miterlebt hatte, die ihn als vierzehnjährigen Jungen aus dem südlichen Niger in den Maghreb brachte. »Selbst im Grabe werde ich das schreckliche Schauspiel dieser gefolterten Kinder noch vor mir sehen.«[4]

Anders als beim atlantischen Sklavenhandel der Europäer fehlt es der Wissenschaft an wirklich präzisen Statistiken über die verschiedenen Versklavungssysteme im islamischen Afrika. Die zuverlässigsten Schätzungen besagen, dass zwischen 800 und 1900 rund vier Millionen Menschen durch die Sahara getrieben wurden. Schätzungsweise zwei Millionen kamen außerdem durch das Niltal von Äthiopien und dem südlichen Sudan nach Ägypten und vielleicht weitere vier Millionen erreichten den Vorderen Orient und Indien über das Rote Meer und den Indischen Ozean. Diese Gesamtzahl von rund zehn Millionen Opfern ist annäherungsweise den etwa dreizehn Millionen Schwarzafrikanern vergleichbar, die gewaltsam auf Schiffen in die Neue Welt verfrachtet wurden; der europäische Sklavenhandel vollzog sich allerdings in einer sehr viel kürzeren Zeitspanne (im Wesentlichen zwischen 1650 und 1850) und hatte damit eine intensivere Auswirkung auf Afrika. Zudem gelangten die auszubeutenden Arbeitskräfte des kontinentalafrikanischen Sklavenhandels in solche Gebiete, die (mit Ausnahme der Sahara-Oasen) bereits eine hohe Bevölkerungsdichte aufwiesen. Das heißt, die afrikanische Diaspora innerhalb der islamischen Welt war gesellschaftlich weniger sichtbar und kulturell weniger bedeutsam als ihr transatlantisches Pendant.

Die muslimische Gerichtsbarkeit betrachtete das subsaharische Afrika als legitime Quelle von Sklavenmaterial, da seine Bewohner als *kafirun* (Heiden) definiert wurden und demzufolge nicht unter dem Schutz des Islam standen. Die sudanischen Herrscher und privaten Menschenjäger, die Sklaven sowohl für den Export als auch für die einheimische Zwangsarbeit erbeuteten, behaupteten gelegentlich, dies geschehe im Zuge des Dschihad, doch in den meisten Fällen waren sie wohl eher daran interessiert, vom Sklavenhandel zu profitieren als die Grenzen des Islam auszuweiten oder zu verteidigen. Der entscheidende

Aktivposten, den sich die meisten dieser Sklavenhändler zunutze machen konnten, war das Pferd, das ihnen erlaubte, schnell gegen sesshafte Bevölkerungsgruppen vorzugehen. Die in Nordafrika gezüchteten »Berberhengste« mit ihrem legendären Ruf wurden zum wichtigsten Exportartikel im Austausch gegen Sklaven. Auch andere militärische Güter wie Schwertklingen und Rüstungen gelangten durch die Wüste in den Sudan, aber der Preis, den Sklaven an den Grenzen der Sahara erzielten, wird meistens in Relation zu Pferden taxiert. Der Wert eines guten Pferds belief sich normalerweise auf zehn bis dreißig Sklaven.

In der Geschichte des transsaharischen Karawanenhandels wurden Sklaven immer aus sämtlichen Regionen des Sudan exportiert, allerdings regelmäßig mehr aus den Gebieten östlich der Niger-Biegung als aus den weiter westlich gelegenen. Diese Diskrepanz erklärt sich nicht etwa aus unterschiedlichen Haltungen der Herrscher in den jeweiligen Regionen – das malische Segu-Reich des 18. und 19. Jahrhunderts war das bekannteste Sklavenhandelsunternehmen in der gesamten Geschichte des Sudan –, sondern resultiert aus geographischen Gegebenheiten. Im Westsudan war Gold bis mindestens 1500 das wertvollste Exportgut, und das Gebiet zwischen der Sahara und dem Atlantik in diesem Teil Afrikas ist sowohl kleiner als auch weniger dicht besiedelt als diejenigen Gegenden, die weiter im Zentrum des Kontinents liegen. Der Zentralsudan hatte zwar weniger Goldvorkommen, dafür aber Zugang zu sehr viel ausgedehnteren und häufig weit dichter besiedelten Regionen, in denen es umso leichter war, Sklaven einzufangen. Ein ähnliches Muster gab es im atlantischen Sklavenhandel, der die meisten seiner Opfer aus dem südlich des Zentralsudan liegenden Küstengebiet zwischen Benin und Angola bezog und weniger aus den Landstrichen des Westsudan, die sich vom heutigen Ghana bis nach Senegal erstrecken.

Gold und Sklaven waren nicht die einzigen Güter, die quer durch die Sahara nach Norden verfrachtet wurden, doch für die Gesellschaften, die sie importierten, hatten sie fraglos die größte Bedeutung und wahrscheinlich auch (obwohl sich das nur schwer bemessen lässt) den höchsten Wert. Eine weitere afrikanische Ware, nach der außerhalb des Kontinents große Nachfrage bestand, war Elfenbein, das aus dem Sudan, einer Region mit vielen Elefanten, exportiert werden konnte. In Aufzeichnungen über den Karawanenhandel vor 1500 ist von diesem

Material allerdings nur selten die Rede, im Unterschied zu Berichten vom Indischen Ozean, wo ostafrikanisches Elfenbein immer ein wichtiges Handelsgut war. Arabische Autoren des Mittelalters erwähnen häufig Ziegenleder, das aus dem Sudan in den Mittelmeerraum gelangte; doch es steht zu bezweifeln, dass ein Produkt dieser Art, das sich ohne Weiteres auch in vielen anderen Teilen der Welt finden ließ, den finanziellen Aufwand eines Transports durch die Sahara damals gerechtfertigt hätte. Wahrscheinlich war es eher so, dass der Ausbau von Handelsrouten für ganz spezielle Artikel den Karawanenhändlern die Möglichkeit bot, andere Güter wie eben Ziegenleder als zusätzliche Einnahmequelle mitzunehmen.

In der zweiten Hälfte des 19. Jahrhunderts avancierten Ziegenleder und Straußenfedern zu den Hauptstützen des transsaharischen Geschäftsverkehrs. Zu dieser Zeit wurde nur wenig Gold über diese Routen transportiert, und die Verbote des Sklavenhandels begannen selbst in der islamischen Welt Wirkung zu zeigen. Zur selben Zeit generierten die inzwischen erheblich ausgeweiteten Konsummärkte Europas und Amerikas einen globalen Bedarf an Produkten, die früher einmal als trivial gegolten hatten, wobei sich solche Nachfragen allerdings ebenso schnell wieder verflüchtigen konnten, wie sie entstanden waren. Zum Beispiel erlebte gegerbtes »marokkanisches« Ziegenleder (oft genug sudanischer Provenienz), das im Bekleidungs- und Buchbindereigewerbe benötigt wurde, zunächst sensationelle Exportsteigerungen, um dann in den ersten Jahrzehnten des 20. Jahrhunderts durch andere Produkte und Fertigungsverfahren ersetzt zu werden.

Noch dramatischer ist die Geschichte der Straußenfedern: Ihr Export durch die Wüste begann eigentlich erst ab 1850 richtig zu florieren, und in den 1870er Jahren erreichten die Preise schwindelerregende Höhen, um kurz darauf wieder einzubrechen. Ausgelöst wurde dieser Boom Ende des 19. Jahrhunderts durch eine Mode in der westlichen Damenbekleidung, die Accessoires aus großen Federn favorisierte, wie sie nur der im sudanischen und saharischen Afrika beheimatete Straußenvogel liefert. In den 1880er Jahren verlor der transsaharische Federhandel wegen der Konkurrenz südafrikanischer Straußenfarmen dramatisch an Rentabilität. Der Export dieser Ware aus Nordafrika erholte sich teilweise in den 1890er Jahren, bis er zwei Jahrzehnte später völlig zum Erliegen kam, da sich der europäische und amerikanische

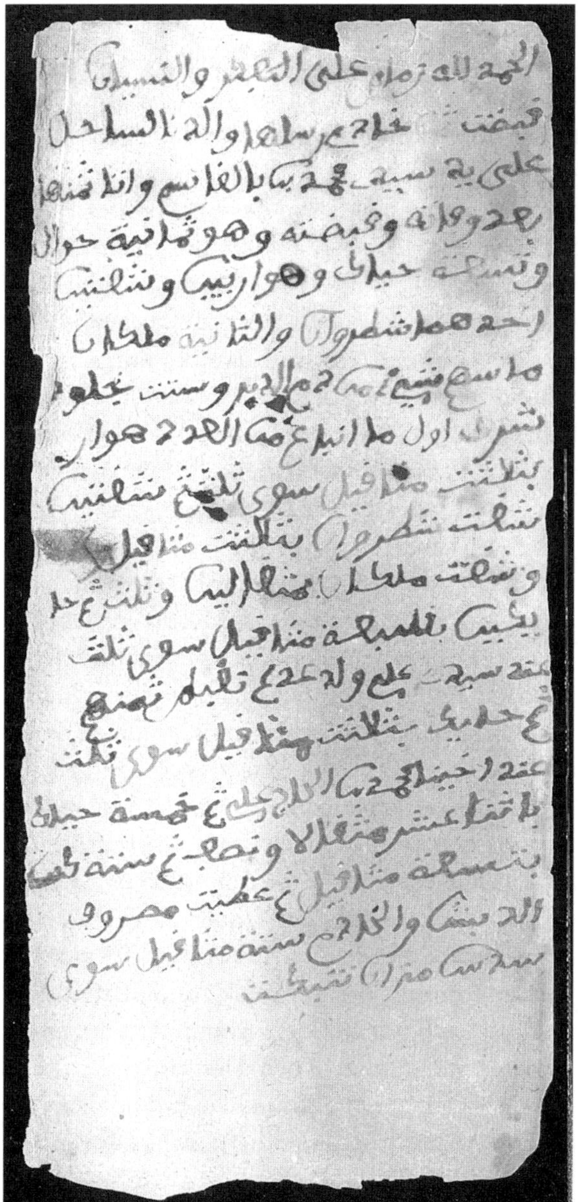

Vertragsbestimmungen über den Kauf von Sklaven aus Timbuktu in Mali und ihren Transport nach Ghadames in Südlibyen. Durch die islamische Erziehung lernten transsaharische Händler Lesen und Schreiben, was sie sich bei der Abwicklung ihrer geschäftlichen Angelegenheiten zunutze machten.

Geschmack inzwischen geändert hatte und weniger protzige Modestile bevorzugte. Und damit hatte der Transsahara-Handel seine Rolle im Weltmarktgeschehen endgültig ausgespielt – nicht von ungefähr genau in dem Augenblick, als ihm durch koloniale Eisenbahnlinien eine Konkurrenz aus anderer Richtung erwuchs.

Der Niedergang des Karawanenhandels in der Epoche von Eisenbahn, Automobil und den ersten Flugzeugen sollte uns nicht überraschen. Viel erstaunlicher ist eigentlich, dass ein Transportsystem, dessen Technik seit der Zeit des Römischen Reichs praktisch unverändert geblieben war, sich so viele Jahrhunderte lang derart kontinuierlich hatte behaupten können. Für diese Ausdauer gab es zwei Gründe: erstens die geographischen Barrieren, die den Handel zwischen Sudan und Atlantik behinderten, und zweitens die Effizienz, mit der der transsaharische Karawanenhandel organisiert war.

In den ersten sechs Jahrhunderten seines Bestehens wurde der Transsahara-Handel mit West- und Westzentralafrika ausschließlich durch Kamelkarawanen abgewickelt. Die alternative Route in diese Region (und in die noch weiter abgelegene Neue Welt) wäre natürlich der Südatlantik gewesen, doch keines der Seefahrervölker, die seinerzeit im Mittelmeer, im Indischen Ozean oder im Nordatlantik kreuzten, hatte sich schon bis in diese Gewässer vorgewagt. Selbst nach 1400, als die Portugiesen und andere Europäer begannen, Westafrika regelmäßig anzusteuern, und an den dortigen Küsten Handelszentren einrichteten, konnten sie noch nicht mit den Wüstenhändlern um den Zugang zu Savannen des Sudan konkurrieren, denn es gab ein zweites Hindernis: Der westafrikanische Waldgürtel lässt sich nicht auf dem Wasserweg durchqueren, da die wenigen Flüsse, die ihn mit dem Sudan verbinden, im Landesinnern schon nach gut hundert Kilometern aufgrund von Stromschnellen unpassierbar werden. Auch Tiertransporte durch das Waldgebiet verboten sich, da tropische Krankheiten (vor allem die durch Tsetsefliegen hervorgerufene Schlafkrankheit) nicht nur Kamele befielen, sondern auch Pferde, Esel und Ochsen. Ehe moderne, motorisierte Transportmittel zum Einsatz kamen, konnten in dieser Region nur menschliche Arbeitskräfte verwendet werden, die ihre Lasten auf Kopf und Rücken trugen. Im Vergleich zu ihnen eigneten sich Kamele – obwohl ebenfalls anfällig für die Schlafkrankheit – sehr viel besser zu Beförderungszwecken: Wie bereits erwähnt, können sie mehr Lasten tragen und sich schneller fortbewegen als andere Packtiere, kommen auch über weite Strecken ohne Wasser aus und müssen deshalb entsprechend weniger Proviantgewicht mit sich herumschleppen.

Schon in der ersten Phase unmittelbar vor und nach der Eroberung Nordafrikas durch die Araber im 7. Jahrhundert wurde die Technik des transsaharischen Kameltransports erheblich weiterentwickelt. Die einheimischen Völker erlernten nicht nur die Kamelhaltung, sondern züchteten auch verschiedene Rassen heran: starke, aber etwas langsame Packkamele, die für Handelskarawanen bestimmt waren, und die schnelleren und leichteren Reitdromedare (*Meharis*), die hauptsächlich bei Kriegshandlungen und Raubzügen eingesetzt wurden. Nachdem die wesentlichen Umstellungen erst einmal abgeschlossen waren, scheint es allerdings kaum noch Veränderungen gegeben zu haben. Die Bedingungen einer Wüstendurchquerung im Jahr 1900 blieben praktisch dieselben wie diejenigen, unter denen Mansa Musa 1324 seine Pilgerfahrt unternommen hatte – nur dass die Karawanen inzwischen mit Feuerwaffen ausgerüstet waren. Diese Stagnation lässt sich auch wissenschaftlich nachweisen, wenn man etwa historische Reiseberichte studiert und vergleicht, wie viele Tage in der jeweiligen Epoche nötig waren, um die Sahara zu durchqueren – tatsächlich ist ihre Zahl identisch. Das Karawanensystem scheint sich den Techniken, die in der mediterranen Welt allenthalben bekannt waren, verweigert zu haben: nicht nur dem Rad, sondern auch dem Kompass. Natürlich waren Fuhrwerke wie Wagen und Karren in der Sahara nicht besonders gut geeignet. Um aber zu verstehen, wieso Karawanenführer sich keine höher entwickelten Navigationsmethoden zunutze machten, muss man berücksichtigen, welche Sachkenntnisse und Ressourcen es erforderte, um Güter durch dieses Terrain transportieren zu können.

Die Sahara wird oft mit einem Meer verglichen, das (zumindest im Arabischen) seine »Ufer« (*Sahel*) hat, und entsprechend wird auch das Kamel gerne als »Wüstenschiff« bezeichnet. Am ehesten wird man das Funktionieren der Karawanenwirtschaft allerdings dann verstehen, wenn man sich anschaut, was sie von der Seefahrt unterscheidet. Zunächst einmal sind Kamele keine Erzeugnisse, die in großen Städten von dortigen Kaufleuten und für sie geschaffen werden, sondern Tiere, die im Besitz und unter der Kontrolle der in der Wüste lebenden Nomadenstämme bleiben. Städtische Händler kauften den Beduinen nicht etwa Kamele ab, sondern mieteten sie ebenso wie die Dienstleistungen, die zur Führung einer Karawane erforderlich waren.

Die Karawanen selbst – zumindest die größeren – hatten keine Besitzer im eigentlichen Sinne, sondern waren zeitlich befristete Zusammenschlüsse mehrerer Händler. Einzelpersonen und kleinere Gruppen von Geschäftsleuten organisierten kleine Karawanen aus Kamelen und Eseln, um Güter von der Mittelmeerküste in die Handelszentren der nördlichen Sahara zu transportieren. Dort schlossen sie sich zu bestimmten Jahreszeiten mit anderen Gruppen zu größeren Verbänden zusammen, luden ihr Eigentum auf neue Tiere um und durchquerten die Wüste unter der Leitung eines eigens angeheuerten Führers. Die Kamele, die die Waren eines Händlers nach Süden trugen, waren selten dieselben, mit denen er Güter aus dem Sudan nach Hause transportierte, denn für die Rückreise wurden neue Karawanen zusammengestellt, die meistens eine andere Größe hatten und sich zu einer anderen Jahreszeit auf den Weg machten. Gerade diesem komplizierten und

Beduinen auf ihrem Zug durch die Wüste. Ägypten, Photo um 1885

fragmentierten Charakter des Karawanenhandels ist es geschuldet, dass sich kaum Zeugnisse finden lassen, die denen der Handelsschifffahrt auf dem Atlantik vergleichbar wären.

Eine transsaharische Karawane bestand normalerweise aus tausend bis fünftausend Kamelen und Hunderten von Menschen. Manche bedeutende Kaufleute begleiteten ihre Waren persönlich in den Sudan, doch für gewöhnlich wurde diese beschwerliche Aufgabe von Männern geringeren Standes übernommen. Unter denen, die für geschäftliche Angelegenheiten zuständig waren, gab es nur wenige bezahlte Angestellte (was die Kosten reduzierte und Registrierungen überflüssig machte). Stattdessen wurden diese Arbeiten von Sklaven ausgeführt, von Armen (häufig ehemalige Sklaven), die im Dienst der Händlerfamilien standen, oder von jüngeren Verwandten, die auf diesem Wege versuchten, ihre Fähigkeiten unter Beweis zu stellen und sich ein Anfangskapital aufzubauen.

Der Erfolg dieses mühseligen Unterfangens hing von einem gut entlohnten Experten ab, der unter den Wüstenbeduinen rekrutiert wurde: dem Karawanenführer. In einem seltenen Augenzeugenbericht eines anonymen reisenden Händlers wird geschildert, wie ein solcher Führer (*khrebir*) namens Cheggueun um etwa 1845 zu den Bewohnern seines Heimatorts in Südalgerien sprach: »Ich werde eure Söhne sicher geleiten und sie auch ebenso sicher zurückbringen; sie werden große Gewinne machen; ich werde sie vor den Tuareg zu schützen wissen; ich kenne die Routen und auch die Wasserstellen; sie werden keinen Durst zu leiden haben.«[5]

Der Karawanenführer wurde entweder in bar bezahlt oder erhielt seinen Lohn in Form von Anteilen an den Gewinnen der Händler. Er musste nicht nur Umsicht in der gefährlichen Sahara-Landschaft beweisen (Cheggueun leistete sogar Sanitätsdienste) und sich geschickt im Umgang mit lokalen Bevölkerungen verhalten, sondern beaufsichtigte auch das tägliche Beladen, Anschirren und Füttern der Kamele. Diese Aufgaben wurden von einem Team bezahlter Gehilfen erledigt, bestehend aus Schwerarbeitern und Spähern, und manchmal gab es auch einen muslimischen Geistlichen, der bei der Unternehmung als Feldprediger fungierte.

Um sich der extremen Hitze der Sahara so wenig wie möglich auszusetzen, machten sich Karawanen nur in den Wintermonaten (Oktober bis März) auf den Weg, und auch dann nur in den frühen Morgenstunden oder bei Nacht, während der Nachmittag zum Rasten genutzt wurde. Eine Karawane legte durchschnittlich fünfundzwanzig bis dreißig Kilometer pro Tag zurück, benötigte für die gesamte Durchquerung der Sahara vom Süd- bis zum Nordrand also rund siebzig Tage. Transitorte wie Timbuktu konnten daher nur ein bis zwei größere Karawanen jährlich erwarten.

Beim Weg durch die Sahara bestand die Hauptaufgabe eines Karawanenführers nicht darin, die kürzeste Strecke zwischen zwei Punkten zu finden, sondern diejenige Route, die die größte Sicherheit vor den zahlreichen Risiken in diesem gefährlichen Terrain bot. Zu solchen Risiken gehörten beispielsweise Langsamkeit oder zeitweiliger Orientierungsverlust. Da die Karawanen möglichst viel ihrer Frachtkapazität für kommerzielle Güter nutzen wollten, führten sie nur ein Minimum an Proviant mit sich. Die Karawanenführer benötigten intime Kenntnisse nicht nur der Wüstenlandschaft, sondern auch des lokalen Klimas, um mögliche Verlagerungen von Sanddünen voraussehen zu können. Auf einen Kompass konnten sie getrost verzichten, da sie sich ihres astronomischen Wissens bedienten und die Richtung anhand der Gestirne bestimmten, die am nächtlichen Wüstenhimmel besonders hell scheinen. Doch selbst der erfahrenste Führer konnte vom Weg abkommen, da sich nicht sämtliche Veränderungen im Terrain – zumal solche als Folge von Sandstürmen – voraussagen ließen. Am schlimmsten war es für eine Karawane natürlich, direkt in einen Sandsturm hineinzugeraten. Eine ständige Sorge galt den Wasserquellen, weshalb sich die Festlegung von Reiserouten auch hauptsächlich an den Entfernungen zwischen einzelnen Brunnen orientierte. Kamele kommen zehn Tage lang ohne Flüssigkeitsaufnahme aus, aber normalerweise sollte mit jeder Tagesetappe eine Wasserquelle erreicht werden – wobei allerdings auch mit Überraschungen gerechnet werden musste: So konnte es vorkommen, dass ein früher funktionierender Brunnen unversehens ausgetrocknet oder sein Wasser vergiftet war.

Die Präsenz unabhängiger Beduinen-Gemeinschaften innerhalb der Sahara bedeutete für eine Karawane dreierlei: eine Notwendigkeit, eine Bedrohung sowie eine zusätzliche Gelegenheit für Geschäfte vor Ort. Nordafrikanische Kaufleute konnten keinen Handel treiben, ohne ihre Güter den Kamelen und der Führung einheimischer Sahara-

Ankunft in Timbuktu. Illustration zu einem Reisebericht des Afrikaforschers Heinrich Barth, um 1850

Gruppen anzuvertrauen. Doch bei jeder Wüstendurchquerung waren die Händler unweigerlich den Attacken feindseliger Clans und Sippen ausgesetzt, die sie entweder mit Waffengewalt vertreiben oder mit Geld bestechen mussten, um friedlich weiterziehen zu können. (Chegguen kannte eine Route durch das ihm vertraute Hoggar-Gebirge, die zwar körperlich anstrengend war, auf der seine Karawane aber unbehelligt blieb.) In vielen Fällen integrierten sich die Karawanen in das innersaharische Handelssystem: Bei Aufenthalten in Zentren der Salzproduktion wie Bilma oder Taoudenni konnten sie einige ihrer mediterranen Güter gegen Salz eintauschen und schlossen sich dann örtlichen Salztransporten an, um ihre Reise bis in den Sudan fortzusetzen.

Tatsächlich wurde das Karawanensystem im Laufe seiner jahrhundertelangen Blüte immer effizienter, und zwar nicht in technischer Hinsicht, sondern in puncto Geschäftsbeziehungen und Wüstenpolitik. Der größte Wandel in den Beziehungen zwischen den in diesem Teil Afrikas tätigen Händlern resultierte aus ihrer zunehmenden Islamisierung.

In der Frühphase des Transsahara-Handels betrachteten muslimische Geistliche in Nordafrika den Sudan als jenseits der Grenzen ihrer eigenen Zivilisation und Rechtsordnung liegend, weshalb er als Handelspartner für sie eigentlich nicht in Frage kam. Im Laufe der folgenden Jahrhunderte breitete sich der islamische Einfluss immer weiter aus, sowohl innerhalb der Sahara als auch bis in die Gebiete südlich von ihr, und schließlich konnten muslimische Kaufleute, sofern es keine ibaditischen Dissidenten waren, ohne jede Stigmatisierung dorthin reisen. Die Ausbreitung des Islam verhalf dem Transsahara-Handel nicht nur zu größerer Respektabilität, sondern trug auch dazu bei, dass er effizienter wurde. Das begann schon mit dem islamischen Erziehungssystem, das die Anhänger des Glaubens lehrte, Arabisch zu lesen (oder zumindest das arabische Alphabet), wodurch schriftliche Aufzeichnungen überhaupt erst möglich wurden. Jenseits davon stützten sich vertragliche Abmachungen zwischen Händlern oder Finanziers auf das islamische Recht, und islamische Gelehrte wurden als Richter oder Vermittler bei Streitfragen eingesetzt.

Natürlich kann man Handel auch ohne Schriftverkehr oder irgendwelche formalen Vereinbarungen treiben, doch wird das Geschäftsleben dadurch in zweierlei Hinsicht beschränkt: Erstens bleiben Beziehungen gesichert (und geheim), wenn sie sich auf Personen reduzieren, die einander vertrauen können, und zweitens werden im Geschäftsverkehr, der als besonders riskant gilt (wie im Fall der Sahara), den Partnern entsprechend hohe Gebühren auferlegt. In dem Maße, wie der Einfluss des Islam das Geschäftsleben transparenter machte und das Vertrauen unter einer größeren Zahl von Handelspartnern förderte, gingen auch die Kosten zurück. Die Technik spielte dabei insofern eine Rolle, als Papier in der Sahara leichter zu bekommen war, was mit der zunehmend effizienten Produktion in Europa – vor allem nach 1800 – zusammenhing. Dass sich diese Veränderungen nur begrenzt auswirkten, war einer »Papierwirtschaft des Glaubens ohne Glauben an das Papier« geschuldet, wie es eine Historikerin formulierte:[6] Islamische Gerichte akzeptierten schriftliche Dokumente nur dann, wenn sie von Zeugen bestätigt wurden, die vor dem Richter höchstpersönlich erschienen.

Eines der Risiken, die den Transsahara-Handel betrafen, verlor im Laufe der späteren Jahrhunderte in dem Maße an Brisanz, wie Gemeinschaften im südlichen Teil der Wüste sich zunehmend in die islamische

Kultur und das islamische Geschäftsleben integrierten. In früheren Phasen seiner Geschichte hatten Gesellschaften aus der nördlichen wie aus der südlichen Wüste versucht, Beduinenstämme durch politische Mittel zu kontrollieren. Die Römer bauten Befestigungsanlagen und entsandten gelegentliche Expeditionen in die Nordsahara. Nachdem wichtige Orte in dieser Region wie Zawila, Wargla und Sidschilmasa von Muslimen besiedelt worden waren, war dieses Problem gelöst, auch wenn es manchmal noch Konflikte zwischen den Ibaditen-Sekten der Sahara und Autoritäten an der Mittelmeerküste gab. Die Südsahara blieb jedoch ein Problem, und sudanische Reiche wie Ghana, Songhai und Kanem-Bornu versuchten – mit unterschiedlichem Erfolg –, ihre Macht in diesem Gebiet auszuweiten. Erst nach 1500, als die Blütezeit der sudanischen Reiche vorbei war, wurde die südliche Sahara friedlicher.

Die Veränderungen kamen eher aus dem Innern der saharischen Gesellschaft als von außerhalb. Ebenso wie die Oasen des Nordens hatte auch die südliche Wüste ihre Wasserquellen und relativ fruchtbares Hochland, in dem kleine Populationen auf engstem Raum gedeihen konnten. Dort entwickelten Gemeinschaften Interesse an Geschäften mit vorbeiziehenden Karawanen; örtlicher Handel, Salzgewinnung und sogar Ackerbau waren ebenfalls möglich. Auch hier spielte die Ausbreitung des Islam insofern eine Rolle, als Mauretanien, die Region nördlich von Timbuktu, und Ahir im Norden des heutigen Staates Niger zu bedeutenden Zentren wirtschaftlicher Aktivität sowie religiöser Gelehrsamkeit wurden. Diese stabilisierten Sahara-Gemeinschaften sorgten nicht nur dafür, dass Händler bei der Durchquerung der Wüste jetzt mit mehr Unterstützung und Sicherheit rechnen konnten, sondern sie eröffneten den wachsenden Handelswirtschaften des Sudan auch wichtige Märkte.

»Mir kam zu Ohren«, schrieb der Geograph Ahmad ibn Abi Yaqub al-Yaqubi im 9. Jahrhundert, »dass die Könige des Sudan ihre Landeskinder ohne jeden Krieg oder sonstigen Vorwand verkaufen.«[7] Beobachter aus dem Mittelmeerraum, die ohnehin schon gewisse Vorurteile gegenüber Schwarzafrikanern hegten, betrachteten die Tatsache, dass diese den Wert von Gold offenbar nicht zu schätzen wussten und nur allzu bereitwillig Sklaven exportierten, als zusätzlichen Beleg für die geringe ökonomische Entwicklung des subsaharischen Afrika. Gleichwohl bleibt festzuhalten, dass der Fernhandel – selbst der mit Sklaven – innerhalb der Sahara und des Sudan auf lokaler Ebene ein reiches und vielfältiges Wirtschaftsleben stimulierte, in dem es nicht nur rege Tauschgeschäfte mit agrarischen und mineralischen Gütern gab, sondern auch viele kunsthandwerkliche Betriebe in den Städten und weitverzweigte Netzwerke von Händlern.

Schon lange bevor die ersten Kamelkarawanen die Wüste durchquerten, hatten saharische und sudanische Völker Salz, Datteln und Kupfer aus dem Norden gegen Fisch und Getreide aus dem Süden getauscht. Der globale Handel sollte dafür sorgen, die Vielfalt und Quantität dieses regionalen Geschäftsverkehrs ganz erheblich zu steigern. Sudanische Händler brachten Wüstensalz bis weit ins Innere Westafrikas und ließen es sich mit Gold bezahlen. Auch andere Agrarprodukte, die gut zu transportieren waren, kamen in diesen kommerziellen Kreislauf, darunter Zwiebeln, Baumwolle, Leder und Felle, Kolanüsse (eine lokale Quelle der Koffeingewinnung) sowie Tabak, nachdem diese Pflanze aus der Neuen Welt eingeführt worden war. Viele (wenn nicht sogar die meisten) der bei Raubzügen erbeuteten Sklaven waren auch gar nicht für den Handel bestimmt, sondern blieben in der jeweiligen Region, wo sie gelegentlich als Soldaten der lokalen Streitkräfte eingesetzt wurden, häufiger aber noch als Arbeitskräfte in der Landwirtschaft rund um die größeren sudanischen Städte und in den Siedlungen der Sahara. Diese Praxis war auch unter islamischen Gelehrten üblich, die ihre Schüler und Sklaven als landwirtschaftliche Hilfskräfte für sich arbeiten ließen und so ihren Lebensunterhalt bestritten.

Obwohl der Sudan Erzeugnisse aus dem Mittelmeerraum im Tausch gegen Rohstoffe importierte, begannen Städte wie Timbuktu und Kano ihre eigenen Güter zu produzieren, um mit den aus dem Norden eintreffenden Waren zu konkurrieren beziehungsweise diese zu ergänzen. Die wichtigsten dieser Artikel waren Baumwolltextilien, für die es einen großen Binnen- und Exportmarkt gab. Die Pflanze, aus der sie hergestellt wurden, wuchs im Sudan sehr üppig, und die Techniken des Spinnens und Webens ließen sich rasch erlernen. Die Hauptbeschränkung für sudanische Baumwollstoffe war ihre Farbe: Sie konnten nur weiß oder blau sein, da der einzige in der Region massenhaft verfügbare Farbstoff von der Indigopflanze kam. Dennoch deckten diese Baumwollgewebe den größten Teil des einheimischen

Bedarfs und konnten sich auch erfolgreich gegen die Konkurrenz von Importwaren behaupten, sowohl in Westafrika als vor allem auch in der Sahara bei den Tuareg, die sich ja durch ihre typischen dunkelblauen Gewänder auszeichnen.

Komplizierter ist die Rolle des Leders in der sudanischen Wirtschaft. Diese Ware wurde im Rohzustand exportiert und zu kommerziell hergestellten Artikeln verarbeitet, die ihrerseits zur Aufwertung importierter Artikel dienten. Transsaharische Karawanen brachten regelmäßig Viehhäute und insbesondere Ziegenfelle nach Nordafrika. Gleichzeitig produzierten sudanische Handwerker gegerbtes Leder und sogar Lederwaren wie Sandalen und Kissen sowohl für den heimischen Konsum als auch für den Export. Außerdem stellten sie Lederfutterale für die importierten Schwertklingen her (deren Holzgriffe ebenfalls von einheimischen Schmieden gefertigt wurden).

Die Auswirkungen des Wüstenhandels erstreckten sich sogar über den Sudan hinaus und machten sich bis hinein in die nigerianischen Waldgebiete an der Atlantikküste bemerkbar, etwa in Ife, Igbo Ukwu und im alten Benin in Nigeria. Wir wissen wenig darüber, auf welchen Wegen Kupfer aus der Sahara erstmals in diese weit abgelegenen Regionen gelangte. Aus archäologischen Funden geht hervor, dass einheimische Handwerker es bereits ab dem 10. Jahrhundert mit dem dort vorhandenen Zinn und Zink verschmolzen, um Bronze- und Messinggegenstände von großer Schönheit und oft monumentalen Ausmaßen zu produzieren.

Nordafrikanische Händler reisten selten – wenn überhaupt – weiter als bis zu den unmittelbar südlich der Wüste gelegenen Städten. Dass sie zunächst einmal zögerten, in diese fremde Umgebung vorzudringen, mag sich aus realen oder eingebildeten Gefahren erklären; doch was sie auf Dauer wahrscheinlich abschreckte, dürfte die Erkenntnis gewesen sein, dass derlei Unternehmungen ganz andere Transporttechniken und kulturelle Fähigkeiten erforderten als Reisen durch die Wüste. Die Aufgabe, eine Verbindung zwischen den Endpunkten der Karawanen und den in den Steppen- und Waldgebieten liegenden Quellen für Exportgüter herzustellen, wurde somit zu einer Spezialität einheimischer Händler des Sudan.

Die Geschichte der sudanischen Kaufleute macht deutlich, wie professionelle, ethnische und religiöse Identitäten miteinander verschmelzen und sich dadurch auf eine Art und Weise wandeln können, die es ihnen ermöglicht, sich neuen Bedingungen anzupassen. Gemeinschaften dieser Unternehmer konnten gerade deshalb rund um die Handelszentren des Sahel entstehen (also in der von Mauretanien bis zum Tschad reichenden Halbwüstenzone am Südrand der Sahara), weil sie Geschäftsbeziehungen zu den Wüstenkarawanen unterhielten. In der langfristigen Entwicklung des Transsahara-Handels dehnten sich die für nordafrikanische Kaufleute entscheidenden Kontaktgebiete allerdings von Westen nach Osten aus. In den ersten Jahrhunderten dieses Handels zogen Karawanen, die auf Goldsuche waren, nach Ghana und Takrur, westlich des Niger, sowie bis ganz in die Nähe von Bambuk, wo sich jene Edelmetalle befanden, die sie für ihre ersten Exporte nutzten. Die Soninke sprechenden Bevölkerungen in dieser Region legten an einer südwestlich verlaufenden Achse Routen für den Binnenhandel an.

Bis heute verteilen sich die Soninke-Völker über ganz Westafrika, aber es sind eher Bauern und Wanderarbeiter (die zum Teil sogar bis nach Europa ziehen) als Händler. Die Soninke erklären ihren gesellschaftlichen Niedergang und auch das Ende ihres ehemaligen Reichs Ghana mit der Geschichte der Riesenschlange Bida, die ihnen Wohlstand und Macht versprach, solange sie ihr alljährlich eine Jungfrau als Opfer darbrachten. Als ein Freier eines dieser Mädchen sich dagegen wehrte und Bida tötete, sprach die sterbende Schlange einen Fluch aus, der bewirkte, dass das Land ausdörrte und seine Bewohner in alle Winde verstreut wurden.

Historikern gilt der Bida-Mythos als kollektive Erinnerung an eine Dürre, von der die Gebiete der Soninke irgendwann zwischen dem 12. und dem 14. Jahrhundert heimgesucht worden waren. In dieser Zeit begannen die Karawanen eher nach Osten und Süden zu ziehen, in Richtung der Städte am oder in der Nähe des Niger, wie Timbuktu, Dia und Gao. Von dort breiteten sich die Netzwerke sudanischer Händler zunehmend direkt nach Süden aus, zu den neueren Goldfeldern von Buré im Gebiet des südlichen Mali und nördlichen Guinea. Die hier verbreiteten Sprachen – Mande-Varianten wie Bambara und Malinke – wurden zu ethnischen Kennzeichen von Händlergemeinschaften, selbst solcher, die von Soninke-Sprechern abstammten. Die unterschiedlichen Namen, die für diese Gruppen verwendet werden, lassen ihre komplizierte Herkunft erkennen. Meistens werden sie Juula genannt (manchmal auch Dyula oder Dioula geschrieben), ein Mande-Wort für »Händler«. Doch in manchen Teilen Westafrikas bezeichnete man sie auch als Wangara, ein Begriff, der in frühen arabischen Berichten für Soninke-Völker und ihre Gebiete südlich von Ghana benutzt wurde.

Ab dem 15. Jahrhundert verlagerten die Juula ihre Aktivitäten weiter nach Osten. Zu ihrer wichtigsten Goldquelle wurde jetzt das Volta-Becken in der Waldzone des heutigen Ghana. Von der Songhai-Hauptstadt Gao aus eröffneten Händler auch Routen, die durch die sudanische Steppe zu den Städten und den dichtbesiedelten Agrargebieten der Hausa im heutigen Niger und nördlichen Nigeria führten. Der ursprüngliche Reiz dieser Region hatte nicht unmittelbar etwas mit dem Transsahara-Handel zu tun, denn eigenständige Geschäftsbeziehungen zwischen dem Hausaland und dem Mittelmeerraum entwickelten sich erst ab 1400. Von kommerziellem Interesse waren die Hausa jedoch insofern, als sie im Westsudan einen wertvollen Markt sowohl für importierte als auch für einheimisch erzeugte Güter darstellten und im Gegenzug Sklaven und Salzprodukte exportierten. Eine zweite Handelsroute ins Hausaland eröffneten die Juula schließlich vom Volta-Becken aus. Über sie wurde einiges Gold transportiert, vor allem aber Kolanüsse, ein koffeinhaltiges Genussmittel, das im gesamten Sudan sehr begehrt war, nicht nur für den heimischen Konsum, sondern auch für den Export nach Norden. Kolanüsse wurden ausschließlich in den Waldgebieten des Südens angebaut.

Ab 1700 übernahmen Hausa sprechende Kaufleute einen Großteil dieses Handels und verteilten sich als eigene Diasporagemeinden über den Zentralsudan und seine benachbarten Waldgebiete im heutigen Ghana, Nigeria und Kamerun. Ebenso wie die Soninke waren einige dieser Händler ursprünglich Mande, die einfach nur eine neue Sprache angenommen hatten. Im Falle der Hausa lassen sich die Wandlungen der Ethnizität leichter nachvollziehen, da bei ihnen die Abstammung der Handelsgeschlechter in mündlichen Traditionen überliefert wird. Eine dieser Gruppen wird sogar als Wangara bezeichnet, während andere ihre Herkunft eher von Gemeinschaften im Hausaland ableiten, darunter von Berberisch sprechenden Bewohnern der südlichen Zentralsahara und von Immigranten aus dem weiter östlich liegenden Bornu.

Ein Element gemeinsamer Identität aller Kaufleute in diesem weitverzweigten, vom Mittelmeer bis nach Westafrika reichenden Handelssystem ist der Islam. Im Sudan stand die Zugehörigkeit zur Gemeinschaft der Muslime jedoch enger mit der Tradition des Handelns in Zusammenhang als in Nordafrika, während sie andererseits für die Strukturierung der kommerziellen Beziehungen nicht so ausschlaggebend war. Die ersten Händler unter den Juula und Hausa konvertierten zwar zum Islam, hatten aber keinen Zugang zu jener Art von Bildung, die ihnen erlaubt hätte, ihre Geschäfte nach den detaillierten Bestimmungen des Wirtschaftslebens auszurichten, wie sie von der Scharia, dem gesetzlichen Kodex der neuen Religion, festgelegt sind. Sudanische Gesellschaften gründeten schließlich ihre eigenen Zentren islamischer Gelehrsamkeit, doch selbst diese bereiteten ihre Studenten nicht darauf vor, später einmal als Richter in Wirtschaftsfragen zu fungieren. Innerhalb der sudanischen Händlergemeinschaften war der Gebrauch schriftlicher Aufzeichnungen kaum verbreitet, und wenn es um Glaubwürdigkeit oder Partnerschaften ging, wurde fast ausschließlich aufgrund persönlicher Beziehungen entschieden und nicht so sehr nach formalen Regeln.

Bis etwa 1400 waren Muslime die einzigen Fremden gewesen, die afrikanische Gebiete südlich der Sahara betreten hatten. Doch mit den atlantischen Entdeckungsreisen der Portugiesen begannen auch europäische Christen in dieser Gegend aufzutauchen. Rein zahlenmäßig und kulturell spielten die Europäer in der Sahara und dem angrenzenden Sudan bis weit ins 19. Jahrhundert hinein eine eher marginale Rolle. Abgesehen von ein paar wenigen Forschungsreisenden, die sich ins Landesinnere vorwagten, blieben sie an der Küste und betrieben ihre Handelsgeschäfte oft genug, ohne überhaupt von Bord ihrer Schiffe zu gehen. In dieser Epoche gab es nur sehr wenige Westafrikaner, die sich zum Christentum bekehrten. Dennoch sollte sich die Eröffnung einer neuen atlantischen Handelsgrenze ganz unmittelbar und nachhaltig auf das Wirtschaftsleben des westafrikanischen Binnenlandes auswirken.

Die Exportgüter, an denen die Europäer Interesse hatten, waren im Wesentlichen dieselben wie diejenigen des Transsahara-Handels, also in erster Linie Gold und Sklaven, aber sie suchten auch nach anderen Produkten wie Elfenbein, tropisches Hartholz und Gummiarabikum. Im Falle der Goldgewinnung aus den westafrikanischen Waldzonen konnte man von der Nähe der Atlantikküste und den maritimen Transportmöglichkeiten profitieren, während der Handel auf dem Landweg durch die Sahara zurückging. Auf der anderen Seite belebte der atlantische Sklavenhandel – bei all dem unermesslichen Leid, das er seinen westafrikanischen Opfern zufügte – die kommerziellen Aktivitäten im Sudan und der Sahara und bescherte all denen, die von ihm profitierten, erhebliche materielle Gewinne.

Zu der Zeit, als die Europäer an die afrikanische Atlantikküste gelangten, hatte sich die Hauptquelle der transsaharischen Goldexporte von Senegal und Mali südöstlich ins Volta-Becken verlagert. Dieser Tatsache wurden sich die Portugiesen sehr schnell bewusst, und schon 1482 errichteten sie an der nahen Küste ihre erste dauerhafte Niederlassung, das massive Fort São Jorge da Mina (St. George of the Mine, heute Elmina Castle). Nachdem die Nordeuropäer den lokalen Handel übernommen hatten und diese Region zu einer britischen Kolonie geworden war, erhielt sie die Bezeichnung »Goldküste« (heute Ghana).

Gegenüber ihren nordafrikanischen Konkurrenten hatten die Europäer erhebliche Vorteile: Zum einen lagen ihre Handelsorte näher an den Goldminen als diejenigen der Sahel-Karawanen, zum anderen waren Schiffe im Vergleich zu Kamelen sehr viel effizienter. Der Handel mit Edelmetallen verlagerte sich allerdings nicht sofort und auch nicht vollständig an die Küste. Zunächst blieb der Kontakt mit den Golderzeugern noch bei den Juula-Händlern, und die Portugiesen brauchten einige Zeit, um Importwaren bereitzustellen, die erfolgreich mit sudanischen Stoffen konkurrieren konnten. Doch schließlich sollten etwa drei Viertel des in Westafrika produzierten Goldes den Kontinent auf dem atlantischen Seeweg verlassen.

Auch innerhalb der Sahara entstand nach 1500 eine neue Goldhandelsroute, die vom Zentralsudan aus nach Norden führte. Dies resultierte aus Kontakten von Hausa-Händlern zur Volta-Region, durch die das Gold direkt in Städte wie Kano und Birni Ngazargamo in Bornu gelangte, von wo aus nordafrikanische Kaufleute es quer durch die Wüste nach Libyen und Ägypten transportierten. Städte des Westsudan wie Timbuktu und Djenné erhielten jetzt sehr viel weniger Gold aus den Volta-Minen als zuvor, konnten sich aber noch immer die anhaltende, wenn auch weniger intensive Produktion in den Becken des Senegal und des Niger zunutze machen. Nordafrikanische Goldimporte gingen zu Beginn des 16. Jahrhunderts also ganz erheblich zurück. Um diesen Niedergang aufzuhalten, entsandte der marokkanische Sultan Ahmad al-Mansur, genannt al-Dhahabi (»der Goldene«), Armeen in die Sahara und den Sudan, die Kontrolle über die Salzminen erlangten und schließlich das Songhai-Reich eroberten. Die daraus resultierende Wiederbelebung des marokkanischen Goldhandels blieb allerdings nur von kurzer Dauer, und im Laufe der folgenden zwei Jahrhunderte nahmen die Importe von Edelmetallen in diese Richtung wieder bescheidenere Ausmaße an. Ab 1800 gingen die transsaharischen Goldtransporte überall stark zurück und wurden auch immer unregelmäßiger – oft waren es nicht mehr als ein paar mit Gold gefüllte Federkiele, die als Ergänzung zu anderen Waren mitgenommen wurden.

Im ersten Jahrhundert der europäischen Geschäftsbeziehungen mit Westafrika – oder vielleicht noch etwas länger – war Gold das wichtigste Handelsgut, während Sklaven nur eine zweitrangige Rolle spielten. In Elmina importierten die Portugiesen sogar Sklaven aus dem Gebiet des Kongo, um sie gegen Gold einzutauschen. Von etwa 1650 bis 1850 dominierten Sklaven dann allerdings die westafrikanischen Atlantikexporte, die ein in der Menschheitsgeschichte beispielloses Ausmaß erreichten. Zwei der Regionen, die die größte Zahl dieser Gefangenen lieferten – das Kongo-Becken und die Bucht von Biafra –, hatten nicht zum Netz der Handelsbeziehungen zwischen der Sahara und dem Sudan gehört. Eine nicht unerhebliche Zahl an Sklaven kam aber auch aus Zonen, die enge Verbindungen zu muslimischen Handelsrouten hatten, darunter Senegambia, die Bucht von Benin sowie – in direkter Umkehr früherer europäischer Trends – die Goldküste (die jetzt einiges Gold aus der Neuen Welt im Austausch gegen Sklaven importierte). Gleichwohl gibt es keinerlei Beleg dafür, dass der Sklavenhandel durch die Sahara in dieser Zeit zurückgegangen wäre – im Gegenteil, es besteht sogar Grund zu glauben, dass er noch zunahm.

Das Fehlen eines Wettbewerbs zwischen dem saharischen und dem transatlantischen Sklavenhandel lässt sich mit mehreren Faktoren erklären. Am offensichtlichsten sind die einander ergänzenden geschlechtsspezifischen Nachfragen der beiden Arbeitsmärkte. Die islamische Welt suchte hauptsächlich Bedienstete für den Haushalt und bevorzugte daher weibliche Sklaven. Europäische Plantagen in der Neuen Welt forderten dagegen explizit, dass zwei Drittel aller Afrikaner, die zu ihnen gebracht wurden, männlich zu sein hätten. Der Kontakt mit Nord- und Südamerika hatte zudem eine positive gesellschaftliche Auswirkung, die den ungeheuren personellen Aderlass in Afrika zumindest teilweise kompensierte: die Einführung neuer Feldfrüchte, insbesondere Kassawa (auch Maniok genannt), Mais und Erdnüsse. Mit solchen zusätzlichen Nahrungsquellen konnten afrikanische Länder einer größeren Zahl von Menschen das Überleben sichern, wodurch die demographischen Auswirkungen der Zwangsemigration, die zur selben Zeit über zwei Grenzen hinweg stattfand, abgeschwächt wurden.

Die gesellschaftlichen Kosten des atlantischen Sklavenhandels machten sich vor allem in den Waldgebieten West- und Zentralafrikas bemerkbar, wo die meisten Opfer erbeutet wurden. Sklavenraubzüge fanden jedoch auch im Sudan statt, und etwa zehn Prozent der Afrikaner, die ihre Zwangsverfrachtung in die Neue Welt überlebten,

Ein Händler (flankiert von einem Adligen und einem Dolmetscher) aus dem Volta-Tal in Zentralghana erscheint Ende des 16. Jahrhunderts an der atlantischen Goldküste. Zu dieser Zeit war die Volta-Region die Hauptquelle für transsaharische Goldexporte, die durch den Wettbewerb mit europäischen Seefahrern einen entscheidenden Rückschlag erfuhren.

waren Muslime. In den beiden Jahrhunderten intensiven Sklavenhandels nahm zudem die Gewalttätigkeit allgemein zu und breitete sich über ganz Westafrika aus. Neben den Pferden, den Schwertklingen und Rüstungen, die im Austausch gegen Sklaven durch die Sahara kamen, lieferte der Atlantikhandel jetzt auch Feuerwaffen, die zu einer weiteren Militarisierung der gesamten Region führen sollten. Die Religionskriege, die ab dem späten 17. Jahrhundert unter den Muslimen im Sudan ausbrachen, wurden teilweise durch den verstärkten Sklavenhandel hervorgerufen und sorgten auch für höhere Zahlen von Gefangenen, was wiederum beide Sklavenmärkte – den des Atlantik und den der Sahara – anwachsen ließ.

Neben all dem menschlichen Elend und dem Chaos, das der gewaltsame Abtransport großer Menschenmengen aus ihrer heimatlichen Umgebung zur Folge hatte, brachte der Atlantikhandel auch gewisse ökonomische Vorteile für Westafrika mit sich. Aufgrund der Konkurrenz zwischen den Käufern, die auf dem Seeweg, und denen, die über die Wüste kamen, sowie zwischen den verschiedenen europäischen Abnehmern stiegen die Preise für Sklaven, wovon die afrikanischen Verkäufer und ihre Gesellschaften materiell profitierten. Einige Importgüter wie Stoffe und Eisenwaren konkurrierten mit einheimischen Produkten, doch gleichzeitig wuchsen auch Bedürfnisse und Märkte der Konsumenten, was unter anderem zur Belebung des sudanischen Textilgewerbes und seiner Exporte in die Sahara beitrug. Auch die europäischen Wirtschaftsaktivitäten an der Mittelmeerküste nahmen um diese Zeit zu, wodurch sich die Märkte für transsaharische Karawanengüter wie Elfenbein, Ziegenfelle, Straußenfedern und sogar Gold vergrößerten.

Ein europäischer Importartikel, der die Entwicklung der westafrikanischen Wirtschaft eindeutig beförderte, waren Kaurimuscheln. Diese winzigen Schneckengehäuse, die auf den südwestlich von Indien gelegenen Malediven zu Niedrigstlöhnen gesammelt wurden, hatten transsaharische Karawanen schon vor 1500 in den Sudan gebracht, und auch noch in späteren Jahrhunderten wurden sie auf dem Landweg durch die Wüste importiert. Holländische und englische Handelsschiffe auf dem Weg nach Indien konnten jedoch sehr viel größere Mengen Kaurimuscheln sehr viel billiger transportieren, als es Wüstenhändlern möglich war, und tatsächlich benötigten sie auch Artikel dieser Art in ihren Frachträumen, um auf den langen Rückreisen nach Europa die

Stabilität der Schiffe zu sichern. Afrikaner verwendeten die Muscheln manchmal zu dekorativen und rituellen Zwecken, etwa für die Kronen geweihter Könige im heutigen Nigeria (nicht von ungefähr dieselbe Waldregion, die Kupfer aus der Sahara zur kunsthandwerklichen Verarbeitung importierte). Die wichtigste ökonomische Funktion der weit verbreiteten Kaurimuscheln in Westafrika war jedoch ihre Rolle als Zahlungsmittel.

In der Gegend existierten seinerzeit auch andere Formen von Geld, etwa importierte Münzen und verschiedene Waren von unterschiedlichem Gebrauchswert wie Stoffstreifen oder Eisenstangen. Kaurimuscheln hatten jedoch den einzigartigen Vorteil, dass sie relativ billig, klein, haltbar und schwer zu fälschen waren. In vielen Teilen der Welt wurden sie bei kleineren Transaktionen verwendet und gegenüber dem unpraktischen Tauschhandel bevorzugt. Diese Art des Geschäftsverkehrs bot sich beispielsweise an, wenn die Leute zu Marktplätzen reisten, wo sie von Fremden kleinere Dienstleistungen benötigten wie Bewirtung, zeitweilige Unterkunft oder Transport von Waren. In Westafrika zirkulierte die Kauri-Währung in einer breiten Zone, die sich von der Goldküste nach Osten bis zum Nigerdelta erstreckte und nach Norden in den größten Teil des West- und Zentralsudan hinein sowie bis zu einigen Orten in der südlichen Sahara.

Die zusätzlichen Importe von Kaurimuscheln auf dem atlantischen Seeweg ließen ihren Preis um die Hälfte sinken, nämlich von dreitausend pro *mithqal* (die Standardeinheit für Gold) auf tausendfünfhundert. Dieses neue Wertverhältnis sollte ab da allerdings – trotz ständig zunehmender Geldvorräte – etwa dreihundert Jahre lang stabil bleiben, was darauf schließen lässt, dass die miteinander gekoppelten Wirtschaften Westafrikas und der Sahara während der gesamten Epoche des Sklavenhandels gewachsen sein müssen.

Um die Mitte des 19. Jahrhunderts geriet die Kauri-Währung dann aber in die Krise, bedingt durch einen sprunghaften Anstieg europäischer Muschelimporte, die jetzt nicht nur aus Indien, sondern auch aus Ostafrika kamen. Zunehmend gelangten alternative Zahlungsmittel nach Westafrika, sowohl durch Karawanen als auch durch Schiffe, vor allem europäische Silber- und Kupfermünzen wie der österreichische Maria-Theresien-Taler, der britische Shilling und Penny und das französische Fünf-Franc-Stück. Der Grund für diese anhaltenden Geldströme

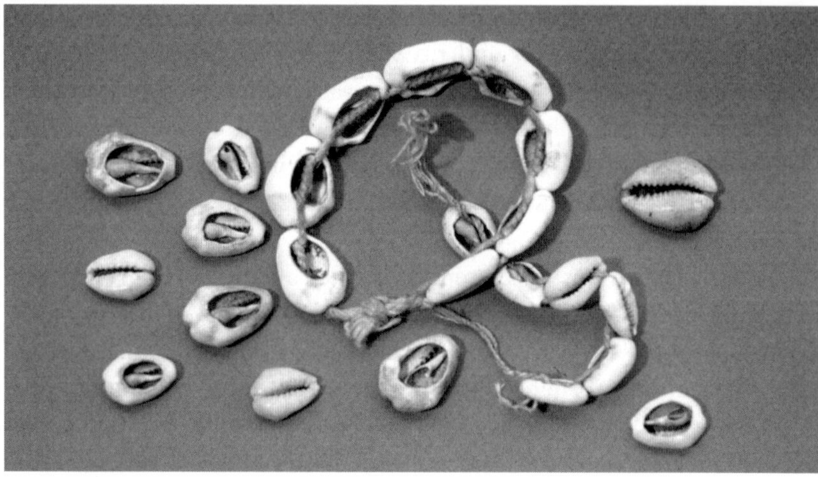

Muschelgeld aus Kaurischnecken. Die Kaurischnecken stammen ursprünglich aus den Malediven im indischen Ozean und wurden durch Karawanenhändler der Sahara nach Westafrika gebracht. Dort verwendete man sie als Schmuckstücke, für die einheimische Bevölkerung dienten sie zudem als Zahlungsmittel für kleinere Transaktionen. Ab dem 17. Jahrhundert gelangten sie an Bord britischer und niederländischer Schiffe in sehr viel größeren Mengen auch auf die andere Seite des Atlantiks.

lag darin, dass das Ende des Sklavenhandels einen erhöhten Bedarf der Europäer an neuen »legitimen« (sprich: nicht menschlichen) Waren aller Art aus Afrika weckte.

Eines dieser Güter, Gummiarabikum, übernahm bis zu einem gewissen Grad die Rolle des Goldes, indem es den Handel aus der Sahara fortlenkte. Dieses aus der Rinde von Akazienbäumen gewonnene Naturharz kam aus Mauretanien, nördlich des Flusses Senegal, wo die Sahara bis an den Atlantik stößt. Einer lokalen mündlichen Überlieferung zufolge erfuhren die Europäer vom Wert des Gummiarabikums erstmals in Gibraltar aus dem Mund eines jungen Mauretaniers, der auf dem Weg zu den Stätten islamischer Gelehrsamkeit die Wüste durchquert hatte und ihnen erzählte, dass er deshalb bei Kräften geblieben sei, weil er den Rat seiner Mutter befolgt habe, »drei Stücke vor jeder Mahlzeit zu essen«.[8] Dieser Bericht offenbart das frühe, wenngleich noch begrenzte Interesse, an Gummiarabikum, das zusehends als Nahrungsmittel, Medizin, Kosmetikum und Fabrikationskomponente in der islamischen wie in der abendländischen Welt diente. Bei den Europäern stieg die Nachfrage ab dem 18. Jahrhundert schlagartig an, als sie Baumwollstoffe in Konkurrenz mit Indien herzustellen begannen und Gummiarabikum zur Produktion leuchtender Farben benötigten. Entsprechend nahmen die Exporte dieses Rohstoffs zu, was den am Rande der Sahara lebenden Menschen wichtige Einnahmen verschaffte, allerdings gelangte er kaum mit Wüstenkarawanen nach Europa, sondern fast ausschließlich auf dem Seeweg über den Atlantik.

Elfenbein war ein weiteres Produkt, das in den Anfängen des Transsahara-Handels noch eine untergeordnete Rolle gespielt hatte, um dann im 18. und vor allem im 19. Jahrhundert als Karawanenfracht zunehmend an Bedeutung zu gewinnen. Der Hauptgrund für diesen Wandel war die wachsende europäische Nachfrage nach Artikeln aus Stoßzähnen von Elefanten, darunter nicht nur traditionelle Schnitzereiarbeiten, sondern auch Klaviertasten und Billardkugeln. Natürlich dürfte es rentabler gewesen sein, den größten Teil dieses Elfenbeins direkt auf dem Seeweg nach Europa zu verschiffen, was sicherlich auch weitgehend geschah (ein westafrikanisches Land heißt ja heute noch Elfenbeinküste). Doch in Kamerun und noch weiter südlich gelegenen Regionen waren muslimische Hausa-Händler für europäische Kaufleute eine starke Konkurrenz, und in manchen Jahren des 19. Jahrhunderts wurde ebenso viel Elfenbein durch die Wüste wie über das Meer transportiert.

Die anderen westafrikanischen Waren, die von europäischen Händlern gekauft wurden – hauptsächlich Erdnüsse, Öl und Samen der Ölpalme sowie Kautschuk –, besaßen zu wenig Wert im Verhältnis zu ihrem Volumen, als dass es sich gelohnt hätte, sie über lange Strecken mit dem Kamel bis zur Wüste oder gar durch sie hindurch zu transportieren. Doch selbst in diesen Fällen trugen die Exporte der Waldzonen zum Wirtschaftswachstum des West- und Zentralsudan bei. Dank des Wohlstands der Gesellschaften in den Küstengebieten eröffneten sich breite Märkte für sudanische Agrarprodukte und Manufakturwaren, und umgekehrt gelangten wertvolle Importe wie die Kauri-Währung in Regionen am Rand der Wüste. Zudem entstand im Zuge der Produktion atlantischer Exportgüter neuer Bedarf an sudanischen Arbeitskräften, sei es in Form von Sklaven, die zum Anbau und Transport von Palmenprodukten eingesetzt wurden, oder von freiwilligen Migranten, die saisonal in den Erdnussgebieten des Senegal arbeiteten.

Die gestärkten sudanischen Märkte sorgten ihrerseits dafür, dass der Handel in und durch die Sahara auch weiterhin aufrechterhalten wurde. Angesichts der Kosten, die der Transport vom Atlantik durch die Waldgebiete erforderte, rentierte es sich, selbst europäische Baumwollgüter von der Mittelmeerküste auf dem Landweg mit Kamelkarawanen zu importieren. Auch manche afrikanischen Waren gelangten über dieselben Routen nach Europa und in den Vorderen Orient. Was den Transsahara-Handel letztlich weitgehend eindämmen sollte, war die Errichtung der europäischen Kolonialherrschaft sowie die Einführung motorisierter Transportverbindungen zwischen der Küste und dem Sudan. Aber selbst dann gab es noch immer einige wichtige Wüstenprodukte, die mit Kamelkarawanen verfrachtet wurden, etwa das von den Bauern und Hirten der Steppengebiete so dringend benötigte Salz.

Die transsaharischen Routen, ursprünglich wesentliche Faktoren der Weltwirtschaft, büßten diese Bedeutung schon bald nach 1500 ein. Doch globale Entwicklungen verlaufen keineswegs immer so konstant, wie wir oft meinen. Am Beispiel der vorkolonialen Situation von Sahara und Sudan wird dies sehr deutlich: Die neuen maritimen Verbindungen beförderten einerseits das Wachstum regionaler Tauschwirtschaften, während sie gleichzeitig dazu beitrugen, dass sie an Bedeutung für die Außenwelt verloren. Diese Wirtschaften sollten jedoch ihrerseits wichtige Entwicklungen in Politik, Religion und allgemeiner Kultur nachhaltig und dauerhaft beeinflussen.

Der Kampf um die Herrschaft über die Sahara und ihre »Ufer«

In der fernen Vergangenheit des transsaharischen Afrika gibt es nur wenige Ereignisse, die sich exakt datieren lassen, denn der Geschäftsverkehr in dieser Region vollzog sich weitgehend ohne die Verwendung schriftlicher Aufzeichnungen. Eine wichtige Ausnahme hiervon bildet die Schlacht von Tondibi, bei der ein marokkanisches Expeditionskorps auf die Streitkräfte des Songhai-Reichs traf. »Sie kämpften dort am Dienstag, den 13. März 1591«, berichtet ein Chronist aus Timbuktu, »und die Truppen des [marokkanischen Befehlshabers] Juwadar schlugen das Heer des [Songhai-Herrschers] Askia im Handumdrehen.«[1]

Diese kriegerische Auseinandersetzung erregte nicht nur die Aufmerksamkeit zeitgenössischer Autoren aus dem Mittelmeerraum und dem Sudan; vielen modernen Historikern gilt sie auch als ein Wendepunkt in der transsaharischen Geschichte. Ökonomisch gesehen hatte die Schlacht damit zu tun, dass der Goldhandel aus der Wüste zu atlantischen Seerouten hin verlagert worden war. Sie markiert das Ende der großen mittelalterlichen Staaten des Westsudan (Songhai stand in der Nachfolge der legendären Reiche Ghana und Mali) und den Beginn der frühen Neuzeit, der den Marokkanern durch den Einsatz ihrer Feuerwaffen den Sieg bescherte. Auch bezeichnet sie einen seltenen – wo nicht den einzigen – Moment echten politischen Kampfes innerhalb der Sahara.

Ebenso wie die Geschichten, die knapp 270 Jahre zuvor Mansa Musa in Kairo zum Besten gegeben hatte, ist das Drama von Tondibi gleichermaßen erhellend und irreführend. Es erzählt uns, dass die Versuche, Handelsrouten und den Zugang zu wertvollen Waren zu kontrollieren, weitgehend von der Politik bestimmt waren, aber es verrät nichts darüber, wie eine solche Kontrolle praktisch hätte ausgeübt werden können. Es unterstreicht die Bedeutung einer neuen europäischen Präsenz an der westafrikanischen Küste, aber zugleich verzerrt es die politischen wie ökonomischen Konsequenzen dieses Wandels. Es zeigt, dass die Maghreb-Staaten in technischer Hinsicht weiter fortgeschritten waren als die Länder des Sudan, übertreibt aber Ausmaß und Tragweite dieses Unterschieds. Kurz gesagt, auch wenn kein seriöser Wissenschaftler die Meinung vertreten wird, Geschichte lasse sich mit »Königen und Schlachten« erklären, so sind politische Ereignisse doch als solche wichtig und können gerade wegen ihrer Augenfälligkeit nützliche Indikatoren für Fragen allgemeinerer Art liefern.

Im Laufe der elf Jahrhunderte, in denen der Transsahara-Handel florierte, gab es im Maghreb wie auch im West- und Zentralsudan eine große Zahl von Reichen, Staaten und Dynastien, die aufstiegen und wieder zugrunde gingen. Der Wüstenhandel spielte nicht immer eine zentrale Rolle in dieser Politik, vor allem nicht im Maghreb mit seinen direkten Verbindungen zu den reichen Wirtschaften des Mittelmeerraums und Ägyptens. Doch andererseits war der Karawanenverkehr eine wesentliche Voraussetzung dafür, dass sich im Sudan mächtige politische Zentren herausbilden konnten. Zudem kämpften nicht nur Herrscher im Norden wie im Süden um die Kontrolle über die Sahara, vielmehr entfaltete die Wüste ihre eigene Dynamik, die bisweilen weitreichende Auswirkungen auf die dichter besiedelten Regionen an ihren Rändern hatte.

Während der islamischen Ära war der Maghreb größtenteils in kleine, einander oft bekriegende Staaten unterteilt, deren Territorien in etwa den heutigen Staatsgebieten Marokkos, Algeriens, Tunesiens und Libyens entsprechen. Nur in Marokko und Libyen unternahmen Herrscher der Mittelmeerküste Anstrengungen, angrenzende Gebiete der Sahara unter ihre Kontrolle zu bringen. Selbst ländliche Gegenden zwischen Küste und Wüste ließen sich nur schwer verwalten, insbesondere nach dem 11. Jahrhundert, als zwei arabische Beduinenstämme – die Hilali und Sulaim – von Ägypten aus in den Maghreb vordrangen.

Der nachhaltigste Einfluss, den diese Nomaden auf das ländliche Nordafrika hatten, war die allgemeine Verbreitung des Arabischen sowie die Schaffung einer neuen ethnischen Identität unter der Mehrheit der Berberbevölkerung. Im 14. Jahrhundert zogen einzelne Gruppen dieser Invasionsmacht auch in die westliche Sahara, wo sie Herrschaft über die lokalen Stämme von Sanhadscha-Berbern gewinnen und diese als »Mohren« beziehungsweise Bidan (Weiße) in eine Arabisch sprechende Gemeinschaft integrieren sollten. Ab dem 12. Jahrhundert drangen weitere arabische Nomaden vom Nilsudan aus in die südöstliche Sahara ein, um dann in westlicher Richtung weiter bis zum Tschadsee zu wandern. Die weiträumigen Gebiete im Zentrum der Wüste und ihre südlichen Ränder zwischen Timbuktu und Kawar blieben jedoch unter der Kontrolle der Berberisch sprechenden Tuareg, die im 16. Jahrhundert ihr eigenes Sultanat Agadez im Aïr-Plateau gründeten.

Die politische Geschichte des West- und Zentralsudan ist schwieriger zu schreiben als diejenige Nordafrikas, da sie nur spärlich dokumentiert ist. Keine der dortigen Regierungen führte Buch über ihre Tagesgeschäfte, obwohl die zunehmende Islamisierung auch hier wie im Wirtschaftsleben eine größere Verbreitung der Schriftlichkeit zur Folge hatte. In der Spätphase des Songhai-Reichs (ab 1500) begannen die Bewohner dieser Staaten – für gewöhnlich islamische Geistliche, gelegentlich aber auch die Herrscher selbst – erste Korrespondenzen und Chroniken zu produzieren. In den meisten Fällen sind die Historiker jedoch auf die schriftlichen Äußerungen von Reisenden angewiesen. Die ersten Kontakte zum Sudan gingen ausschließlich von Nordafrika aus, und in dieser frühen Phase besuchten tatsächlich ein paar wenige muslimische Gelehrte die Region, während einige Geographen von ihren Heimatorten aus Informationen sammelten, die sie von transsaharischen Händlern, Geistlichen und sudanischen Pilgern bekamen. Ab dem späten 15. Jahrhundert verfassten dann auch europäische Forschungsreisende Berichte über die Region.

Die anderen bedeutenden Zeugnisse über sudanische Herrscher kommen aus einer mündlichen Tradition. Aufgezeichnet wurden sie meistens erst lange nachdem die von ihnen beschriebenen Ereignisse stattgefunden hatten, und für den Historiker, der herausfinden will, was in der Vergangenheit tatsächlich passiert ist, sind sie natürlich nicht unbedingt hilfreich. Dennoch überliefern sie zum Teil aufschlussreiche Bilder von wichtigen Herrschern. Und schließlich lassen sich, wie für die vorislamische Zeit, wesentliche Informationen aus der archäologischen Forschung gewinnen, auch wenn es in manchen Fällen, wie zum Beispiel Mali, bisher noch niemandem gelungen ist, die in schriftlichen oder mündlichen Texten beschriebenen Städte geographisch genau zu verorten.

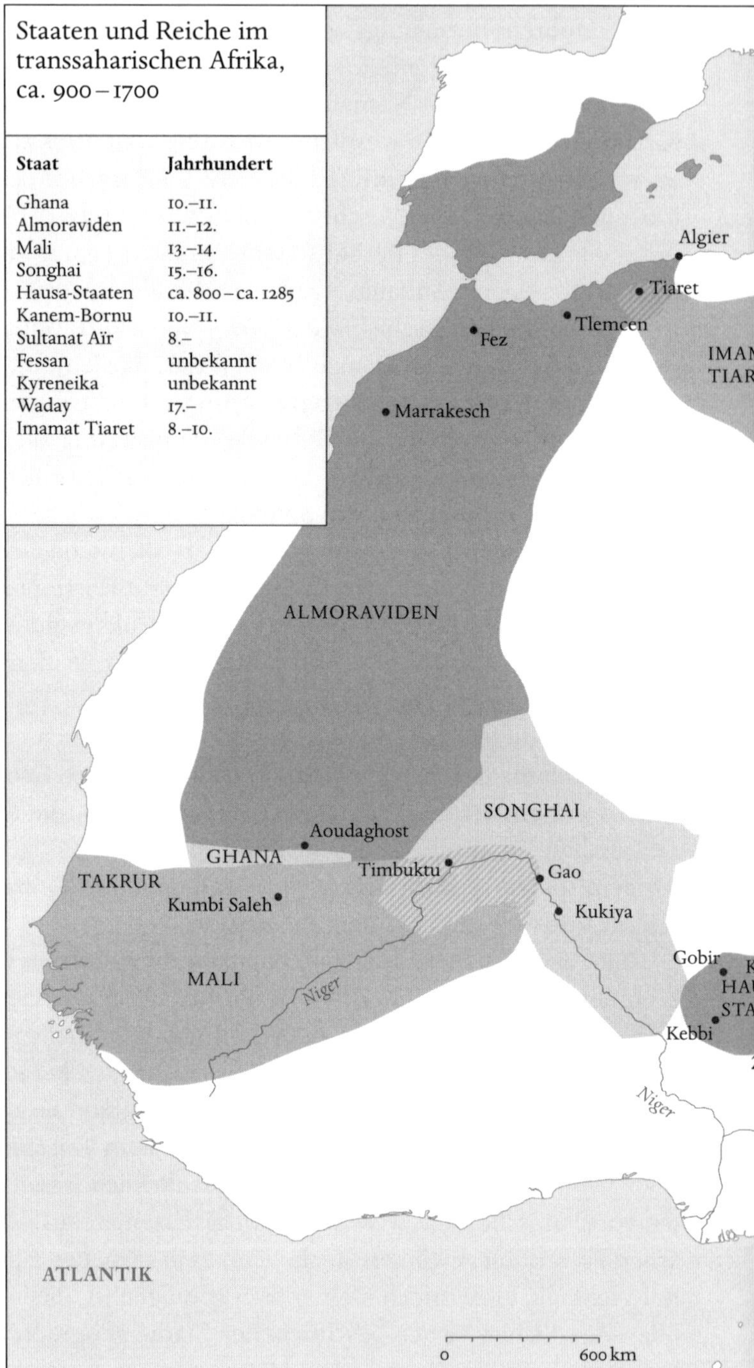

Staaten und Reiche im transsaharischen Afrika, ca. 900 – 1700

Staat	**Jahrhundert**
Ghana	10.–11.
Almoraviden	11.–12.
Mali	13.–14.
Songhai	15.–16.
Hausa-Staaten	ca. 800 – ca. 1285
Kanem-Bornu	10.–11.
Sultanat Aïr	8.–
Fessan	unbekannt
Kyreneika	unbekannt
Waday	17.–
Imamat Tiaret	8.–10.

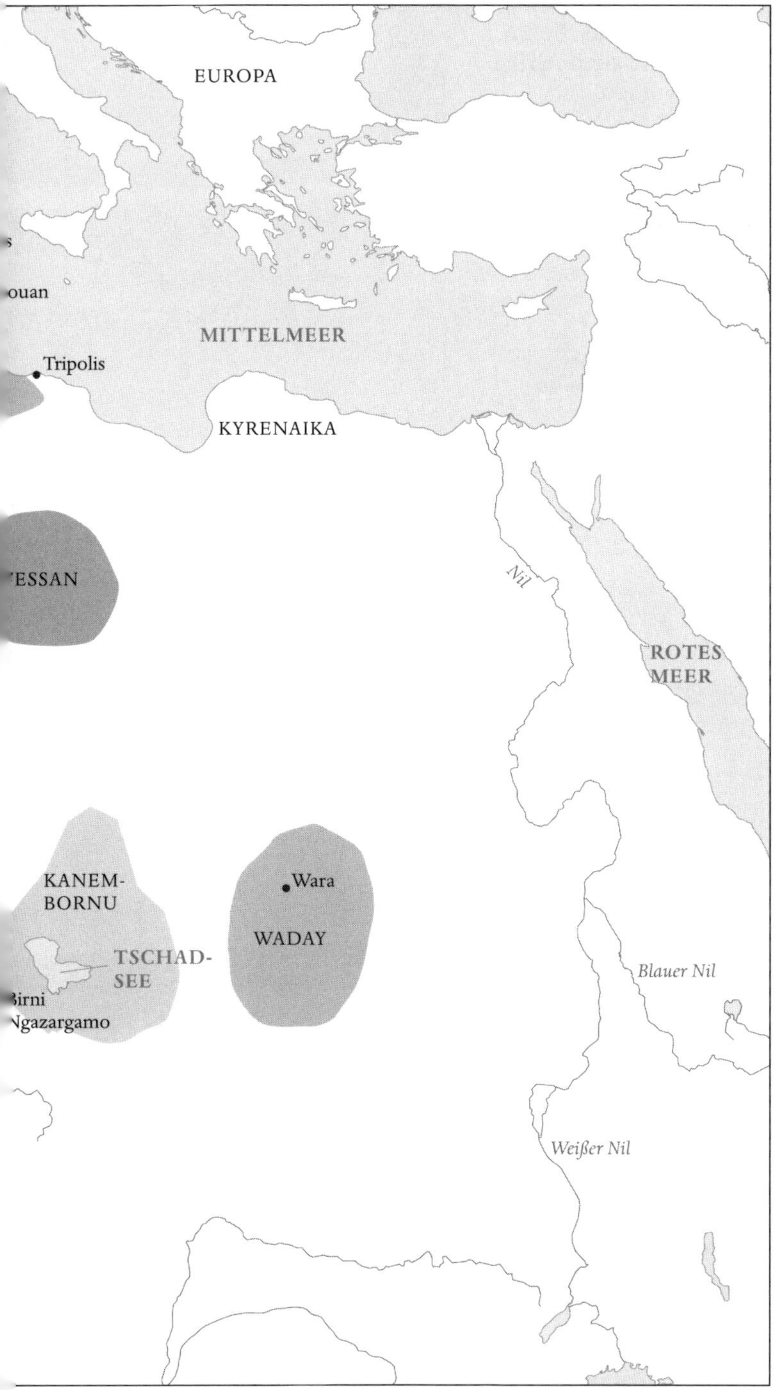
EUROPA
ouan
MITTELMEER
Tripolis
KYRENAIKA
ESSAN
Nil
ROTES
MEER
KANEM-
BORNU
Wara
WADAY
TSCHAD-
SEE
Birni
Ngazargamo
Blauer Nil
Weißer Nil

Staaten und Reiche im transsaharischen Afrika, ca. 1700–1900

Staat	Jahrhundert
Futa Toro	18.
Bundu	18.
Futa Jallon	18.–19.
Segu	18.–19.
Masina	19.
Umarisches Reich	19.
Sokoto	19.
Bornu	18.–19.
Aïr	18.–19.
Waday	18.–19.
Sanussiya-Orden	18.

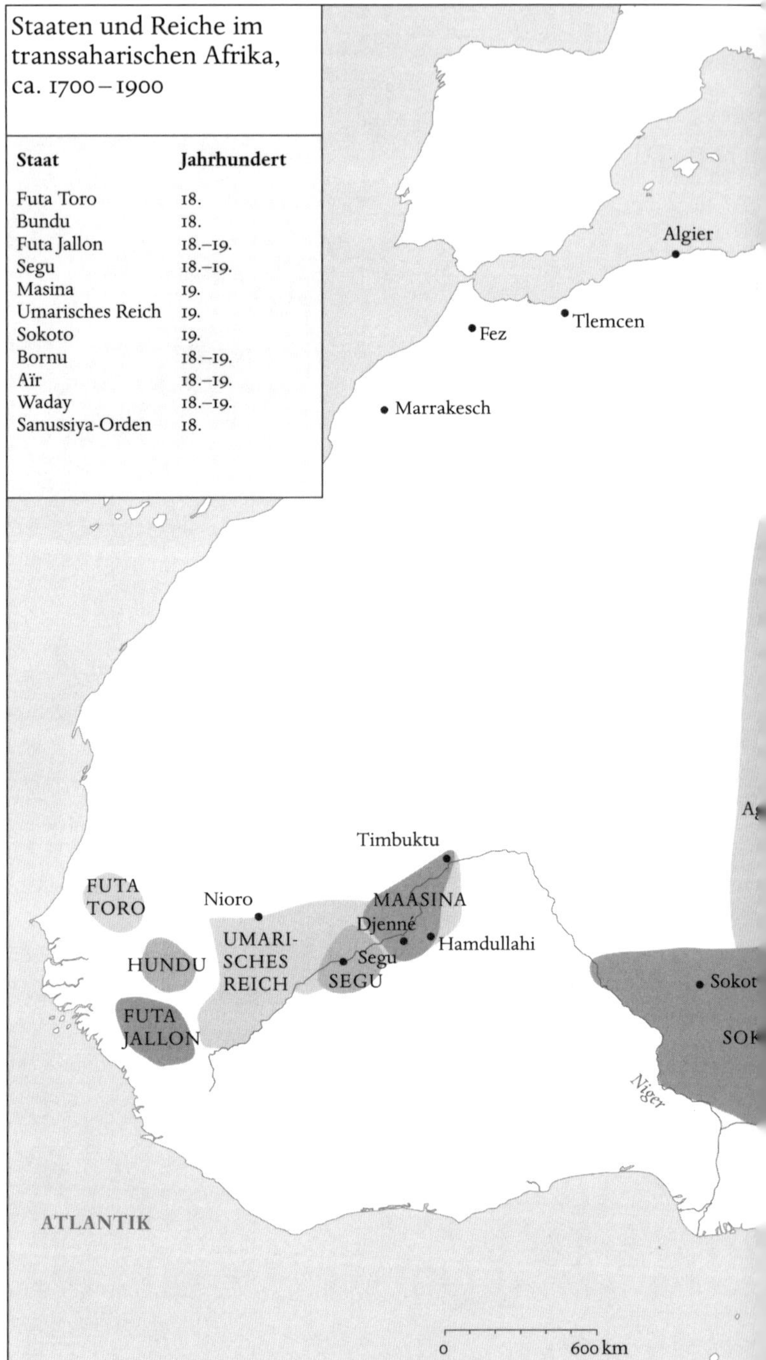

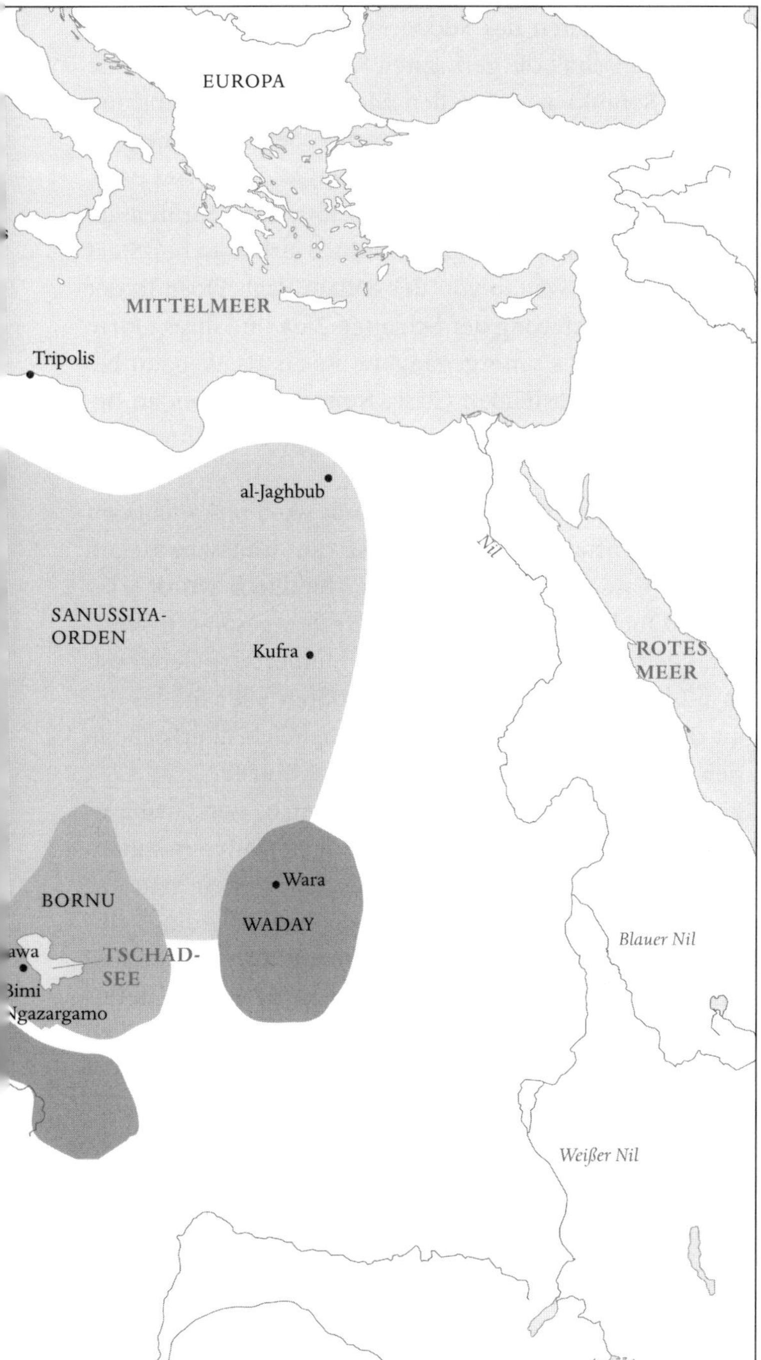
EUROPA
MITTELMEER
Tripolis
al-Jaghbub
SANUSSIYA-
ORDEN
Kufra
Nil
ROTES
MEER
BORNU
Wara
WADAY
awa
TSCHAD-
SEE
Bimi
Ngazargamo
Blauer Nil
Weißer Nil

Unter allen großen Staaten des Sudan ist Ghana derjenige, über den die Geschichtswissenschaft die geringsten Kenntnisse besitzt. Seine Hauptstadt, die von Soninke sprechenden Menschen im 10. Jahrhundert gegründet worden war, lag definitiv westlich der Niger-Biegung und fungierte als zentraler Umschlagplatz für das Gold, das von Bambuk und Buré aus hierher gelangte. Den von arabischen Schriften abgeleiteten Namen Ghana übernahm ein moderner afrikanischer Staat (die frühere Goldküste), der weitab von der Sahara liegt. Doch in der mündlichen Soninke-Überlieferung der Schlange Bida und ihres Dürre verheißenden Fluchs wird das untergegangene Reich als Wagadu bezeichnet, und seine Herrscher heißen Cisse. Keiner dieser beiden Begriffe taucht in irgendeiner nordafrikanischen Quelle des Mittelalters auf.

Näher bei Bambuk gab es mindestens einen weiteren wichtigen Staat, Takrur, der eigenständige Beziehungen zu transsaharischen Händlern unterhielt. Fast das ganze Mittelalter hindurch wurde »Takrur« in arabischen Quellen sogar als Name für den gesamten Westsudan verwendet. Gleichwohl spricht im 12. Jahrhundert der Geograph Abu Abd Allah al-Idrisi von Ghana als »der größten aller Städte des Sudan« und gibt detaillierte, wenn auch wahrscheinlich übertriebene Berichte über den Reichtum und die Macht seiner Könige.[2]

Langfristig gesehen war der Niedergang des Reichs von Ghana sicherlich einem Klimawandel geschuldet; die Ruinen seiner mutmaßlichen Hauptstadt Kumbi Saleh liegen an einer verlassenen Stätte in der ausgedehnten südwestlichen Randzone der Sahara. Allerdings gibt es auch eine frühe innersaharische Konfrontation, die sich unmittelbarer ausgewirkt haben könnte: die Rivalität mit dem Berber-Reich der Almoraviden um die Kontrolle strategischer Punkte weiter nördlich in der Wüste. Zu Beginn des 11. Jahrhunderts hatte Ghana eine gewisse Hegemonie über die Oase Aoudaghost in der südlichen Sahara erlangt, mit ihren zahlreichen Bewohnern seinerzeit ein Zentrum der Landwirtschaft und des Karawanenhandels mit Gold und Salz. Die Almoraviden, die Marokko und Südspanien im frühen 12. Jahrhundert beherrschten, waren um 1050 aus dem in dieser Wüstenregion beheimateten Berberstamm der Sanhadscha hervorgegangen. Nachdem sie sich um ihren charismatischen Führer Abd Allah ibn Yasin organisiert hatten, eroberten die Sanhadscha zunächst Sidschilmasa am Nordrand der Wüste, und dann Aoudaghost im Süden. Schließlich konzentrierten die Almoraviden ihre Energien vor allem auf das Mittelmeer, doch ein südlicher Zweig der Dynastie beherrschte auch weiterhin die Westsahara und fiel gegen Ende des 11. Jahrhunderts in Ghana ein.

Ob die Almoraviden Ghana tatsächlich eroberten und seine Herrscher zum Islam bekehrten, ist eine unter Historikern noch immer umstrittene Frage. Auf jeden Fall überdauerte das Reich das 12. Jahrhundert in einer gewissen Form. Die Austrocknung des westlichen Mauretanien, zu dem sowohl Ghana als auch Aoudaghost gehörten, fand erst im 13. Jahrhundert statt. In der Zeit unmittelbar davor war Ghana nicht nur Überfällen berberischer Sanhadscha ausgesetzt, sondern musste sich auch gegen sudanische Nachbarstaaten behaupten und wurde wahrscheinlich sogar von den Susu, einem rivalisierenden Soninke-Stamm, erobert. Aus all diesen Gründen verlagerte sich das Machtzentrum im Westsudan jetzt mehr und mehr zu Orten näher am Niger und zu den weiter östlich befindlichen Goldminen.

Das erste neue Reich war Mali, namentlich wiederbelebt durch einen postkolonialen Staat, dessen geographische Lage allerdings sehr viel eher derjenigen seines mittelalterlichen Vorgängers entspricht. Mit seinem Zentrum in der Wald- und Steppenregion des südlichen Niger-Beckens lag Mali von allen mittelalterlichen Staaten des Westsudan am weitesten von der Sahara entfernt. Anders als die Soninke des alten Reichs Ghana waren die malischen Malinke nie gezwungen, aufgrund einer ökologischen Katastrophe ihr Territorium zu verlassen.

Über Mali liegen uns auch zahlreiche schriftliche Informationen aus verschiedenen Quellen vor: Die Äußerungen Mansa Musas sind ebenso dokumentiert wie diejenigen anderer Pilger, die im Mittelalter nach Nordafrika kamen, und Ibn Battuta lobt das Land in seinem berühmten Reisebericht wegen der allgemein herrschenden Sicherheit: »weder der Reisende noch der Seßhafte fürchtet sich vor Dieben oder Räubern«.[3] Aus den vielen mündlichen Überlieferungen der Malinke wissen wir von einer langen Herrscherlinie, die weit über die große Zeit Malis hinausreicht bis hin zu Dynastien kleinerer Nachfolgereiche, die zum Teil heute noch unter dem Namen Keita existieren. In solchen Erzählungen aus dem 13. und 14. Jahrhundert steht weniger Mansa Musa im Vordergrund als vielmehr Sunjata, der Begründer des Reichs. Aber was die Griots (Barden) der Malinke über Sunjata, den »Löwenkönig«, zu sagen haben, gehört eher ins Reich der Literatur und Anthropologie und nicht der politischen Geschichte.

Auf seinem Höhepunkt, zur Zeit von Mansa Musa im 14. Jahrhundert, erstreckte sich Malis Herrschaftsbereich über einen riesigen Teil des Sudan – nach Auskunft eines arabischen Beobachters, der lange dort gelebt hatte und den der Chronist Ibn Fadl Allah al-Umari zitiert, benötigte man jeweils »vier Monate, um das Reich seiner Länge und seiner Breite nach zu durchqueren«.[4] Dieses Territorium umschloss die Atlantikküsten Senegals und Gambia sowie die Sahel-Zone der Niger-Biegung und erstreckte sich sogar bis zu den Handelszentren Walata in der westlichen Wüste und Tadmekka in der südlichen Zentralsahara. Mali hatte jedoch keine direkte Kontrolle über die dort befindlichen Goldquellen, weder über die von Buré (sehr nahe am Zentrum des Reichs gelegen) noch über die des weiter entfernten Volta-Beckens. Von seinem Informanten erfuhr al-Umari auch, »sobald einer von ihnen [den Königen Malis] eine der Goldstädte erobert und der Islam sich ausbreitet [...], beginnt das Gold dort zu schwinden«.[5]

Die naheliegendste Erklärung für den Niedergang Malis, das ab dem späten 14. Jahrhundert zunehmend in den Schatten des Songhai-Reichs geriet, ist seine allzu große Ausdehnung. Auf dem Höhepunkt seiner Machtentfaltung beanspruchte Mali mehr Territorien als irgendein anderes Reich des Westsudan, und so war es unvermeidlich, dass Randprovinzen abfielen, wenn die starken Herrscher, die sie erobert hatten, durch weniger fähige Nachfolger ersetzt wurden oder wenn innerhalb der Dynastie Machtkämpfe entbrannten, die zu ihrer Schwächung führten.

Mit dem Aufstieg des Songhai-Reichs verlagerte sich die politische Macht im Westsudan wieder zurück an den Rand der Wüste, in diesem Fall allerdings in ein relativ fruchtbares Gebiet am Mittellauf des Niger. Die Geschichte Songhais ist durch archäologische Funde und schriftliche Quellen sehr viel besser dokumentiert als die seiner Vorgänger Ghana und Mali.

Gao, das schließlich zur politischen Hauptstadt Songhais werden sollte, war schon in vorislamischer Zeit ein wichtiger Umschlagplatz des Sahara-Handels gewesen. Im 9. Jahrhundert übernahmen seine ersten Herrscher, die Dynastie der Za, die Kontrolle über das Gebiet rund um die Stadt. Der Wohlstand dieses Staats und seiner Sonrai-Bevölkerung erregte die Aufmerksamkeit des Mali-Reichs, das die Region gegen Ende des 13. Jahrhunderts eroberte und hier bis zum Beginn des 15. Jahrhunderts herrschte. Die Dynastie der Sunni, die Mali als dominierende Macht über den mittleren Niger verdrängte, war zuvor in Kukiya ansässig gewesen, einem Handelszentrum südöstlich von Gao. Ihr letzter Herrscher, Sunni Ali Ber (»der Große«), wird in muslimischen Chroniken aus Timbuktu (das zu einer zweiten Songhai-Hauptstadt avancieren sollte) als effizienter Eroberer und Verwalter, zugleich aber auch als sehr bösartig bezeichnet, »ein Tyrann, ein Schurke, ein Aggressor, ein Despot und ein Schlächter, der so viele Menschen umgebracht hat, dass nur Gott der Allmächtige sie zählen kann«.[6] Ob diese Beschreibung zutrifft oder es sich hier um eine Form von Propaganda für das nachfolgende Songhai-Regime handelt, bleibt unklar.

Kurz nach dem Tod Sunni Alis im Jahr 1492, so berichten uns dieselben Chronisten, hegte einer seiner Gouverneure »den Ehrgeiz, an die Macht zu kommen«, und »nachdem er schließlich die Fäden seiner verschiedenen Intrigen miteinander verknüpft hatte«, übernahm er das Reich unter dem Namen Askia Mohammed. Anhand sprachlicher Zeugnisse lässt sich vermuten, dass dieser neue Herrscher höchstwahrscheinlich von Sklaven abstammte, aber die Chroniken, die von Nachfolgern der mit Askia Mohammed befreundeten Gelehrten verfasst wurden, nennen ihn den »glücklichsten und umsichtigsten aller Männer«.[7] Wie immer man den gesellschaftlichen Status oder die Tugendhaftigkeit des Gründers der aufstrebenden Askia-Dynastie beurteilen mag, auf jeden Fall erlebte das Songhai-Reich unter ihrer Herrschaft die glanzvollste Ära seiner Geschichte.

Im 16. Jahrhundert erstreckte sich dieses Reich nach Norden in die Sahara bis hin zur weit entlegenen Oase Taghaza, nach Westen fast bis zum Fluss Senegal und nach Osten bis zum Hausa-Stadtstaat Kebbi, nach Süden jedoch nur bis zum Rand des Kernlands der Malinke, wo ein kleiner Mali-Staat noch immer existierte. Innerer Zwist und Auseinandersetzungen an seinen sudanischen Grenzen schwächten das Songhai-Reich während dieser Zeit zwar immer wieder einmal, doch erst die Rivalität mit Marokko um den saharischen Gold- und Salzhandel führte zu seinem endgültigen Zusammenbruch.

Als der marokkanische Sultan Ahmad al-Mansur 1591 ins Gebiet des mittleren Niger einfiel, behauptete er, nicht nur im Interesse seines eigenen Landes, sondern der gesamten islamischen Welt zu handeln. Ehe er zu der transsaharischen Expedition aufbrach, erklärte er vor seinem etwas skeptischen Staatsrat: »Da der Sudan ein sehr reiches Land ist, das enorme Gewinne verheißt, können wir jetzt den Umfang der Heere des Islam vergrößern und die Bataillone der Rechtgläubigen stärken.«[8] Nachdem al-Mansurs Truppen die Streitkräfte Songhais in der Schlacht von Tondibi vernichtend geschlagen hatten, erhielt der Sultan zunächst große Mengen Gold, die hauptsächlich aus Beutezügen der nordafrikanischen Soldaten stammten. Doch schon nach wenigen Jahren sollte sich diese Quelle des Reichtums als ebenso enttäuschend erweisen wie die Erträge aus den innersaharischen Salzminen, die al-Mansur bereits zuvor besetzt hatte. 1618 beschloss ein neuer marokkanischer Sultan jedenfalls, seine Vertreter im fernen Süden sich selbst zu überlassen.

Das sudanische Regime, das daraus hervorging, ist wegen seiner typischen Waffen als Arma bekannt (vom arabischen *arumah*, was Musketier oder Schütze bedeutet). Allerdings waren diese Eroberer bei aller militärischen Stärke nicht in der Lage, eine stabile oder starke Regierung hervorzubringen. Vielmehr machten sich verschiedene Familien – oft ziemlich gewaltsam – die Herrschaft gegenseitig streitig, was einen permanenten Wechsel ihrer Paschas zur Folge hatte: Zwischen 1691 und dem Ende des Regimes 1833 waren es nicht weniger als 167. In ihrer Blütezeit bis etwa zur Mitte des 17. Jahrhunderts kontrollierten die Arma die entscheidenden Handelszentren Timbuktu (ihre Hauptstadt) und Djenné. Doch waren sie ständigen Überfällen ausgesetzt: Aus der Sahara heraus attackierten sie berberische Tuareg-Nomaden und von der Steppe her die neuen sudanischen Reiche der Bambara von Segu und der Fulani von Maasina.

Die Bambara sind ein nördlicher Ableger der Mande sprechenden Malinke, die zuvor das Mali-Reich gegründet hatten. Ihr eigenes Reich entstand als Reaktion auf den Transsahara-Handel und richtete sich insbesondere gegen seinen Bedarf an Sklaven. Die Bambara gründeten ihren Staat auf einer Dorfinstitution, dem *ton*, einer Gemeinschaft junger Männer, die zur selben Zeit beschnitten werden, aber noch nicht verheiratet sind. Unter normalen Umständen besteht die Hauptfunktion eines *ton* darin, bei den schweren Erntearbeiten zu helfen. In Gefahrensituationen kann er auch zur militärischen Organisation des Dorfs werden. Im 17. Jahrhundert, als der Sklavenhandel aus der Sahara und an der Atlantikküste zunahm, gewannen die militärischen Aspekte des *ton* die Überhand. Segu und die benachbarten Dörfer schlossen ihre Streitkräfte unter der Führung einer einzigen Familie, den Coulibaly, zusammen, und damit war ein neues politisches Regime entstanden.

Zu einer ernstzunehmenden Macht entwickelte sich Segu erst ab 1712 unter der Herrschaft des legendären Biton Coulibaly, von dem es in Bambara-Epen heißt, er habe sein Volk nicht etwa vor der Versklavung beschützt, sondern sei vielmehr ein »Menschenjäger« gewesen. Biton begnügte sich nicht damit, Sklaven (*jon* in der Mande-Sprache) einzufangen und zu verkaufen, sondern integrierte einige von ihnen – und das war das Neue bei ihm – auch in den *ton*, wo sie als permanente Streitkraft, *tonjon*, dienten. Nach Bitons Tod 1755 übernahm Ngolo Diarra, ein führendes Mitglied des *tonjon*, die Staatsmacht und gründete eine neue Dynastie, die bis zum Zusammenbruch des Segu-Reichs 1861 herrschen sollte.

Die mündlichen Segu-Überlieferungen konzentrieren sich auf den Höhepunkt des Reichs unter der Regentschaft von Ngolos Enkel Da Monzon, der von 1808 bis 1827 herrschte. Da Monzon hatte direkte Kontrolle über die Region am Mittellauf des Niger von Bamako bis Maasina, und sein Einfluss erstreckte sich über ein weites Gebiet des Westsudan. Wie Monzons Ehrenname verrät – »Herr der Wasser, Herr der Menschen, Herr des Pulvers und Herr des Eisens« –, bezog das Regime seine Stärke aus einer Kombination traditioneller Mächte (insbesondere der Wassergeister, die mit Biton Coulibaly assoziiert werden) und der eher modernen Ressource des »Pulvers«, sprich: Schießpulver. Was letztlich das Schicksal des Segu-Reichs besiegelte, war eine neue Kraft, die aus der Sahara kam – der politische Islam.

Die Bewegungen, die ab dem 17. und bis ins 19. Jahrhundert im West- und Zentralsudan Staaten auf religiöser Grundlage schufen, werden gemeinhin als Dschihads bezeichnet (arabisch für »Anstrengung, Kampf, Bemühen«, in Westafrika aber als heilige Kriege verstanden). In der übrigen muslimischen Welt wurde der Begriff bis zum ausgehenden 20. Jahrhundert nicht oft in diesem Sinne verwendet, doch sein Prinzip – die Mobilisierung von Kriegern unter der Führung von Predigern des Islam –, das sich geradezu beispielhaft am Wirken des Propheten Mohammed selbst zeigt, war ausschlaggebend für das erste

Vordringen arabischer Armeen nach Nordafrika und in die Sahara. Muslimische Geistliche gründeten auch das Almoraviden-Reich sowie die marokkanische Dynastie des Ahmad al-Mansur, der im 16. Jahrhundert das Songhai-Reich eroberte.

Innerhalb des Sudan entwickelte sich eine vom Dschihad beeinflusste Politik erst später und zunächst auch nur in begrenztem Umfang, obwohl heilige Männer des Islam in dieser Region schließlich ebenfalls ziemlich mächtige Reiche gründeten. All diesen Bewegungen waren drei Elemente gemeinsam: reformistische religiöse Doktrinen, die zunehmend in mystischen Sufi-Bruderschaften ihren Ausdruck fanden; ethnische Konflikte, normalerweise zwischen Fulani sprechenden Hirten und einheimischen Agrarbevölkerungen; und Bedingungen wachsender wirtschaftlicher Prosperität, aber ungleicher Gewinne.

Die ersten Dschihads im Westsudan brachten keine wirklich ernstzunehmenden Staaten hervor. Ihre größere Bedeutung liegt darin, dass sie nicht nur späteren wichtigeren Bewegungen als Vorbild (in manchen Fällen sogar als Grundlage) dienten, sondern auch die Auswirkung der neuen atlantischen Wirtschaftsgrenze auf westafrikanische Gesellschaften mit ihren bereits zur Sahara bestehenden Beziehungen besonders deutlich offenbaren. Am eindeutigsten zeigt sich eine solche Verbindung in derjenigen dieser Bewegungen, die am wenigsten erfolgreich war, dem Shurbubba (Krieg des Bubba), der zwischen 1673 und 1677 in Südwestmauretanien, wo Sahara- und Atlantikhandel aufeinandertrafen, zwischen der arabisierten Berbergemeinschaft von Geistlichen und Kaufleuten stattfand.

Nasir ad-Din, der geistliche Anführer der Berber im Shurbubba, war kein ausdrücklicher Gegner des atlantischen Sklavenhandels. Dennoch richtete er seinen ersten Angriff gegen schwarze Herrscher im Nachbarstaat Senegal, der den Europäern Sklaven lieferte, auch solche der verbotenen Kategorie von Muslimen. (Ironischerweise war Bubba, in dessen Namen der Krieg begann, ein Berber, der sich dem Herrschaftsbereich Nasir ad-Dins durch Flucht entzogen hatte.) Ein paar Jahre lang hatte der Shurbubba Erfolg, wurde aber schon bald von zwei Seiten aus niedergeschlagen: von senegalesischen Herrschern, die die Unterstützung ihrer französischen Partner im Sklavenhandel hatten, und von arabischen Kriegerstämmen, die das Recht politischer Autorität in Mauretanien für sich reklamierten.

Die drei klerikalen Staaten Bundu, Futa Jallon und Futa Toro, die zwischen 1698 und 1776 in Senegal und Guinea gegründet wurden, entsprechen eher dem Modell späterer und größerer Dschihads. Sämtliche dieser Aufstände erhielten Unterstützung von den Fulani beziehungsweise Tukulor (ein Volk, das zur selben Sprachgruppe wie die Fulani gehörte, allerdings neben Viehhaltung auch Landwirtschaft betrieb). Eine expandierende Marktwirtschaft verschaffte den Hirten die Möglichkeit, ihren Reichtum zu vermehren, und erlaubte einigen wenigen ihrer Angehörigen sogar, sich in städtischen Gebieten niederzulassen und eine islamische Bildung zu erwerben. Auf diese Weise konnten muslimische Gelehrte unter den Fulani und Tukulor zu geistlichen Führern von Gemeinschaften werden, die ihre religiöse wie ethnische Identität aus der Opposition gegen das Fehlen islamischer Orthodoxie bezogen, wie es unter rein landwirtschaftlich orientierten Mande-Herrschern verbreitet war. Der Dschihad, den Futa Toro gegen Ende des 18. Jahrhunderts führte, passt nicht ganz in dieses Schema, da die Herrscher in diesem Grenzgebiet zwischen Senegal und Mauretanien bereits Fulani, wenn auch keine Geistlichen waren. Doch ebenso wie im Fall des Shurbubba, der den muslimischen Gelehrten von Futa Toro wohlbekannt war, lag die wirkliche Macht auch hier in den Händen benachbarter arabischer Kriegerstämme. Insofern konnten die Dschihadisten die bestehenden Autoritäten sowohl auf religiöser als auch auf ethnischer Ebene herausfordern.

Imperialere Dimensionen nahmen die neuen sudanischen Klerikalregime in denjenigen Gebieten des Sudan an, die näher an den bedeutenden Zentren des Transsahara-Handels lagen, also in den Hausa-Städten am Mittellauf des Niger und im Becken des Tschadsees. Der erste dieser mächtigen Dschihadistenstaaten im Westsudan entstand bei den Fulani von Maasina im Zentrum des Nigerdeltas. Sein Gründer und langjähriger Herrscher, Scheich Amadu Lobbo, war sehr viel weniger gebildet und der Lebensweise der Fulani sehr viel mehr verbunden als die meisten anderen Dschihad-Führer. Im Brief eines zeitgenössischen Gelehrten aus Timbuktu wird er, etwas herablassend, als ein Mann beschrieben, der es »mit seiner Schlichtheit geschafft hat, die Weißen und die Schwarzen, die Gebildeten und die Krieger seiner Zeit zu beherrschen«.[9] Und doch gelang es Amadu Lobbo, das orthodoxeste theokratische Regime des gesamten Sudan zu errichten.

Maasina wurde im frühen 19. Jahrhundert bereits von den Fulani-Hirten beherrscht, obwohl deren *ardos* (Anführer) ihre Macht nur als Untergebene des Bambara-Reichs von Segu ausübten. In dieser Gemeinschaft hatte sich keine starke Tradition der Gelehrsamkeit herausgebildet, und das lokale Zentrum der Bildung, Djenné – seinerzeit noch unter der nominellen Souveränität der Arma von Timbuktu –, wurde von Berber-, Sonrai- und Mande-Dynastien beherrscht, die eher für ihre internen Machtkämpfe als für ihre Islamfrömmigkeit bekannt waren. Als junger Student, der aus einer Fulani-Gemeinschaft stammte, bekam Amadu Lobbo zunächst die Verachtung der Eliten Djennés zu spüren. Später gründete er seine eigene Gemeinschaft außerhalb der Stadt, wurde aber von dort sofort wieder vertrieben, weil man ihn als Bedrohung des einheimischen Establishments empfand. Genau zu dieser Zeit drangen Nachrichten (in schriftlicher wie in mündlicher Form) nach Maasina, dass weiter östlich in Nigeria ein erfolgreicher Dschihad stattgefunden habe. 1817 entbot Amadu Lobbo dem Oberhaupt dieses neuen Staats, Usman dan Fodio, seine Loyalität und erhielt im Gegenzug den Auftrag, die Bewegung auch in seinem eigenen Land zu verbreiten. Als Reaktion auf Provokationen seitens des einheimischen *ardo* begann Amadu kurze Zeit später seinen eigenen Dschihad.

Innerhalb weniger Jahre sicherte sich Amadu die politische Kontrolle über Maasina und gründete in der Steppe, weitab vom Fluss, die neue Hauptstadt mit dem Namen Hamdullahi (»Gelobt sei Gott«). Dieses Reich sollte sich schließlich über den gesamten Mittellauf des Niger erstrecken, unmittelbar nördlich von Segu bis nach Timbuktu. Seine Bevölkerung lebte unter strengen islamischen Regeln, worin sich Amadu Lobbos begrenztes Interesse widerspiegelte, Fernhandel mit der Außenwelt zu betreiben, sei es mit Nordafrika oder mit der Atlantikküste. Das Kernland Maasinas mit seiner Mischwirtschaft aus Viehhaltung, Ackerbau und Fischerei war weitgehend autark. Selbst Pferde, die einen wichtigen militärischen Faktor darstellten, konnten im Binnenland gezüchtet werden, Salz blieb das einzige Importgut von Bedeutung. Gleichwohl hing das Überleben des Regimes in erheblichem Maße von der persönlichen Ausstrahlung seines Gründers ab, und nach dem Tod Amadu Lobbos 1845 ließ sich islamischer Glaubenseifer nur noch mit Schwierigkeiten aufrechterhalten. Das Kalifat von Maasina geriet schon bald unter den Einfluss einer neuen islamischen Macht, die eine größere dschihadistische Dynamik entfaltete und mit ihren importierten Feuerwaffen militärisch auch besser ausgestattet war.

Al-Hadsch Umar Tal, der Eroberer von Segu und Maasina, ist unter den Dschihad-Führern Westafrikas insofern einzigartig, als er praktisch sämtliche lokalen Traditionen des heiligen Kriegs mit seinen engen Beziehungen nach Nordafrika und zum Vorderen Orient verband. Umar wurde Mitte der 1790er Jahre als Sohn einer klerikalen Tukulor-Familie in Futa Toro geboren, einem Dschihadistenstaat des 18. Jahrhunderts, der aus dem Shurbubba-Aufstand der 1670er Jahre hervorgegangen war. Zu Umars Zeit hatte Futa Toro bereits einiges von seinem islamischen Impetus eingebüßt und war unter die politische Herrschaft Kaartas geraten, eines Ablegers des »heidnischen« Segu-Reichs. Mitte der 1820er Jahre brach Umar zu einem Hadsch (Wallfahrt) nach Mekka auf und wurde damit zum einzigen Dschihadisten der Region, der sich den Ehrentitel »Al-Hadsch« erwarb. Während der Rückreise in sein Land weilte er wiederholt und für längere Zeit bei Herrschern bereits bestehender klerikaler Staaten im Zentral- und Westsudan, unter anderem auch in Hamdullahi, der Hauptstadt Maasinas. Seinen letzten Aufenthalt legte er in Futa Jallon ein, einem kleinen Dschihadistenstaat im Hochland von Guinea, wo er als junger Mann studiert hatte.

In Futa Jallon begann Umar eine große Zahl ihm ergebener und gut bewaffneter Anhänger um sich zu sammeln, zumeist Fulani und Tukulor aus seiner Heimatregion Futa Toro. Verständlicherweise fühlten sich die Herrscher von Futa Jallon durch ein derartiges Aufgebot gestört, und Umar wurde nahegelegt, sich in den kleinen Nachbarstaat Tamba zu den »heidnischen« Mande zurückzuziehen. Als das Oberhaupt von Tamba seinerseits Truppen entsandte, um die klerikale Gemeinschaft zu entwaffnen, fühlte sich Umar nicht nur politisch legitimiert, sich zur Wehr zu setzen, sondern berief sich auch auf eine göttliche Eingebung. »Der Allmächtige«, erzählte er einem marokkanischen Biographen, »gab mir nach dem Abendgebet Anweisungen. [...] Mit gewaltiger Stimme sprach ER zu mir [dreimal] ›Du bist befugt, einen Dschihad im Namen Allahs zu führen‹.«[10]

Es war das Jahr 1852, und Umars Truppen besiegten nicht nur Tamba, sondern eroberten nacheinander auch Kaarta (1855), Segu (1861) und Maasina (1862). Dieser letzte Krieg zwischen zwei Dschihadistenstaaten war in mehrerer Hinsicht kostspielig. 1864 gingen die Nachfolger Amadu Lobbos zum Gegenangriff über, bei dem Umar getötet wurde.

Auf dem Höhepunkt seiner Machtentfaltung erreichte Umars Reich eine territoriale Ausdehnung, deren Größe sogar diejenige Segus übertraf. Allerdings war der neue Staat tüchtiger in der Kriegführung als in der Verwaltung zu Friedenszeiten. Nach Umars Tod stritten sich seine Söhne und Neffen um die Nachfolge und gründeten schließlich drei separate Hauptstädte in Segu, Bandiagara (Maasina) und Nioro (das ehemalige Zentrum von Kaarta). Als die französischen Kolonialtruppen in den späten 1880er Jahren ihren Vormarsch auf den Mittellauf des Niger begannen, fielen ihnen diese Städte nacheinander in die Hände, und damit war auch die Herrschaft des Islam an dieser Grenze der Sahara besiegelt.

Im Gegensatz zum Westsudan ist die politische Geschichte des Zentralsudan und seiner benachbarten Wüstenzonen nicht durch eine Aufeinanderfolge regionaler Reiche gekennzeichnet, sondern eher durch parallele Entwicklungen von zwei ethnischen Gruppen, den Kanuri und den Hausa. Die Kanuri waren das erste dieser beiden Völker, die sich im Transsahara-Handel engagierten, und sie schufen eine Reihe großflächiger Staaten, zunächst in Kanem, einer Wüstenregion nördlich des Tschadsees, und später im südlich davon gelegenen Bornu. Der Staat Kanem bildete sich irgendwann im 8. Jahrhundert bei schwarzen Nomadenvölkern heraus, die schon seit langem in Verbindung sowohl zu den Agrargebieten des Sudan als auch zu den zentralsaharischen Handelszentren Kawars gestanden hatten. Es ist denkbar, dass die Kanuri und verwandte Gruppen zu Opfern von Sklavenraubzügen seitens der mit Wagen ausgestatteten Garamanten aus dem Norden geworden waren. Doch schon sehr früh in der islamischen Ära initiierten die ersten Herrscher von Kanem, die Zaghawa, ihrerseits einen sehr viel ausgedehnteren Sklavenhandel unter eigener Kontrolle.

Über die Zaghawa ist sehr wenig bekannt, man weiß nicht einmal genau, welche Sprache sie verwendeten. Immerhin steht fest, dass sie im 9. Jahrhundert von einer neuen, Kanuri sprechenden Dynastie verdrängt wurden, die – in verschiedenen Formen und an unterschiedlichen Orten – fast tausend Jahre lang an der Macht bleiben sollte und ausführliche Chroniken ihrer Geschichte hervorbrachte. In den ersten beiden Jahrhunderten herrschten diese Könige unter der Bezeichnung Duguwa. 1075 bestieg Hume, der Angehörige eines anderen Familienzweigs, den Thron, und seine späteren Nachfolger behaupteten, sie stammten von einem arabischen Migranten namens Saif dhu Yadzan ab. Unter dem Namen Sefuwa herrschte diese Dynastie bis zu ihrem formellen Ende 1846, behielt aber den Kanuri-Titel *mai* (König) bei.

Bis zum späten 14. Jahrhundert blieb Kanem das Stammland der Sefuwa. Unter dem größten König dieser Ära, Mai Dunama Dibalami (1210–1248), der nach Aussage des nordafrikanischen Geographen Ali ibn Musa Ibn Said (1214–1286/1287) »wohlbekannt für seine religiöse Kriegführung und seine mildtätigen Handlungen« war,[11] dehnte die Dynastie ihre Herrschaft bis weit nach Norden in den Fessan aus. Doch im folgenden Jahrhundert verloren die Sefuwa allmählich die Kontrolle über Kanem, die jetzt zunehmend an andere Nomadengruppen überging, darunter auch an neu ankommende arabische Stämme. Verschiedene Faktoren – Invasionen, Kämpfe um die Thronfolge innerhalb der königlichen Dynastie sowie eine Wüstenökologie, die eine wachsende städtische Bevölkerung nicht mehr versorgen konnte – trugen außerdem dazu bei, dass selbst Njimi, die Hauptstadt der Monarchie, in eine gefährdete Situation geriet. Als Mai Umar ibn Idris (1382–1387) angesichts seiner Lage einheimische muslimische Gelehrte um Rat fragte, soll er – so berichten es die königlichen Chroniken – folgende Antwort bekommen haben: »Verlasse diesen Ort, und der Eindringling wird verschwinden.«[12]

Die Sefuwa brauchten fast ein ganzes Jahrhundert, um – unter Mai Ali ibn Dunami, »dem Eroberer« (1465–1475) – völlige Kontrolle über dieses Steppengebiet zu erlangen und sich in ihrer neuen Hauptstadt Birni Ngazargamo zu etablieren. In den folgenden Jahrhunderten errichteten die Sefuwa von Bornu den vielleicht mächtigsten Staat, den es in der Zeit vor dem 19. Jahrhundert in West- und Zentralafrika gab. Die langjährige Herrschaft Mai Idris Alaumas (1564–1596) ist besonders gut dokumentiert, da Ahmad ibn Fartu, ein muslimischer Kanuri-Gelehrter an seinem Hof, ausführliche Chroniken über seinen Herrn verfasste, über »die militärischen Expeditionen unseres Sultans und alles, was er in der Zeit seiner Regentschaft getan hat, seien es Raubzüge, heilige Kriege, Verteidigungsmaßnahmen oder die Sicherung der Straßen für Reisende«. Die meisten dieser Feldzüge fanden innerhalb des

Muhammad al-Amin al-Kanemi wurde 1814 zum Herrscher des sudanischen Reichs von Bornu und löste damit die neunhundert Jahre alte Dynastie der Sefuwa ab. Ebenso wie die dschihadistischen Herrscher des Kalifats von Sokoto, deren Angriffe er erfolgreich abwehrte, war al-Kanemi ein muslimischer Gelehrter, bevor er politische Macht übernahm.

Sudan statt, aber Mai Idris Alauma attackierte auch »die Tuareg, die Wüstenplünderer« und ruhte nicht eher, »bis er sie in die Grube der Reumütigkeit geworfen und den Muslimen Ruhe im Schutz von Wohlstand und Geborgenheit verschafft hatte«.[13]

Solche Feldzüge in den Norden waren insofern nötig, als transsaharische Verbindungen für den Erfolg Bornus eine entscheidende Rolle spielten, nicht nur als Quelle kommerzieller Gewinne, sondern auch zur Herstellung diplomatischer Beziehungen zu nordafrikanischen Regimen. Idris Alauma herrschte zu einer Zeit, als es eine erbitterte internationale Rivalität um die Kontrolle über den Maghreb gab. Die damaligen Herrscher Bornus, die sich um militärischen Beistand für ihre eigenen Projekte bemühten, entboten ihre Loyalität sowohl al-Mansur von Marokko als auch dem Sultan des Osmanischen Reichs in Istanbul, der inzwischen nicht nur die Küsten Libyens, Tunesiens und Algeriens, sondern im Innern der Sahara auch den Fessan kontrollierte. Zwar kam mit keiner dieser Mächte je ein formelles Bündnis zustande, doch Bornu erhielt vom Repräsentanten des Sultans in Tripolis Feuerwaffen wie auch Anweisungen zu ihrem Gebrauch. Das heißt, der Kanuri-Staat steigerte seine Fähigkeit, lokale Kontrolle auszuüben, genau zu dem Zeitpunkt, als das Songhai-Reich zum Opfer eben dieser Militärtechnik wurde.

Anfang des 19. Jahrhunderts griff Usman dan Fodio, ein dschihadistischer Fulani-Kleriker, die Sefuwa vom Hausaland aus an und sorgte für das Ende der Dynastie – nicht aber des Bornu-Reichs. Dessen Könige zeigten sich seinerzeit der Herausforderung nicht gewachsen und holten sich deshalb Hilfe aus der Sahara. Der Retter Bornus, ein muslimischer Gelehrter namens Muhammad al-Amin al-Kanemi, war als Sohn eines Kanem-Vaters und einer arabischen Mutter im Fessan geboren worden. Obwohl er den geistlichen Titel »Shehu« beibehielt, versuchte al-Kanemi gar nicht erst, in dem ohnehin bereits stark islamisierten Bornu irgendwelche religiösen Reformen durchzuführen, sondern kümmerte sich vielmehr um die praktischen Regierungsgeschäfte. Er beließ die Sefuwa-Könige nominell im Amt, gründete 1814 in Kukawa aber eine zweite Hauptstadt. Mithilfe seiner eigenen afrikanischen und arabischen Streitkräfte aus Kanem und dem Fessan verteidigte er Bornu gegen die Fulani, erweiterte die Grenzen des Reichs nach Süden hin und stellte die innere Kontrolle wieder her.

Nach dem Tod Muhammad al-Kanemis vertrieb sein Sohn und Nachfolger Umar (1837–1881) den letzten der Sefuwa-Herrscher vom Thron und brachte damit auch formal eine neue Shehu-Dynastie an die Macht. Die daraus resultierende politische Kultur – eine Kombination aus sudanischen, saharischen und islamischen Elementen – beobachtete der deutsche Forschungsreisende Gustav Nachtigal 1871. Am Königshof wurden zwar die ausgeklügelten Ränge und Protokolle der inzwischen abgesetzten Sefuwa reproduziert, aber in seinem Zentrum stand ein Herrscher, den Nachtigal wie folgt beschreibt: »Seine ganze Erscheinung war die eines wohlhabenden Fezzâner's, erinnerte durch die Einfachheit der Kleidungsstücke in Farbe und Verzierung an seinen religiösen Charakter und zeichnete sich durch die höchste Sauberkeit aus.«[14]

Das Hausaland war immer eine der wohlhabendsten und am dichtesten besiedelten Regionen im gesamten sudanischen Gürtel, fand aber erst relativ spät Anschluss an das System des Transsahara-Handels. Zudem war die politische Geschichte der Hausa bis ins 19. Jahrhundert von Rivalitäten – in unterschiedlichen Kombinationen – zwischen den mächtigeren Stadtstaaten (Kano, Katsina, Zaria und Gobir) geprägt oder von Einfällen seitens der benachbarten Reiche Songhai und Bornu. Ab dem 16. Jahrhundert wetteiferten Songhai und Bornu mit den Hausa-Staaten auch um das Tuareg-Sultanat Agadez in Aïr, das gewissermaßen das Tor zum Wüstenhandel der Region bildete. Diese Konflikte konnten den wachsenden Wohlstand des Hausalands, das sowohl vom Transsahara- als auch vom Atlantikhandel profitierte, zwar nicht unterminieren. Dennoch wurde die Region anfällig für Aggressionen nicht nur von außen, sondern auch – und das sollte sich als fataler erweisen – von Dissidenten im Innern.

Diese einheimischen Eroberer waren Fulani, die von Usman dan Fodio, einem ihrer Gelehrten, zum Religionskrieg mobilisiert wurden. Wie überall im West- und Zentralsudan hatten die Fulani des Hausalands vom wachsenden Handel der Region profitiert und ihren Wohlstand vermehrt, andererseits aber auch unter ständigen lokalen Kriegswirren zu leiden gehabt. In seinen öffentlichen Predigten, die er Mitte der 1770er Jahre in seiner Heimat Gobir zu halten begann, forderte Usman die Bewohner des Hausalands, die sich selbst schon Muslime nannten, lediglich zu strengerer Beachtung ihres Glaubens auf. Doch aus diesen Appellen wurden schon bald Angriffe auf solche Herrscher, die nach den Worten von Usmans Sohn und wichtigstem Anhänger Muhammad Bello »das [islamische] Gesetz nicht gründlich kannten. Und was ihre Urteile angeht, so folgten sie der Praxis ihrer Väter, die den Mohammedanismus noch nicht kannten.« Kurz nachdem er seinen Dschihad begonnen hatte, veröffentlichte Usman seinerseits den *Kitab al-Farq* (Buch der Unterschiede), der systematisch »die Handlungsweisen von Ungläubigen in ihren Regierungen« aufzählt. Dazu gehört die übliche Liste illegaler Steuern, spezielle Erwähnung aber findet der *janghali*, eine Beschlagnahme von Vieh, von der nicht nur Fulani-Hirten besonders schwer betroffen waren, sondern sogar städtische Gelehrte, die auf diese Form eines leicht zu erzielenden Wohlstands angewiesen waren. Ein weiterer Vorwurf gegen die Hausa-Könige betraf ihre ständige Sklavenjägerei, die selbst vor freien Muslimen nicht Halt machte. In einem noch vor dem Dschihad verfassten Gedicht hatte Usman gewarnt: »Und wer einen Freien versklavt [...], der soll vom Feuer versklavt werden.«[15]

Ursprünglich hatte Usman gehofft, Yunfa, der Herrscher seines Heimatstaats Gobir, werde ihn bei seinem Bestreben unterstützen, eine orthodoxere Religionspraxis und soziale Gerechtigkeit durchzusetzen. Doch die lokalen Rituale, an denen die Hausa-Könige festhielten, sowie die Erfordernisse staatlicher Machtausübung veranlassten Yunfa letzten Endes dazu, Usmans öffentliche Aktivitäten zu verbieten, was dieser seinerseits als einen direkten Angriff auf den Islam interpretierte. Daraufhin folgte Usman dem Vorbild des Propheten Mohammed während dessen Auseinandersetzungen mit den Eliten Mekkas und unternahm eine Hedschra (Flucht): Er wanderte vom Zentrum Gobirs nach Degal aus, einer ländlichen Siedlung, die unter seiner Kontrolle stand. Der eigentliche Dschihad begann 1804, als Yunfas Truppen Degal angriffen. Usmans Anhänger waren inzwischen stark genug, um zurückzuschlagen, und innerhalb von vier Jahren hatten sie Gobir erobert und in Sokoto eine neue regionale Hauptstadt gegründet.

Während der ersten Phase dieses Aufstands rekrutierte Usman seine Anhänger aus einem breiten Spektrum sozio-ethnischer Gruppen, zu denen nicht nur Fulani-Hirten gehörten, sondern auch Hausa-Bauern und Tuareg-Nomaden. Doch je größer die Bewegung wurde und je mehr sie über die Grenzen Gobirs hinaus an Bedeutung gewann, desto stärker stützte sie sich auf Fulani, die jetzt als gebildete Befehlshaber (Emire) in verschiedenen Regionen dienten und auch als militärische Basis auf dem Lande. Aus manchen Hausa-Reichen, aber auch aus Bornu und selbst aus Maasina kamen angehende Emire nach Sokoto, um die Erlaubnis einzuholen, ihre eigenen Feldzüge im Namen des Sokoto-Kalifen (erst Usman und dann Muhammad Bello) durchzuführen.

Ende der 1830er Jahre erstreckte sich das Kalifat von Sokoto nahezu über das gesamte Hausaland und schloss auch bedeutende Gebiete östlich und südlich mit ein, etwa Adamawa im heutigen Kamerun sowie das Bauchi-Plateau, Nupe und Ilorin in Nigeria. Jedes der Emirate, aus denen das Reich bestand, wurde zu einer eigenen Erbdynastie und folgte damit den zahlreichen Vorläufern (und der Sprache) bereits zuvor bestehender hochentwickelter Hausa-Staaten; doch die gesamte Struktur erhielt einen Grad an zentraler Koordination aufrecht, die weit über diejenige früherer sudanischer Reiche hinausging. Selbst nachdem es 1903 von britischen Truppen besiegt worden war, fungierte das Sokoto-Regime – neben den Shehu von Bornu – auch weiterhin als Basis der britischen Kolonialverwaltung in Nigeria.

Die Geschichte der Staaten, die sich in den verschiedenen Zonen des Transsahara-Handels herausbildeten und wieder untergingen, ist eine Geschichte, die sich vor allem auf die Herrscher über die Wüste und ihre Randgebiete konzentriert. Sie erzählt uns nicht sehr viel darüber, wie es diesen Regimen gelang, die – oft sehr ausgedehnten – Länder und Bevölkerungen zu kontrollieren, auf die sie Anspruch erhoben. Waren diese Territorien klar definiert? Identifizierten sich ihre Bewohner mit den jeweiligen Zentralregierungen beziehungsweise partizipierten sie an ihnen? Welche rechtlichen Systeme und Machtinstrumente wurden eingesetzt, um die Ordnung aufrechtzuerhalten? Welche Dienstleistungen konnten die Bevölkerungen von ihren Staaten erwarten?

1824 bat ein europäischer Forschungsreisender Muhammad Bello, den damaligen Regenten des Kalifats von Sokoto, eine Karte seines Herrschaftsgebiets zu zeichnen. Das Ergebnis vermittelt eine ziemlich präzise Vorstellung davon, wie weit seine Autorität reichte, lässt aber auch die Grenzen dieser Macht erkennen. Zunächst einmal ist zu sagen, dass Muhammad Bello, ein hochgebildeter muslimischer Gelehrter, nicht das geringste Bedürfnis empfand, derlei Karten für eigene Zwecke anzufertigen; auch besaß er keinerlei schriftliche Verzeichnisse der unter der Souveränität von Sokoto stehenden Bevölkerungen. Seine Karte liefert gute Informationen zu denjenigen Aspekten, die dem Kalifat von Sokoto am wichtigsten waren: die Hauptstadt und ihre unmittelbare Umgebung, die größten Hausa-Städte, die es kontrollierte, und die Handelsrouten zur Sahara und zum Atlantik. Was dagegen fehlt, sind genau verzeichnete und allseits anerkannte Grenzen. Der eigentliche Herrschaftsbereich des Kalifats endete in jenen Konfliktzonen, wo seine Souveränität von anderen Gruppen angefochten wurde oder die auf der Jagd nach Sklaven und anderem Beutegut immer wieder überfallen wurden.

Sokoto war eines der am höchsten entwickelten Reiche des Sudan, und insofern kann die Art und Weise, wie es sein Territorium darstellte, als typisch für die kartographischen Techniken angesehen werden, die den Regierungen in dieser Region zur Verfügung standen. Nordafrika konnte auf eine längere Geschichte der zentralisierten Herrschaft und des Gebrauchs von Schriftlichkeit zurückblicken als der Sudan, aber selbst dort wäre keine Regierung auf die Idee gekommen, Karten der von ihr beherrschten Länder anfertigen zu lassen. Was dem noch am nächsten kommt, passierte im 16. Jahrhundert, als das Osmanische Reich die Macht an den Küstengebieten des östlichen und zentralen Maghreb übernahm und – entsprechend einer bereits im Vorderen Orient geübten Praxis – Bürokraten entsandte, um unter den Bevölkerungen des Hinterlands Steuererhebungen durchzuführen. Die entsprechenden Listen (ohne Landkarten) wurden jedoch erst unmittelbar vor der Kolonisation im 19. Jahrhundert überarbeitet.

So vage, wie die territorialen Umrisse der Anrainerstaaten der Sahara blieben (von denen in ihrem Innern ganz zu schweigen), so sehr mangelte es den in ihnen lebenden Bevölkerungen an einer gemeinsamen kulturellen Identität. Zwar setzte sich in Nordafrika und in der Sahara das Arabische – in gesprochener wie in schriftlicher Form – weitgehend durch, doch viele Populationen sprachen noch Berber-Dialekte (die sie aber nur selten schrieben). Die sudanischen Reiche waren in sprachlicher Hinsicht sogar noch mehr gespalten, und es kam nur selten vor, dass sie die Schrift für irgendwelche weltlichen Zwecke verwendeten.

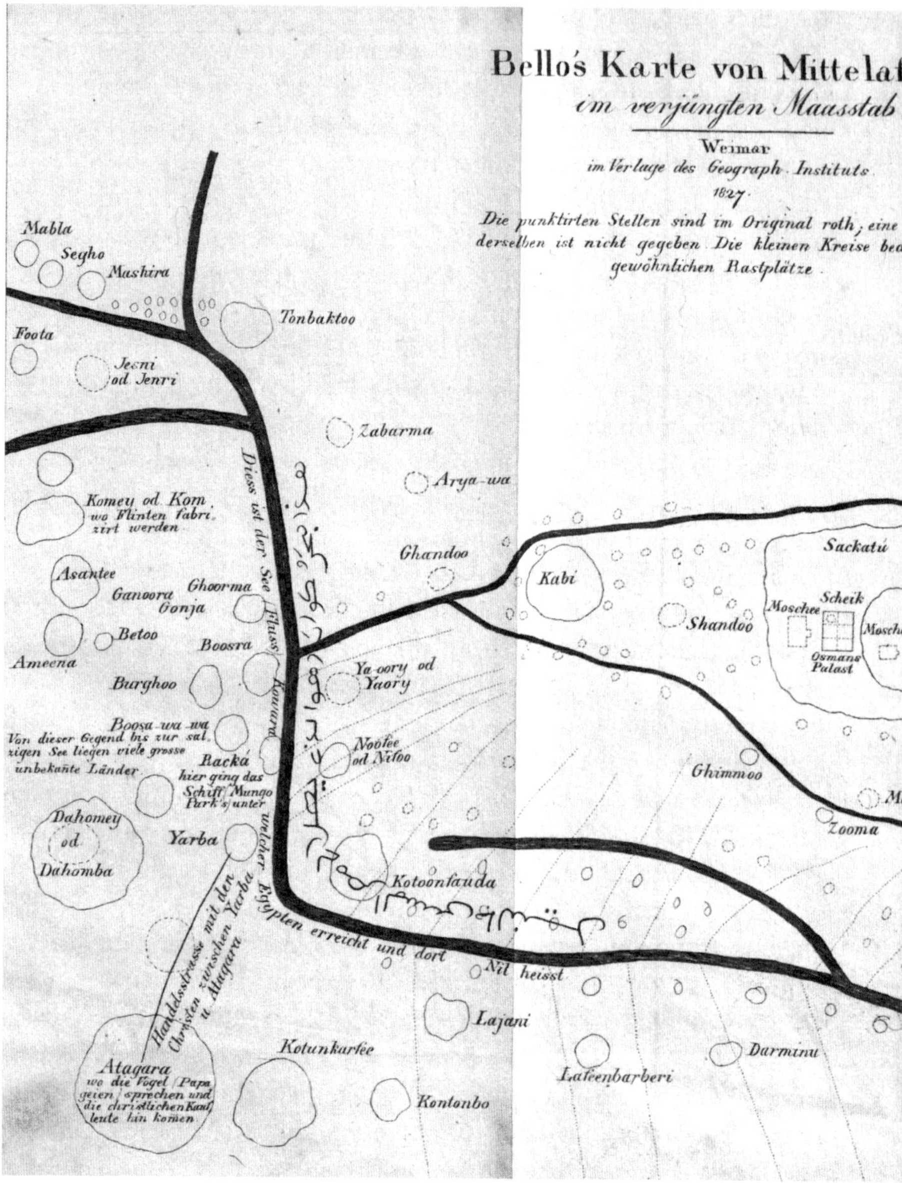
Bello's Karte von Mittelaf
im verjüngten Maasstab.
Weimar
im Verlage des Geograph. Instituts.
1827.
Die punktirten Stellen sind im Original roth; eine
derselben ist nicht gegeben. Die kleinen Kreise bed
gewöhnlichen Rastplätze.
Mabla
Segho
Mashira
Tonbaktoo
Foota
Jesni od Jenri
Zabarma
Arya-wa
Komey od. Kom wo Flinten fabrizirt werden
Diess ist der See (Fluss) Kouara welcher Egypten erreicht und dort Nil heisst
Ghandoo
Kabi
Sackatú
Scheik
Moschee
Osmans Palast
Shandoo
Asantee
Ganoora
Ghoorma
Gonja
Betoo
Ameena
Boosra
Burghoo
Ya-oory od Yaory
Boosa-wa-wa
Von dieser Gegend bis zur salzigen See liegen viele grosse unbekante Länder
Racká hier ging das Schiff Mungo Park's unter
Noofee od Nifoo
Ghimmoo
Dahomey od Dahomba
Yarba
Zooma
Kotoonfauda
Handelsstrasse mit den Christen zwischen Yarba u. Atagara
Lajani
Atagara wo die Vögel (Papageien) sprechen und die christlichen Kaufleute hin komen
Kotunkarfee
Kontonbo
Lafeenbarberi
Darminu

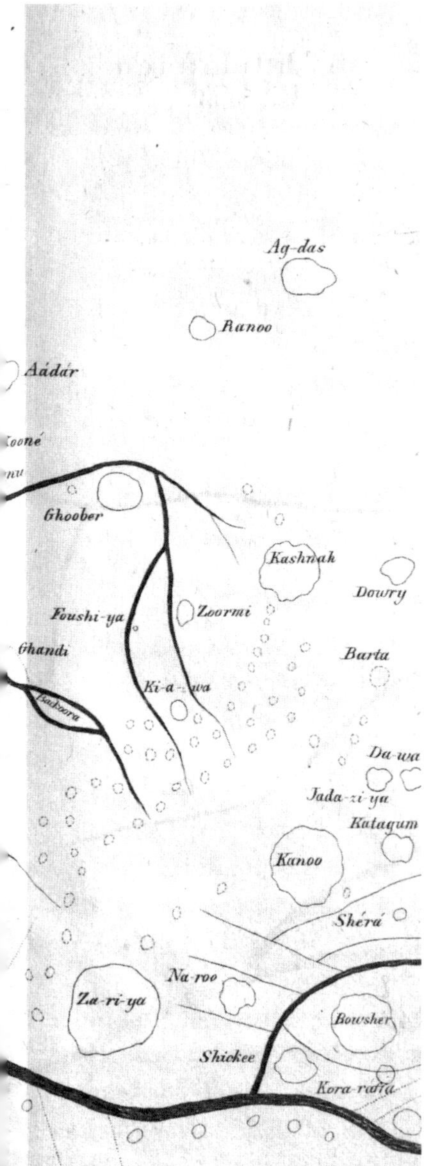

Muhammad Bello, Herrscher des Kalifats von Sokoto, zeichnete diese Karte 1824 auf Anregung des europäischen Forschungsreisenden Hugh Clapperton. Sie zeigt ein großes Reich mit strategischen Basen an wichtigen Handelsrouten, aber keine eindeutigen territorialen Grenzen.

Der Islam schuf gewisse Grundlagen für eine Einheit in der gesamten Region und trug auch dazu bei, dass sich in der Sahara und im Sudan erste Ansätze von Schriftlichkeit in einheimischen afrikanischen Sprachen entfalten konnten. Außerdem propagierte er ein Rechtssystem – die sogenannte Scharia –, das Staaten potentiell die Möglichkeit gab, ihre Herrschaft über ausgedehnte Territorien einheitlicher und kohärenter zu gestalten. Die verschiedenen Dschihads im Sudan und auch schon die ersten arabischen Eroberer Nordafrikas beriefen sich zu ihrer Rechtfertigung darauf, einen solchen religiös fundierten Gesellschaftskodex einführen zu wollen. Doch selbst die ehrlichsten Bemühungen um eine islamische Rechtsreform blieben unvollständig und beschränkten sich im Wesentlichen auf städtische Gebiete, in denen nur eine kleine Minderheit nord- und westafrikanischer Bevölkerungen lebte. Ländliche Gegenden hatten zwar ihre eigenen Kontakte zum Islam, doch ergaben sich diese eher durch die Präsenz von Händlern und Gelehrten als von staatlichen Vertretern.

Auf jeden Fall deckten die islamischen Rechtsvorschriften nicht jeden Aspekt ab, der für Regierungen von Interesse war, und in manchen Fällen – vor allem bei der Besteuerung – erlegten sie den Herrschern auch undurchführbare Restriktionen auf. Alle muslimischen Regime übernahmen also einige rechtliche Praktiken, die in den von ihnen kontrollierten Gemeinschaften bereits gängig waren, wie auch Regierungsbeschlüsse, die sich nicht auf die Scharia stützten. Das Osmanische Reich schuf ein eigenes System formalen Verwaltungsrechts – das sogenannte *qanun* –, das die meisten Regierungsakte regelte, doch seine Jurisdiktion konnte sich nicht bis ins Innere Afrikas durchsetzen.

Da die vorkolonialen Regime Afrikas weder einem klar definierten Rechtssystem folgten noch die Interessen ihrer Bevölkerungen repräsentierten – sei es durch Appelle an die ethnische Identität, sei es durch die Schaffung gewählter Legislativen –, werden sie oft als »Despotien« bezeichnet. Viele Aktionen von Herrschern in diesen Regionen mögen uns willkürlich oder grausam erscheinen, insbesondere wenn sie sich gegenseitig aus Machtinteressen bekämpften oder benachbarte Völker versklavten. Doch die meisten ihrer Untertanen fühlten sich von ihren Regierungen – oder zumindest von der Zentralregierung des Staats – nicht unterdrückt. In zahlreichen ländlichen Gegenden hatten die Bauern- und Hirtengruppen sogar eine Art »Demokratie«, in der die meisten Entscheidungen von Räten, zusammengesetzt aus den männlichen Haushaltsvorständen, getroffen wurden. Dabei waren in solchen Systemen viele Erwachsene – etwa Männer ohne Familien, Frauen und Sklaven – vom öffentlichen Leben ausgeschlossen. Doch selbst diese Gruppen fanden oft indirekte Möglichkeiten der Einflussnahme, und zumindest die Freien unter den Männern (und einige Sklaven) konnten die Hoffnung hegen, irgendwann später in ihrem eigenen Leben oder dem ihrer Kinder vollere Rechte zu erlangen. Selbst dort, wo »Aristokraten« unterschiedlichster Provenienz eine Kontrolle über das Eigentum und die Arbeitskraft einheimischer Bevölkerungen ausübten, vermochten diese Kräfte, die lokalen Interessen gegenüber denjenigen der Zentralregierung zur Geltung zu bringen.

Es gab also zweierlei Restriktionen, denen sich die Könige und Kaiser Nordafrikas und des Sudan zu beugen hatten. Erstens wirkten die traditionellen Systeme der Lenkung von Haushalten, Dörfern, Nomadenstämmen und sogar lokalen Häuptlingstümern als eine Art ungeschriebener Konstitution, die Zentralherrscher nicht ohne weiteres verletzen konnten. Und zweitens waren die Instrumente der Exekutivgewalt, die den Zentralherrschern in diesem Teil zur Verfügung standen, ziemlich schwach.

Auch wenn wir uns die Dinge vielleicht anders vorstellen mögen – das Hauptgeschäft der meisten Regierungen in der Weltgeschichte war es, Kriege zu führen, und das gilt genauso für die Anrainerstaaten der Sahara. Die dortigen Herrscher mussten sich nicht nur gegen Rivalen behaupten, sondern ihre Bevölkerungen auch vor der Art von Überfällen schützen, die sie selbst gegen benachbarte Gebiete unternahmen. Derlei Raubkriege bildeten auch eine der Hauptquellen öffentlicher Einnahmen. Selbst in Nordafrika, wo schwarze Sklaven eher von transsaharischen Händlern gekauft und nicht direkt eingefangen wurden, schickten örtliche Regime Piratenschiffe (die berüchtigten Korsaren) ins Mittelmeer, um nicht nur Frachtgut zu kapern, sondern auch europäische Mannschaften und Passagiere in ihre Gewalt zu bringen. Diese weißen Sklaven wurden unter anderem zum Militärdienst eingesetzt. In der marokkanischen Armee, die Songhai in den 1590er Jahren eroberte, stellten sie die Mehrheit.

Wie aus dem bisher Gesagten hervorgeht, hingen Erfolg und Misserfolg der verschiedenen Regime, die im Umfeld der Sahara um die

Panzerreiter in Bornû.

Ein Krieger des Bornu-Reichs und sein Pferd, beide in einer Rüstung aus wattierter Baumwolle. Diese Kombination aus Mobilität und Schutz erlaubte den Regimen des Zentralsudan, Sklaven unter der Landbevölkerung zu erbeuten, deren wichtigste Waffen Pfeil und Bogen waren.

Vormacht kämpften, offenbar vom Geschick und dem Mut einzelner Führer und bisweilen auch von ihrem religiösen Eifer ab. Dies sind in der Tat wichtige Faktoren, doch die Geschichtswissenschaft hat auch die eher unpersönlichen und weltlichen Aspekte der Militärtechnik sowie der Rekrutierung verlässlicher Truppen zu berücksichtigen. Beide Ressourcen sind insofern eng miteinander verknüpft, als das beim Kampf zum Einsatz kommende Material ausschlaggebend dafür war, wie Armeen organisiert wurden und welche Art ökonomischer Unterstützung sie benötigten. Zu ihrer Beschreibung beginnt man deshalb am besten mit der materiellen Ausrüstung, die im Krieg verwendet wird.

Bei der arabischen Eroberung Nordafrikas und dem Aufstieg der sudanischen Reiche ab dem 13. Jahrhundert waren Waffen für Armeen weniger bedeutsam als Transportmittel – genauer gesagt: Pferde. Während Kamele die kommerzielle und politische Erschließung der Sahara selbst überhaupt erst ermöglichten, entschieden Pferde darüber, wer die durch den Wüstenhandel miteinander verbundenen Gebiete beherrschen würde. Die meisten Staatsarmeen rekrutierten sich größtenteils aus Fußsoldaten, aber erst Pferde verschafften ihnen die entscheidende Mobilität: Mit ihnen konnten sie nicht nur weite Strecken zurücklegen, sondern waren auch auf dem Schlachtfeld selbst beweglicher. Dorfbewohner, die von Sklavenjägern heimgesucht wurden, hatten kaum Möglichkeiten, sich gegen Überfälle zur Wehr zu setzen, obwohl Bogen und Pfeile (oft mit vergifteten Spitzen), die Pferde verletzen oder töten konnten, weit verbreitet waren. Der Aufstieg des Segu-Reichs zeigt, dass manche Dorfbewohner durchaus in der Lage waren, sich gegen derartige Überfälle zu organisieren, aber in isolierten, kleinen ländlichen Gemeinschaften war so etwas im Allgemeinen schwierig. Außerdem schützten sich Reiter, zumindest im Zentralsudan, gegen Pfeile oft dadurch, dass sie sich und ihren Tieren kunstvolle Harnische aus Leder, importiertem Metall oder wattierter Baumwolle anlegten.

Ab dem 15. Jahrhundert erlebten Europa und der Vordere Orient eine »Schießpulver-Revolution«, die die Überlegenheit von Kavallerien radikal in Frage stellte, da diese sich plötzlich Infanterieeinheiten gegenübersahen, die mit Feuerwaffen und in engen Formationen kämpften und dabei auch Spieße und Bajonette verwendeten. Derartige Armeen waren in der Lage, die Angriffe von Reitern abzuwehren, die hinfort auf eine zweitrangige, wenngleich noch immer glorreiche Rolle in der Kriegführung reduziert wurden. Die Kavallerie war Ausdruck einer dezentralisierten politischen Organisation gewesen, in der aristokratische Klassen Pferde hielten und die Techniken entwickelten, um sie auf ihren eigenen Territorien zu verwenden. Die neuen, vor allem auf Infanterie gestützten Armeen mussten hingegen von Zentralregierungen organisiert, ausgebildet und bezahlt werden, und diese Aufgabe ließ sich nur mit erhöhten öffentlichen Einkommen erfüllen. Historiker des frühneuzeitlichen Europa sehen diesen neuen Stil der Kriegführung als ein wesentliches Element in der gleichzeitigen Entwicklung machtvoller Staaten und produktiverer Volkswirtschaften.

In der islamischen Welt reagierte das Osmanische Reich mit großer Energie auf die Herausforderung durch das Schießpulver und schuf innerhalb seiner Streitkräfte eine mit Musketen bewaffnete Infanterie, die berühmten Janitscharen (von türkisch *yeniçeri* = »neue Streitmacht«). Mithilfe dieser Armeen gelang es den Osmanen, 1517 Ägypten zu erobern und dann weiter nach Nordafrika vorzustoßen. Auch die marokkanischen Herrscher dieser Zeit rüsteten ihre Armeen mit Feuerwaffen aus und benutzten die neuen Formationen, um nicht nur die Osmanen und Portugiesen in Nordafrika zurückzuschlagen, sondern auch das Songhai-Reich in der transsaharischen Expedition von 1591 zu erobern.

Die Bornu-Chronik Ibn Fartus aus dem 16. Jahrhundert verzeichnet unter den Zierden Mai Idris Alaumas »die türkischen Musketiere, die bei ihm sind, und die große Zahl von Sklaven fremder Herkunft, die im Gebrauch von Musketen ausgebildet und geschult wurden«.[16] Doch derselbe Bericht macht auch deutlich, welch geringen Einfluss solche Waffen auf die Kriegführung oder die Organisation des Staates hatten. So war die Kriegführung mit Kavallerie hier nie im selben Maße dezentralisiert gewesen wie in Europa und im Vorderen Orient, da Pferde über städtische Märkte importiert oder in wenigen favorisierten Gebieten wie dem Nigerdelta gezüchtet werden mussten und nicht auf den ländlichen Besitzungen von Kriegseliten aufgezogen werden konnten. Doch der Hauptgrund, weshalb weder die neuen Gewehre noch die alten Bogen kaum einen Unterschied ausmachten, hat mit dem Wesen sudanischer Kriegführung zu tun oder, anders ausgedrückt, mit den Zwecken, zu denen Staaten ihre Armeen einsetzten.

Offene Feldschlachten zwischen den massierten Truppen rivalisierender Staaten fanden im Sudan eher selten statt. Es gab nur wenige Regime, die große Heere aufstellen konnten, und militärische Expeditionen waren normalerweise Stoßtruppunternehmen, entweder um Bedrohungen abzuwehren und Einkünfte zu erzielen oder (was häufiger vorkam) um Sklaven zu erbeuten. Die Opfer solcher Attacken bedienten sich keiner Taktik massierter Infanterie, sei es, dass sie es nicht konnten – etwa in isolierten Dörfern –, sei es, dass sie ihre eigenen Mittel der Mobilität hatten, vor allem in der Sahara. Stadtbewohner im Sudan benutzten die Lehmmauern ihrer Städte zur Verteidigung, und die konnten allen Belagerungen – außer lang währenden – standhalten, bis die Artillerie kam, was normalerweise dann passierte, wenn europäische Kolonialtruppen auftauchten.

Es gibt den gut dokumentierten Fall eines militärischen Siegs im Sudan, der sich aus der unbeabsichtigten Verwendung einer straffen, »revolutionären« Formationstaktik erklärt. 1804 griff Yunfa, der Hausa-Herrscher von Gobir, die nur leicht bewaffneten Dschihadisten Usman dan Fodios mit einer scheinbar weit überlegenen Streitmacht an, die mit Pferden und Kamelen beritten war und sogar einige Musketen dabei hatte. Die Dschihadisten obsiegten, weil, wie es in Muhammad Bellos Biographie seines Vaters heißt, »Gott die Armee der Heiden zerschlug«.[17] Eine eher weltliche Erklärung, die sich aus den Details desselben Augenzeugenberichts ableiten lässt, wäre folgende: Nachdem der Feind die Außenflügel ihrer Schlachtformation durchbrochen hatte, war Usmans Armee gezwungen, sich im Zentrum zu dichten Reihen zusammenzuschließen. Diese Formationen vermochten sich nicht nur gegen die Attacken der Gobir-Kavallerie zu behaupten, sondern beschossen ihrerseits die Angreifer mit konzentrierten Salven ihrer Bogenschützen und zerstreuten sie schließlich. Solche Ereignisse wiederholten sich noch in späteren Schlachten des Dschihad, doch nachdem das neue Reich von Sokoto selbst zu einem Regime berittener Sklavenjäger geworden war, wurden diese Taktiken aufgegeben.

Eine gewisse Rolle spielten Feuerwaffen auch in der Schlacht von Tondibi, doch hier wendeten die marokkanischen Streitkräfte eine in früheren Kriegen in Nordafrika entwickelte Schießpulver-Taktik gegen einen Songhai-Gegner an, dem eine solche Erfahrung fehlte. Dennoch geht aus den meisten zeitgenössischen Berichten hervor, dass der

Zusammenstoß keineswegs »im Handumdrehen« vorbei war, sondern sehr viel länger dauerte, und Feuerwaffen trugen auch nur wenig zur Stärkung des Arma-Regimes bei, das Songhai vom Mittellauf des Niger gewaltsam verdrängte. Das Segu-Reich des späten 18. und frühen 19. Jahrhunderts besaß viele Musketen und organisierte seine eigene Schießpulverproduktion unter den Bevölkerungen, die am Niger vom Fischfang lebten. Die Feuerwaffen selbst mussten allerdings durch die Sahara oder vom Atlantik her im Austausch gegen Sklaven importiert werden, und zu deren Beschaffung setzte Segu eher berittene Jäger als massierte Infanterie ein.

Ab der zweiten Hälfte des 19. Jahrhunderts gelangten allmählich immer effizientere Feuerwaffen in die Sahara und den Sudan, die aber weder die Militärtaktik noch die politische und soziale Organisation beeinflussten. Die dschihadistische Armee des Al-Hadsch Umar Tal eroberte Segu 1861 mithilfe von doppelläufigen Musketen, die direkt vom Pferd aus im Reiten abgefeuert werden konnten. Gegen Ende des Jahrhunderts verbreiteten sich zunehmend verbesserte Versionen dieser Waffen in der Region (neben der Artillerie, die auch von Umars Truppen verwendet wurde), als hier europäische Kolonialarmeen auftauchten, die den Projekten einheimischer Staatsgründungen ein Ende bereiten sollten.

Vieles von dem, was man als die »zivilen« Aspekte maghrebinischer und sudanischer Regierungen betrachten könnte, hing tatsächlich eng mit militärischen Erfordernissen zusammen. In ihren frühen Eroberungsphasen rekrutierten viele dieser Regime ihre Streitkräfte vor allem aus Angehörigen miteinander verwandter Bevölkerungsgruppen in ländlichen Gebieten: Dazu gehörten sowohl die Stämme der ersten arabischen Invasoren Nordafrikas als auch die Clans verschiedener Fulani-Gruppen im Sudan sowie Berber und Araber in der Sahara. Ihre Haupteinkünfte bezogen solche Gruppen aus Beutezügen, aber man kann sie nicht einfach als Plünderer abtun (wie die späteren arabischen Beduinenstämme der Hilali und Sulaim, die in den Maghreb eindrangen), sondern muss sie durchaus als Mitglieder von Staaten betrachten, zumindest solange sie eine zentrale Autorität unterstützten. Das islamische Recht sieht in der Tat vor, dass ein Fünftel aller im Krieg erbeuteten Schätze dem Herrscher zufällt.

Nach erfolgreich abgeschlossener Eroberung war es schwierig, die Ordnung auf dieser Basis aufrechtzuerhalten. Sippenverbände hatten ihre eigenen Führer, die vielleicht revoltierten oder sich zumindest weigerten, einem Herrscher Steuern zu zahlen, der aus eigenen Mitteln nicht in der Lage war, sie unter Kontrolle zu halten. In der Wüste, im Sahel oder in den Gebirgsregionen des Maghreb und der sudanischen Staaten existierten Stammessysteme auch noch während der Kolonialzeit weiter. Manche Staaten nördlich oder südlich der Sahara errichteten bisweilen ihre eigenen militärisch-administrativen Basen in Schlüsselzentren des Wüstenhandels oder der Salzgewinnung, etwa in Aoudaghost, Taghaza und im Fessan, aber diese Art von Kontrolle währte nie sehr lang. Regime, die ihre Machtbasis in Oasen und im Hochland der Sahara hatten, wie Murzuk oder Agadez, waren stabiler, wenn auch bescheidener in ihren territorialen Ambitionen. Im größten Teil der Wüste sowie in der Steppe und im gebirgigen Hinterland Nordafrikas wurde »Herrschaft« in Form periodischer Expeditionen ausgeübt, bei denen sich staatliche Truppen mit lokalen Verbündeten zusammenschlossen, um Steuern von anderen Gruppen einzutreiben oder sie zumindest unter Kontrolle zu halten.

Agrarische Bevölkerungen im Maghreb und im Sudan ließen sich leichter unterwerfen und stellten nicht nur viele der Fußsoldaten für staatliche Armeen, sondern bestritten auch das Steueraufkommen zum Unterhalt berittener Streitkräfte. Die meisten Zentralregierungen in diesen Regionen verwalteten die ländlichen Gebiete nicht direkt, sondern wiesen sie den Befehlshabern ihrer Armeen als Besitzungen zu. Unter den effizientesten Regimes wie Bornu versorgten diese Länder nicht nur ihre »Gebieter«, sondern zahlten auch Steuern (in Form von Nahrungsmitteln und Geld) an den Herrscher der Zentralgewalt. Erwies sich der Inhaber der Besitzung als illoyal oder ineffektiv, konnte er im Prinzip abgesetzt werden. Die Möglichkeit der Herrscher, eine solche Autorität auch tatsächlich auszuüben, hing allerdings in erheblichem Maße von ihrer individuellen Fähigkeit ab wie auch von der Frage, ob ihnen – außer persönlicher Loyalität – überhaupt irgendwelche Instrumente zur Verfügung standen, um entlegene Territorien zu kontrollieren. Das gängigste dieser Instrumente war eine von den Aristokraten des Staates unabhängige militärische Streitmacht.

Sowohl in Nordafrika als auch im Sudan rekrutierten die Herrscher diese Armeen aus Sklavensoldaten. Im Maghreb waren die zu militärischen Zwecken eingesetzten Sklaven oft von unterschiedlicher rassischer Herkunft: entweder Schwarzafrikaner oder weiße Europäer und Zentralasiaten, darunter auch die osmanischen Janitscharen. Diese Unterscheidung galt jedoch nicht im Sudan, wo beide – Sklaven wie Herren – schwarz waren. Auf beiden Seiten der Sahara wurden die Sklaventruppen vorrangig als Außenseiter definiert, als Männer, die innerhalb der Gesellschaften, in denen sie lebten, keinerlei verwandtschaftliche oder sonstige Beziehungen hatten außer zu den Herrschern, denen sie zu dienen hatten. In manchen Fällen konnte es sich bei den von außerhalb kommenden Soldaten sogar um freiwillige »Söldner« handeln. So gab es beispielsweise einige spanischen Christen in den marokkanischen Streitkräften, die den Sudan überfielen, und türkische Musketiere, die in den Reihen der Armee von Bornu kämpften.

Im Laufe der Zeit entwickelten natürlich auch militärische Sklavengruppen ihre eigenen kollektiven sozialen Identitäten. Gelegentlich eroberten diese Gruppen die Macht und etablierten sich als neue herrschende Dynastien (wie die Diarra von Segu und möglicherweise auch die Askia von Songhai) oder wurden zu »Stämmen«, die ihre eigenen Territorien zugewiesen bekamen (wie im Fall der schwarzen Armee des Alawiden-Regimes im Marokko des 18. Jahrhunderts). Deren königliche Herren mussten Geschick im Umgang mit ihnen beweisen, wollten sie ihre Loyalität nicht verspielen, und zu ihrem Unterhalt war auch eine Art von Steuererhebung nötig. Letzteres gewann insbesondere nach der Schießpulver-Revolution an Bedeutung, als Waffen nur gegen Bargeld erworben werden konnten und eine gut ausgebildete Infanterie – selbst wenn sie sich aus Sklaven rekrutierte – Sold und Proviant erforderte.

Sklavenarmeen sorgten teilweise selber für ihr Auskommen, wenn sie im Auftrag von Herrschern fremde Gebiete überfielen oder Tribute von diesen eintrieben. Innerhalb der Staatsgrenzen erhoben sie auch gewaltsam Steuern von Hirten und Bauern in solchen Gegenden, die von örtlichen Aristokraten verwaltet wurden. Zu ihrem Machterhalt bedurften die Regierungen in dieser Region allerdings auch noch anderer Einkommensquellen, zu deren Erschließung weniger Gewalt vonnöten war. Dies erreichten sie – zumindest teilweise – dadurch, dass sie Märkte kontrollierten und zur Verwaltung der allgemeineren Angelegenheiten eine Zivilbürokratie einsetzten. Eine der sichersten Einnahmequellen für Herrscher bildeten Märkte, da diese sich in den städtischen Gebieten konzentrierten, wo sie ihrer unmittelbaren Kontrolle unterstanden. So konnten Regierungen nach Belieben ganz normale Transaktionen besteuern, wie den Import von Produkten in ihre Städte und den dortigen Verkauf dieser Waren.

Für die Staaten im Maghreb und im Sudan war der auswärtige Handel sogar noch wertvoller, da sie einerseits direkt an ihm partizipierten und ihn andererseits auch besteuern konnten. Die Rolle, die Staaten im Handel spielten, war wiederum unmittelbar von Gewalt bestimmt. Eine wichtige Exportware im Sudan waren Sklaven, die von staatlichen Agenten mit kriegerischen Mitteln erbeutet wurden. Und maghrebinische Regime bezogen ab dem frühen 16. Jahrhundert einen beträchtlichen Teil ihrer Einnahmen aus der Piraterie und den entsprechenden Lösegeldern für europäische Gefangene. In beiden Regionen fand der Außenhandel zum größten Teil allerdings zwischen privaten Kaufleuten statt und betraf Produkte, die durch friedlichere Aktivitäten wie Bergbau, Landwirtschaft und Viehhaltung gewonnen wurden. Ausländische Käufer solcher Güter pflegten privilegierte Beziehungen zu den lokalen Herrschern, genossen ihren Schutz und erhielten das Recht auf eigene Rechtsprechung (Muslime im Sudan, Christen und Juden im Maghreb), wofür sie sich mit finanzieller Unterstützung verschiedenster Art revanchierten. Doch auch in diesem Falle gründeten die Staaten ihre Macht auf Beziehungen, die überhaupt nichts mit dem normalen Leben ihrer Untertanen zu tun hatten.

Nordafrikanische und sudanische Regierungen konnten nicht viel Engagement seitens der allgemeinen Bevölkerung in ihrem Herrschaftsbereich erwarten, da sie diesen Gemeinschaften – vor allem in ländlichen Gegenden – kaum mehr als einen etwas ambivalenten Schutz gegen Gewalt anzubieten hatten. In der gesamten islamischen Welt der Vormoderne – so wie in Europa mindestens bis zum Beginn der frühen Neuzeit – wurden viele Aktivitäten, die dem modernen Staat obliegen, wie Erziehung und Fürsorge für Kranke und Arme, eher von religiösen Körperschaften als von staatlichen Institutionen wahrgenommen. Der islamische Klerus übte – zum Teil unter staatlicher Kontrolle – auch die meisten gerichtlichen Funktionen aus und überwachte die Märkte. Kenntnisse im Lesen und Schreiben sowie Verwaltungstechniken, die von der klerikalen Erziehung durch die Muslime gefördert wurden, konnten (wie auch im mittelalterlichen Europa) zur Ausbildung von

Wesiren (Ministern) und Schreibern in der Verwaltung des Staates genutzt werden. Doch solche staatlichen Bürokratien, wie sie im transsaharischen Afrika existierten, beschäftigten sich mit Fragen, die eher für die Regierung als für die Öffentlichkeit von Interesse waren.

An erster Stelle galt dieses Interesse natürlich der Besteuerung. Beamten oblag es, staatliche Gelder einzukassieren, zu hüten und auszuzahlen, und im ambitioniertesten Fall stellten sie auch Erhebungen über die potentiellen Quellen solcher Einnahmen an. Es gab allerdings kaum Regime – nicht einmal im eher gebildeten Maghreb –, die eine konsequente, langfristige Buchführung betrieben hätten. Abd-al-Mumin, Kalif der Almohaden – das letzte Regime, das über ein vereintes Nordafrika herrschte –, regte 1159 an, die Einnahmen aus seinen östlichen Herrschaftsgebieten in einer Erhebung zu ermitteln, doch dieses Unternehmen kam über das Planungsstadium nie hinaus. Vier Jahrhunderte später ließen die Osmanen tatsächlich ein solches Dokument für dieselbe Region anfertigen, das sie danach aber nicht mehr auf dem jeweils aktuellen Stand halten konnten. Diese beiden Bemühungen richteten sich vor allem auf Tunesien, das mit seinen Weizen- und Olivenerträgen einst Karthago und Rom so sehr bereichert hatte. Doch selbst hier verkaufte der örtliche Bei gegen Ende des 18. Jahrhunderts die ländlichen Steuerkassen an den Höchstbietenden und begab sich damit jeder unmittelbaren Steuerverantwortlichkeit.

In Nordafrika und in den am höchsten entwickelten sudanischen Staaten wie dem Kalifat von Sokoto führten offizielle Schreiber tatsächlich Buch über die jeweiligen Einnahmen und korrespondierten auch mit untergeordneten Beamten. Im größten Teil der Sahara und des Sudan beschränkte sich dieser offizielle Schriftverkehr auf Chroniken über das Leben von Herrschern und auf Briefe an ausländische Regenten. Bereits 1391 gelangte eine solche Nachricht nach Kairo, in der ein zeitgenössischer Herrscher von Bornu den »mächtigen König Ägyptens« darum bat (vergeblich, wie sich herausstellen sollte), seine »Emire, Minister, Richter, Beamten, Juristen [und] Marktaufseher« zu entsenden, um einige seiner Untertanen ausfindig zu machen, die von saharischen Arabern unrechtmäßig versklavt worden waren, und »ihnen ihre Freiheit und ihre islamische Religion zurückzugeben«.[18]

Selbst in den Aufzeichnungen der Wesire von Sokoto aus dem 19. Jahrhundert geht es eher um die diplomatischen Beziehungen innerhalb des Kalifats als um alltägliche Regierungsgeschäfte. So gibt es beispielsweise ein Schreiben Muhammad Bellos, in dem der Sultan einen untergeordneten Emir über eine bevorstehende Expedition ins Grenzgebiet informiert und von ihm erwartet, dass »diejenigen Brüder, die uns benachbart sind, sich uns anschließen und mit uns ausrücken und ihre Tiere und ihre militärische Ausrüstung mitbringen«.[19] Andere Briefe behandeln Themen wie Grenzstreitigkeiten zwischen Emiraten, interne Sukzessionskonflikte und (sehr häufig) entlaufene Sklaven. Oft reiste der Wesir persönlich in verschiedene Emirate und versuchte, bei Streitigkeiten zu vermitteln, doch die Einzelheiten bei der Regelung solcher Fälle wurden örtlichen Beamten überlassen, die keine schriftlichen Berichte über ihre Maßnahmen vorzulegen hatten.

Die politische Geschichte des transsaharischen Afrika ist reich an dramatischen Konflikten und Persönlichkeiten, verrät aber leider nur wenig darüber, wie zivile Regierungen funktionierten und was sie für ihre Bevölkerungen taten. Doch sowohl die Errungenschaften als auch die Beschränkungen dieser Staaten trugen maßgeblich dazu bei, dass sich die ökonomischen, religiösen und kulturellen Aspekte des Wüstenhandels voll entfalten konnten.

Koranschule in Nordmali. Nahezu alle muslimischen Kinder bekommen eine Grundausbildung in den prophetischen Texten des Islam. Auf dieser Basis können sich einige Schüler auch Kenntnisse im literarischen Arabisch sowie in Theologie und Recht des Islam aneignen.

Der Islam

»Die Stadt Ghana«, so berichtete im 11. Jahrhundert der arabische Geograph Abu Ubayd Abd Allah al-Bakri, »besteht aus zwei Städten. [...] Die eine [...], in der Moslems leben, ist groß und hat zwölf Moscheen.« Zu ihren Bewohnern gehörten außerdem verschiedene Kategorien islamischer Beamter und Geistlicher. »Die Königsstadt liegt in neun Kilometer Entfernung«, und dort gab es unter anderem »die Zauberer dieser Menschen, die Männer, die für den religiösen Kult zuständig sind«, sowie »ihre Götzenbildnisse und die Gräber ihrer Könige«.[1]

Al-Bakri beschrieb eine mittlere Phase im religiösen Wandlungsprozess des transsaharischen Afrika, die Historiker gemeinhin eher als »Ausbreitung der Muslime« denn als »Ausbreitung des Islam« bezeichnen. Für die urbanen nordafrikanischen Händler, die die Wüste durchquerten, um sich in der ersten der zwei von al-Bakri genannten Städte anzusiedeln, repräsentierte der Islam bereits eine hochentwickelte religiöse und sogar professionelle Identität. Der König von Ghana und sein Volk trieben regelmäßig Handel mit diesen Muslimen, ohne sich zu deren Glauben zu bekennen. In den folgenden Jahrhunderten drang der Islam immer tiefer in das kommerzielle und politische Leben der Gesellschaften in der Sahara und im Sudan vor und breitete sich auch jenseits davon aus, denn er wurde von in der Savanne ansässigen Händlern in die bewaldeten Gebiete Westafrikas getragen.

Der Islam ist eine der am weitesten verbreiteten und dynamischsten Religionen der Welt mit einem komplexen System heterogener Glaubensrichtungen und Praktiken. Der Theologe Muhammad ibn Yusuf al-Sanussi aus dem 15. Jahrhundert, die maßgebliche Autorität in Fragen des korrekten muslimischen Glaubens im transsaharischen Afrika, vertrat jedoch die Auffassung: »Alles, was ein rechtlich Verantwortlicher über die Glaubensartikel bezüglich des Höchsten und Seiner Propheten zwingend zu wissen braucht«, sind »die beiden Worte des Glaubensbekenntnisses«, das als Schahada bekannt ist: »Es gibt keinen Gott außer Gott, und Mohammed ist sein Prophet.«[2]

Der erste Teil dieses Bekenntnisses verdeutlicht, dass der Islam eine monotheistische Religion ist, die sich vom Judentum und Christentum ableitet. Im Gegensatz dazu galt in den traditionellen Glaubenssystemen des mediterranen und insbesondere des tropischen Afrika die Verehrung einer Vielzahl von Geistern, die aus der natürlichen Welt stammten oder auf verschiedene Vorfahren zurückgingen. Durch die Prophetenrolle Mohammeds ist der Islam mit einer ganz bestimmten Zeit und einem ganz bestimmten Ort verbunden, nämlich dem frühen 7. Jahrhundert und der westarabischen Stadt Mekka (622, das Jahr der Hedschra [Auswanderung] Mohammeds aus Mekka, ist das erste Jahr der islamischen Zeitrechnung). Der Islam respektiert die göttlichen Botschaften, wie sie in der jüdischen und der christlichen Bibel enthalten sind, Mohammed jedoch ist »das Siegel des Propheten«, was bedeutet, dass nach ihm keine weiteren systematischen Offenbarungen von Gott kommen können. Gleichzeitig ist Mohammed auch eine historische Persönlichkeit und stellt als solche ein Vorbild dar, dem spätere muslimische Gestalten folgen können, insbesondere jene, die – sei es durch Vererbung oder persönliches Charisma – für sich die Fähigkeit beanspruchen, neben der religiösen zugleich auch die politische Führung zu übernehmen.

Die Schahada ist eine der »fünf Säulen« des Islam, hinzu kommen das Gebet, das Spenden von Almosen, das Fasten tagsüber während des heiligen Monats Ramadan sowie (wenn möglich) die Wallfahrt (Hadsch) nach Mekka. Diese letztgenannte Anforderung stellte ein wesentliches Motiv zur Durchquerung der Sahara dar. Mit dem Hadsch erfüllten die Pilger nicht nur eine persönliche Verpflichtung, sondern sorgten auch dafür, dass Muslime aus allen Regionen Afrikas mit den Zentren ihres Glaubens in Verbindung blieben, sei es Mekka selbst oder die auf dem Weg nach Arabien gelegenen Rastorte am Mittelmeer.

Der Islam ist eine auf Schriften beruhende Religion. Das stellt eine weitere Verbindung zum Judentum und Christentum dar, deren Anhänger von Muslimen als *Ahl-al-Kitab* (Schriftbesitzer) respektiert werden, und steht im Gegensatz zu den mündlich überlieferten Traditionen des tropischen Afrika. Die Lehren der islamischen Schriften sind denen des Judentums näher als den christlichen, denn sie behandeln nicht nur Fragen des Glaubens, der Rituale und der allgemeinen Moral, sondern geben auch Verhaltensanweisungen für das tägliche Leben im Haus, auf dem Markt und bei Staatsgeschäften. Der muslimische Reisende Ibn Battuta, der im 14. Jahrhundert an den Hof von Mali kam, war schockiert, als er feststellen musste, »daß die Dienerinnen, Mädchen und jungen Töchter, völlig nackt und ohne ihre Scham zu bedecken, vor den Männern erscheinen. [...] Wenn Frauen zum Sultan gehen, so tun sie es nackt und ohne Schleier«, und außerdem essen viele von ihnen »Kadaver, Hunde und Esel«.[3]

Islamische Religionstexte erschließen sich den meisten Gläubigen nicht. Diese Texte erfordern nicht nur, dass man des Lesens fähig ist, sondern verlangen auch Kenntnisse einer Form des Arabischen, die sich von den lokalen Sprachdialekten unterscheidet, welche die Menschen (insbesondere in Nordafrika) im Alltag verwenden. Zwar studieren die meisten Muslime – vor allem diejenigen, die in Städten leben – das heiligste dieser Bücher, den Koran (der die ursprüngliche Offenbarung Allahs an Mohammed enthält), allerdings nur durch Auswendiglernen, um sich mit den im Gebet verwendeten Sätzen vertraut zu machen, und nicht, um die Fähigkeit zu erwerben, andere Texte zu lesen, insbesondere, wenn die Gläubigen nicht Arabisch sprechen. Diese Vorgehensweise ist ganz ähnlich der traditionellen Verwendung von Latein beziehungsweise Hebräisch bei Katholiken und Juden, die die heiligen Sprachen selbst gar nicht beherrschen. Im Lauf der Zeit wurden – wie auch in Europa – die heiligen Schriften des Islam im Interesse der Verbreitung der Religion und als Reformbestrebung in einheimische afrikanische Sprachen der Sahara wie auch des Sudan übersetzt.

Studium und Lehre des Koran, der *Hadith* (Aufzeichnungen der Aussprüche und Handlungen des Propheten) sowie der zahlreichen nachgeordneten Werke, die auf diese Quellen zurückgehen, oblag einer eigens dafür ausgebildeten Gruppe von Gelehrten, der Ulema (Menschen des *ilm*, des religiösen Wissens), die häufig als Geistlichkeit bezeichnet wird. Der Islam kennt keine Priesterschaft als solche, das heißt, es gibt keine mit sakralen Befugnissen ausgestatteten Männer oder Frauen, die in einer Kirche der einen oder anderen Art organisiert wären. Allerdings übernehmen Menschen, die einen festgelegten Grad der Vertrautheit mit den heiligen Texten erreicht haben, eine Rolle, die mit derjenigen jüdischer Rabbiner oder evangelischer Pastoren vergleichbar ist. Der Ulema kommen bestimmte religiöse und soziale Aufgaben zu. So führen sie das Sprechen von Gebeten an, unterrichten normale Gläubige sowie fortgeschrittenere Religionsschüler, forschen und schreiben zu selbstgesetzten Themen, dienen als *qadis* (Richter), die die Scharia (das religiöse Gesetz) auslegen, und helfen den Armen und Kranken.

Das ursprüngliche Modell des Islam war ein theokratisches, bei dem Mohammed in der Doppelrolle als Prophet und Herrscher zugleich fungierte, doch in späteren muslimischen Gesellschaften kam es zu einer Trennung von Religion und Staat. Es hing ganz von dem jeweiligen Regime ab, welches Maß an unabhängiger Rechtsprechung in öffentlichen Belangen der Ulema von einem Herrscher zugestanden wurde. Die Regierungen hatten das Recht, *qadis* zu ernennen, doch diese Männer erwarben die Befähigung zu diesem Amt durch das Studium eines Rechtssystems, das im Prinzip auch gegen den Herrscher gewendet werden konnte. Für einige Bereiche der öffentlichen Verwaltung entwickelten Herrscher ein gesondertes Rechtssystem, das nicht der Scharia unterworfen war.

Für die finanzielle Unterstützung der Ulema waren die staatlich erhobenen Steuern vorgesehen, doch fast immer gab es auch andere Quellen. Im Vorderen Orient, in Nordafrika und in der Sahara etwa konnten Wohlhabende Landbesitz, Stadtgebäude und andere Vermögenswerte in eine *waqf* (religiöse Stiftung) einbringen, die bisweilen als Familienfonds diente, häufig jedoch dazu verwendet wurde, um Moscheen oder andere von der Ulema geleitete Institutionen wie Schulen, Hospitäler und karitative Einrichtungen zu unterstützen. Im Sudan sind derartige *waqfs* nur selten zu finden, da Agrarland in dieser Region gemeinhin nicht als Privateigentum betrachtet wird und es nur wenige feste Bauten in Privatbesitz gibt. Hier schufen die Herrscher eine unabhängige Einkommensquelle für die Ulema, indem sie ihr die Kontrolle über kleinere ländliche Territorien und – wichtiger noch – über die dort lebenden Menschen einräumten, ohne dass sie auf die erwirtschafteten Gewinne Steuern entrichten mussten.

Im Inneren Nordafrikas und in der Sahara waren die muslimischen Gelehrten in eine komplexe Sozialhierarchie eingebunden. Ganz oben standen die Nomadenstämme, die sich der Kriegführung widmeten: Nachkommen der arabischen Hilali-Einwanderer in einem Großteil des maghrebinischen Hinterlands und der westlichen Sahara sowie die *imashaghen* (edlen) Tuareg in der Zentralsahara. Die Mitglieder der in religiösen Siedlungen lebenden Ulema waren im Maghreb als *marabouts* bekannt, in der Westsahara als *zawiya* und bei den Tuareg als *inesleman*. Sie verzichteten auf Gewalt und politische Macht, fungierten aber als Vermittler zwischen den einzelnen kriegerischen Gruppen. Sie genossen den Schutz der Machthaber, häufig in relativ dicht besiedelten Landstrichen, so dass sie ihr Islamstudium betreiben und gleichzeitig vielfältigsten ökonomischen Aktivitäten nachgehen konnten.

Bei den *zawiya* der Westsahara handelte es sich vorwiegend um Nachkommen der Sanhadscha-Berber, die von einem als Hassani bekannten Zweig der Hilali unterworfen und arabisiert worden waren. Es war durchaus sinnvoll, dass muslimische Gelehrte ihre politische Funktion in Siedlungen, die eine lange Tradition in der Landwirtschaft und im Handel hatten, auf die Vermittlung beschränkten. Allerdings verdeutlicht der gescheiterte Shurbubba-Aufstand der 1670er Jahre die Unzufriedenheit einiger Anführer der *zawiya* über diese untergeordnete Rolle sowie ihre Schwierigkeit, größeren Einfluss zu gewinnen.

Die Stämme der (muslimischen) *inesleman* in der Zentralsahara hatten bei den dortigen kriegerischen Gruppen eine ähnlich beschränkte Funktion, genossen aber nicht das hohe Ansehen der *zawiya*. Über den Umfang ihrer Islamkenntnisse ist weniger bekannt, was sich vielleicht aus der größeren Entfernung zu den Informationsquellen Europas und auch Arabiens erklärt. Ein Hemmfaktor bei der Islamisierung dieser Region im Gegensatz zur Westsahara war die Verbundenheit der dortigen vorherrschenden Tuareg-Bevölkerung mit ihrer eigenen Sprache, Kultur und Beduinenwirtschaft. In diesem Teil Afrikas entstanden die ersten größeren Einrichtungen von Gelehrten in regionalen Handelszentren wie Tadmakkat (auch bekannt als Es-Suq, »der Markt«) im Hochland von Adrar und später in Agadez sowie in landwirtschaftlichen Siedlungen im benachbarten Aïr-Plateau. Andere Angehörige dieser Gelehrtengemeinschaft breiteten sich weiter in der Sahara aus, doch der berber-arabische Name, den sie sich gaben – Kel-es-Suq (Menschen des Marktes) –, erinnert auch lange nach dem Niedergang Tadmakkats an ihre Herkunft.

Im Hochland von Aïr konnten muslimische Gelehrte vielfach ohne Unterstützung durch die Regierung oder wohltätige Einrichtungen ihren Lebensunterhalt selbst verdienen, sei es dass sie Funktionen in der Rechtsprechung und im Erziehungswesen übernahmen, sich als Kaufleute betätigten, bestimmte Kunsthandwerke wie etwa Stickerei ausübten oder Landwirtschaft betrieben, wobei sie neben ihrer eigenen Arbeitskraft auch die ihrer Schüler und Sklaven einsetzten. So gesehen war die Welt der islamischen Gelehrsamkeit nicht nur autonom, sondern reichte auch weit über die Grenzen einzelner Staaten, Regionen oder sogar Kontinente hinaus. Ulema aus dem Mittelmeerraum wie Ibn Battuta bereisten die gesamte Sahara und den Sudan (Ibn Battuta selbst sogar die Küsten des Indischen Ozeans). Desgleichen besuchten afrikanische Schüler und Lehrer des Islam regelmäßig die Region nördlich der Sahara, nicht nur, um zu den heiligen Stätten Arabiens zu pilgern, sondern auch, um sich eine Weile an den Bildungszentren Nordafrikas und Ägyptens aufzuhalten (wo zu ihrer Unterbringung eigens Hospize eingerichtet worden waren). Einige nordafrikanische Gelehrte reisten auch nach Süden und studierten an sudanischen Moscheeschulen, etwa in Timbuktu. Wenn es jemandem unmöglich war, zu reisen, konnte er dennoch Fragen des Rechts oder der islamischen Doktrin und Praxis mittels schriftlicher Korrespondenz in der von allen beherrschten Sprache des klassischen Arabisch auch über weite Entfernungen hinweg erörtern.

Der islamische Glaube war praktisch seit den ersten Jahrhunderten seines Bestehens in verschiedene, miteinander konkurrierende Sekten aufgespalten, die alle zuerst in Afrika in Erscheinung traten. Die überwiegende Mehrzahl der Muslime bezeichnet sich als Sunniten (Orthodoxe), was bedeutet, dass sie die Legitimität der Kalifen (Vizekönige) anerkennen, welche die Nachfolge Mohammeds antraten – zunächst in Mekka, dann auch in weiteren großen Städten des Vorderen Orients (Damaskus, Bagdad, Kairo, Istanbul) –, und den vier großen Rechtsschulen anhängen. Die Schiiten, die größte rivalisierende Sekte, sehen sich einer anderen Linie von Kalifen verpflichtet (von ihnen als Imame bezeichnet), die von Ali abstammt, dem Schwiegersohn des Propheten, mit dessen Tochter Fatima er verheiratet war. In der Geschichte des Islam kam es wegen dieser Überzeugung zu verschiedenen Zeiten und an verschiedenen Orten (etwa dem heutigen Irak, im Libanon und in Pakistan) zu politischen Auseinandersetzungen mit den Sunniten. Nach und nach bildeten sich auch leicht abweichende Auslegungen der

Scharia und andere rituelle Praktiken heraus. Eine dritte Sekte des Islam, die insbesondere in Nordafrika großen Zulauf hatte, sind die Charidschiten (Abspalter), die jede Erblinie der Kalifen ablehnen.

Ursprünglich ging es bei all diesen Glaubensrichtungen des Islam vor allem um die Frage, wer die politische Macht über die Gemeinschaft der Moslems ausüben sollte. Die etablierteren sunnitischen Regime entwickelten mit der Zeit jedoch religiöse Institutionen, in denen sich die Gelehrten auf Fragen des Glaubens und des Rechts konzentrieren konnten, ohne durch eine unmittelbare Beteiligung an politischen Machtkämpfen abgelenkt zu werden. Die Schiiten und Charidschiten hingegen, die beide den Imam sowohl als religiösen wie auch als politischen Anführer begreifen, stellten die bestehende politische Ordnung sehr viel länger in Frage und wurden von den Sunniten folglich mit Misstrauen betrachtet.

In Nordafrika kamen diese Spannungen auf geradezu exemplarische Weise zum Tragen. In den ersten rund hundertfünfzig Jahren nach der Eroberung durch die Muslime fungierten örtliche Gouverneure als Vertreter der Kalifen der sunnitischen Umayyaden und Abbasiden (die ihren Sitz zunächst in Damaskus, später in Bagdad hatten). Selbst als sich 800 die Aghlabiden-Emire im östlichen Maghreb zu einer Erbdynastie erklärten, unterstützten sie nominell nach wie vor die Kalifen in Bagdad. Allerdings hatte die Abbasiden-Herrschaft zu diesem Zeitpunkt ihre Entwicklung noch nicht abgeschlossen und ließ sich vom Schiismus und auch von der Mutazila beeinflussen, einer neuen Auslegung des Islam, die sich stark an der griechischen Philosophie orientierte. Zu Anfang des 9. Jahrhunderts kam es in Kairouan, der tunesischen Hauptstadt der Aghlabiden, zu einer heftigen religiösen Kontroverse. Auf der einen Seite standen die Herrscher und ihre engsten Gefolgsleute, die die intellektuell anspruchsvollere Glaubensausrichtung von Bagdad vertraten, auf der anderen Seite die örtliche Ulema, welche eine strikte sunnitische Deutung favorisierte, die auch den großen Bevölkerungsanteil der Berber ansprechen würde.

Bei diesem Konflikt trug die Ulema den Sieg davon, weil sie nicht nur stark in den bereits als ehrwürdig geltenden Moscheen Kairouans vertreten war, sondern auch die intellektuellen Fähigkeiten besaß, aus der von ihr bevorzugten streng orthodoxen malikitischen Rechtsschule ein kohärentes System zu gestalten. Eine Schlüsselrolle kam dabei

Zwei Gläubige sitzen im Mihrab, der Gebetsnische, der Sidi-Boumediene-Moschee in Tlemcen, Algerien. Die Moschee und das Grab ihres Namensgebers, eines Sufilehrers aus dem 12. Jahrhundert, sind Wallfahrtsstätten von Pilgern aus ganz Nordafrika. Solche Grabstätten wurden in jüngster Zeit vom Ansar-Dine-Arm des Tuareg-Separatistenregimes in Azawad beschädigt oder zerstört.

Sahnun ibn Said zu, einem aus Kairouan stammenden Gelehrten und *qadi* des 9. Jahrhunderts. Er war, wie der Historiker Abu Bakr al-Maliki im 10. Jahrhundert anmerkte, nicht nur »strikt gegen die Neuerer«, womöglich kam ihm auch eine größere Bedeutung zu als Malik ibn Anas selbst, dem arabischen Gründer der Malikiten. Sein Zeitgenosse Amr ibn Yazid ließ verlauten: »Würde ich behaupten, dass Sahnun mehr *fiqh* [Rechtskenntnisse] besaß als alle Gefolgsleute Maliks, würde ich die Wahrheit sagen.«[4] Aus diesen Gründen blieb Kairouan auch weiterhin das bedeutendste Zentrum im Maghreb für das Studium orthodoxer islamischer Theologie und des Rechts und dehnte seinen Einfluss schließlich auch bis in die Sahara und in den Sudan aus.

Eine ernsthafte Konkurrenz zum sunnitischen Islam stellten in Nordafrika die Schiiten und die Charidschiten dar. Die früheste dieser Bedrohungen kam in Gestalt des Charidschismus, der als Zentrum des Berberaufstands überall in der Region Unterstützung fand. Mitte des 8. Jahrhunderts waren die Charidschiten jedoch nicht nur auf dem flachen Land beherrschend, sondern auch in Kairouan, wo extremistische Angehörige der Sufri-Sekte die Hauptmoschee entweihten. 771 hatten loyale Truppen des Abbasiden-Kalifats allerdings wieder die Kontrolle über die gesamte Küste errungen und die Charidschiten, bei denen zu der Zeit bereits die gemäßigtere Ibadi-Sekte bestimmend war, ins Landesinnere zurückgedrängt. Vom 8. bis zum frühen 10. Jahrhundert – der Epoche des unabhängigen Reichs von Tiaret – blieben die Ibaditen eine maßgebliche politische Kraft in Nordafrika. Ihren dauerhaftesten und bedeutendsten Beitrag zur Islamisierung der Region leisteten sie jedoch durch die Gründung von Siedlungen am Rande der Sahara, von wo aus ibaditische Händler den Glauben in die Wüste und den Sudan verbreiteten.

Im Maghreb blieb der Schiismus für die vorherrschenden Sunniten eine Bedrohung von oft dramatischem Zuschnitt. Die ersten bedeutenden nordafrikanischen Herrscher, die sich auf ihre Abstammung von Ali beriefen, waren im 8. Jahrhundert die Idrissiden in Marokko. Diese Dynastie errang zwar nie eine durchgreifende oder umfassende politische oder schiitisch-religiöse Macht, breitete jedoch den Islam in die westlichen Randgebiete der muslimischen Welt aus. Die beiden dauerhaften Vermächtnisse der Idrissiden – die Stadt Fez und das Grab Idris I. – verdeutlichen den Doppelcharakter des nordafrikanischen Glaubens:

Das eine ist ein urbanes Zentrum sunnitisch-muslimischer Gelehrsamkeit (die Hauptmoschee heißt Qarawiyin: »Menschen von Kairouan«), das andere Gegenstand einer eher umstrittenen Neigung der Berber, regionale muslimische »Heilige« zu verehren.

Die bemerkenswerteste Manifestation des Schiismus in dieser Region – der Aufstieg des Fatimiden-Kalifats – war die Folge einer Verschwörung, die sich innerhalb der gesamten islamischen Welt zum Ziel setzte, die Abbasiden durch einen Nachkommen Ismails zu ersetzen, des siebten Imam in der Nachfolge Alis. Im ausgehenden 9. Jahrhundert gelang es den Unterstützern der Ismailiten, im zentralen Maghreb, der von den Kutama, einem bedeutenden Bergstamm der Berber, beherrscht wurde, einen militärischen Stützpunkt zu errichten. 910 eroberte diese neue Macht Tunesien und beendete damit das unabhängige Sunniten-Regime der Aghlabiden. Hauptziel der Fatimiden war jedoch stets, das Herzland des Islam im Vorderen Orient zu beherrschen. Ausgehend von Nordafrika eroberten sie Ägypten und verlegten ihre Hauptstadt 972 nach Kairo. Die von ihnen in Tunesien zurückgelassenen Stellvertreter, die Ziriden, sagten sich bald von der ägyptischen Herrschaft los und gaben unter dem Einfluss der Kairouan-Ulema schließlich auch den Schiismus auf.

Die letzten Herrscher, die eine Form des Schiismus in Nordafrika vertraten – die Almohaden (arabisch *al-Muwahhidun*, »Bekenner der Einheit«) –, stammten ursprünglich aus einer weiteren gebirgigen Berber-Region, dem Atlas in Südmarokko. Ibn Tumart, der Begründer dieser Bewegung, schuf ein theologisches Konstrukt aus unterschiedlichsten Strömungen der islamischen Lehre, machte aber gleichzeitig eine Abstammung von Ali für sich geltend und folgte andererseits der Praxis der Fatimiden, sich als unfehlbarer Mahdi zu bezeichnen (eine von Gott gesandte Figur, die die Welt auf das Jüngste Gericht vorbereiten soll). Die Almohaden konnten erstaunliche Erfolge verzeichnen und brachten den gesamten Maghreb (einschließlich Südspanien) unter ihre Herrschaft. Doch konnten sie mit ihrer Theologie, die Anlass ihres Aufstiegs gewesen war, nicht die Loyalität der Bevölkerung gewinnen, die nach wie vor den überlieferten Glaubenssätzen und dem Rechtssystem der Sunniten anhing.

Seinen Aufstieg in Marokko verdankte Ibn Tumart der Tatsache, dass er die sehr strenge Version der malikitischen Rechtsschule kritisierte, die die vorherigen Almoraviden-Herrscher dem westlichen Maghreb aufoktroyiert hatten. Langfristig jedoch sollten die Almoraviden und ihre Lehren das religiöse Leben dauerhafter beeinflussen als die Almohaden, und zwar nicht nur in Marokko, sondern auch in der Sahara und im Sudan.

Bis zum Aufkommen der Almoraviden in der Mitte des 11. Jahrhunderts war der Islam in den Handelszentren der Wüste und der Savanne lediglich durch kleine Gemeinschaften ibaditischer Charidschiten-Händler vertreten. Möglicherweise bekehrten diese religiösen Wegbereiter auch einige sudanische Herrscher und Händler zum Islam, doch lässt sich ein derartiges Missionierungsbestreben nur schwer nachweisen, zumal die Ibaditen kaum gesteigerten Wert darauf legten, ihre Religion bei anderen Gemeinschaften zu verbreiten. Im Lauf der Zeit war ihnen ihre prekäre Lage innerhalb der islamischen Welt bewusst geworden (einschließlich in Nordafrika, wo die Fatimiden 909 dem Ibaditen-Staat Tiaret ein Ende setzten). Aus diesem Grund übernahmen sie die Praxis des *kitman* (Verheimlichung des Glaubens), um eine offene Gegnerschaft mit Menschen anderer Glaubensansichten zu vermeiden. Auch wenn es keine eindeutigen Belege für eine solche Mimikry in der südlichen Sahara und im Sudan gibt, wäre sie doch durchaus sinnvoll gewesen – schließlich stellten muslimische Händler hier eine sehr kleine Minderheit inmitten einer Umwelt dar, mit der sie friedliche Handelsbeziehungen aufrechterhalten wollten.

Im 11. Jahrhundert waren die Berberstämme der Sanhadscha, die den Südwesten der Sahara beherrschten, zu einer Art Islam übergetreten. Gleichgültig, ob sie nun der sunnitischen oder der ibaditischen Richtung anhingen, auf jeden Fall waren sie fromm genug, um 1036 einen ihrer Häuptlinge, Yahya ibn Ibrahim, auf eine Pilgerreise nach Mekka zu entsenden. Auf dieser Wallfahrt wurde ihm bewusst, dass die von seinem Volk befolgte Ausprägung des Islam nicht den orthodoxen Standards des Glaubens entsprach, die er nun kennenlernte. Deshalb bat er die führenden Rechtsgelehrten in Kairouan, einen jungen Gelehrten mit ihm in die Südsahara zurückzuschicken. Die Wahl fiel auf Abdullah ibn Yasin, der die Sanhadscha nicht nur eine sehr strenge und militante Version der malikitischen Rechtsschule lehrte, sondern aus einem Teil von ihnen auch eine militärische Truppe formte. Mit dieser, so der Geograph al-Bakri, »unterwarf er die ganze Wüste, und viele Stämme folgten seinem Aufruf, schlossen sich seiner Bewegung an und gelobten, unter seiner Führung der Sunna [dem orthodoxen islamischen Weg] zu folgen«.[5]

Der Name des in der Folge entstehenden Reichs der Almoraviden (arabisch: al-Murabitun) geht auf das Wort *ribat* zurück: Ein isoliertes Gebäude, das ursprünglich militärischen Verteidigungszwecken diente, später aber von einigen asketischen und militanten malikitischen Gelehrten als Außenposten zur Verbreitung des Glaubens genutzt wurde. Ibn Yasin selbst kam nicht direkt aus Kairouan in die Sahara, sondern über ein Zentrum der Malikiten in Südmarokko, das als Dar al-Murabitin (Reich der *ribats*) bekannt war. Daraus erklärt sich vermutlich auch, weshalb Ibn Yasin den Ausdruck für das von ihm gegründete Reich verwendete, obwohl es nach einer Überlieferung auch heißt, er habe (dem Beispiel von Mohammeds Hedschra folgend) seine Anhänger zunächst von ihrer angestammten Heimat auf eine Insel im Fluss Senegal umgesiedelt, die als temporäres *ribat* diente. Die Almoraviden kamen erst als Verbündete Dar al-Murabitins nach Nordafrika und unterstützten das Reich in seinem Kampf gegen verschiedene andere muslimische Sekten (unter ihnen Charidschiten und Schiiten) in Südmarokko. Von ihrer politischen Leistung einmal abgesehen, spielten die Almoraviden also auch eine große Rolle bei der Vereinheitlichung der islamischen Identität in der Westsahara und in Marokko.

Letztlich richteten die Almoraviden ihr Hauptaugenmerk auf Nordafrika und sogar Spanien, allerdings kämpften sie in der Sahara gegen das sudanische Königreich Ghana. Ob die Almoraviden nun tatsächlich in Ghana eindrangen und den König zum Islam bekehrten, wie einige Historiker behaupten, oder nicht, auf jeden Fall begann sich der muslimische Einfluss ab dem 11. Jahrhundert zunehmend zu etablieren, zumindest unter den herrschenden Klassen im West- und Zentralsudan.

Al-Bakris Schilderung einer noch »heidnischen« (der Begriff wird hier durch »traditionalistisch« ersetzt) indigenen Hauptstadt Ghana stammt aus einer Zeit, als einige Könige im Sudan bereits zum Islam übergetreten waren, insbesondere in Takrur (in Senegambia), Gao (an der Niger-Biegung) und möglicherweise auch in einem vorimperialen Mali, irgendwo im Süden gelegen. Von Menschen, die keine schriftlichen Aufzeichnungen über ihre persönlichen Gedanken und wenig mehr über ihre rituellen Praktiken hinterließen, ist schwer zu sagen, wie groß ihr religiöses Engagement tatsächlich war. Geschichten, die viele Jahrhunderte später aufgeschrieben wurden, erzählen von Königen in Kano und Kanem, die traditionelle Heiligtümer zerstörten. Mansa Musa soll unter anderem zahlreiche Moscheen gebaut haben. Doch aus den Zeugnissen einiger Beobachter wie beispielsweise Ibn Battuta, die von einer fortdauernden Ausübung traditioneller Andachtsformen berichten, wissen wir, dass der Übertritt zum Islam in solchen Fällen keine völlige »Unterwerfung« (die wörtliche Bedeutung von »Islam«) bedeutete, sondern vielmehr die Erweiterung eines bestehenden spirituellen und kulturellen Bezugssystems. Sudanische Herrscher wollten ihr Volk entsprechend den regionalen Vorstellungen von Macht regieren und gleichzeitig »auf Augenhöhe« mit der Außenwelt in Kontakt treten, die sie als islamisch wahrnahmen. Selbst entschiedene Traditionalisten wie die Segu-Könige des 18. und 19. Jahrhunderts hatten stets muslimische Gelehrte in ihrem Gefolge, die ihnen in spirituellen und praktischen Dingen zur Seite standen und Verhandlungen mit Fremden führten.

Ein gut belegtes, wenn auch äußerliches Anzeichen für muslimische Frömmigkeit ist die Wallfahrt. Die Könige von Mali begannen ab etwa 1200, derartige Pilgerreisen zu unternehmen (diejenige Mansa Musas im Jahr 1324 stellt lediglich das bekannteste Beispiel dar). Die Sefuwa-Herrscher von Kanem gingen womöglich bereits im 11. Jahrhundert auf Pilgerreisen, nachgewiesen sind sie auf jeden Fall ab etwa 1200. 1496 brach Askia Mohammed, der neue Herrscher des Songhai-Reichs, zu einer Wallfahrt nach Mekka auf, die überaus gut dokumentiert ist. Bei seinem Aufenthalt in Kairo wurde er, wie etliche Kanem-Bornu-Herrscher vor ihm, vom Abbasiden-Kalifen (eine Persönlichkeit, die zu der Zeit über keinerlei eigene Macht verfügte) offiziell als »Beherrscher der Gläubigen« in seinem Teil des Sudan anerkannt.

Die ersten muslimischen Gelehrten, die aus regionalen ethnischen Gruppen rekrutiert wurden, traten etwa im 13. Jahrhundert in bedeutenden Handelszentren des Sudan und der südlichen Sahara in Erscheinung. Diese Männer wurden von den regionalen Herrschern vielfach durch die Gewährung von Landbesitz und anderen Privilegien unterstützt. Natürlich hatten Geistliche in den eher isolierten Gemeinschaften, in denen sie lebten, einen gewissen Einfluss, doch wie weit er sich auf die Herrschenden und die Gesellschaft insgesamt erstreckte, lässt sich auch in diesem Fall nur schwer beurteilen. Selbst Askia Mohammed, der sich sehr um gute Beziehungen zur islamischen Elite in Timbuktu bemühte, blieb in seiner eigenen Hauptstadt Gao am Niger.

Genauso viel Vorsicht empfiehlt sich auch bei der Korrespondenz, die Askia Mohammed sowie zeitgenössische Herrscher in Agadez und dem Hausaland mit bekannten ägyptischen und nordafrikanischen Gelehrten führten. Der aktivste dieser Briefpartner, der Marokkaner Muhammad al-Maghili, durchquerte in den 1490er Jahren die Sahara, um mit einigen sudanischen Herrschern persönlich zu beratschlagen. Seine schriftlichen Antworten auf Fragen Askia Mohammeds lassen auf ein strengeres Modell islamischer Regierungsführung schließen, als in den meisten Reichen des Vorderen Orients damals üblich war. Um etwa die vorgeschriebene Trennung der Geschlechter sicherzustellen und die verbotene Entblößung des Körpers zu verhindern, »soll der Beherrscher der Muslime [...] vertrauenswürdige Männer ernennen, die Tag und Nacht, im Geheimen und öffentlich, darüber wachen«.[6] Im Sudan wurde nichts auch nur annähernd Vergleichbares mit diesem Grad erzwungener Orthodoxie praktiziert; dazu kam es erst mehrere Jahrhunderte später in der Ära der Dschihads.

Die Lehren al-Maghilis sind nicht nur ein gutes Beispiel für die strenge malikitische Rechtsschule nordafrikanischer Prägung, sondern verdeutlichen auch, wie sich die Orthodoxie in den Zentren des sunnitischen Islam generell zu einer weniger an philosophischen als mehr an rechtlichen Fragen orientierten Auslegung hin verlagerte. In der bedeutendsten Lehreinrichtung, die im 11. Jahrhundert gefördert wurde – der Medrese –, stand das Studium der *fiqh* (Rechtswissenschaft) im Vordergrund, was einerseits die etablierte Religion stützte, andererseits Studenten hervorbrachte, die später auch Verwaltungsaufgaben übernehmen konnten. Viele Historiker betrachten diese Abkehr vom philosophischen Vermächtnis der griechischen Antike und die Hinwendung zu einer reinen Rechtsinterpretation als ausschlaggebend dafür, dass der Islam jene intellektuelle Entwicklung verpasste, die im christlichen Westeuropa später zu Renaissance und Aufklärung führen sollte. Innerhalb der großen islamischen Welt und insbesondere ihrer transsaharischen Regionen erfuhr das religiöse Leben im Mittelalter jedoch eine neue Belebung durch die formale Entwicklung mystischen Denkens und Handelns, die sich in Gestalt des Sufismus vollzog.

Sufis (von *suf*, Wolle, was auf die derbe Kleidung der Asketen verweist) sind Muslime, die nach eigenem Bekunden aufgrund ihres Rückzugs aus dem weltlichen Leben durch persönliche Erfahrung eine innige Kenntnis Gottes besitzen. Solche Männer traten innerhalb der islamischen Geistlichkeit bereits im 9. Jahrhundert in Erscheinung, waren anfangs jedoch umstritten und galten als Häretiker, die bisweilen sogar hingerichtet wurden. Ende des 10. Jahrhunderts erschienen die ersten Abhandlungen, in denen Mystik und Orthodoxie als durchaus vereinbar dargestellt wurden. Das einflussreichste dieser Werke ist *Ihya Ulum ad-Din* (Wiederbelebung des religiösen Lernens), das zwischen 1099 und 1102 von dem iranischen Gelehrten und Sufi Abu Hamid al-Ghazali verfasst wurde. Der Titel dieses Buchs lässt darauf schließen, dass es Schwierigkeiten im bestehenden System des islamischen Denkens gab, allerdings verwarf al-Ghazali nachdrücklich den bereits diskreditierten Einfluss der griechischen Philosophie. Die Almoraviden verdammten den Sufismus und verbrannten al-Ghazalis Schriften sogar. Die Almohaden hingegen integrierten die neuen Ausdrucksformen der Mystik in das Gedankengut, das ihrem Glauben seine Ausprägung gab, und spätere nordafrikanische Herrscher wurden oft zu Mäzenen von Sufi-Lehrern.

Schließlich wurde der Sufismus offiziell als Denk- und Glaubenssystem akzeptiert, das die rechtlich anerkannten Lehrmeinungen eher ergänzte als in Frage stellte. Gesellschaftlichen Einfluss übten Sufis im Wesentlichen durch die Praxis asketischer Einkehr aus, durch ekstatische religiöse Übungen und die Verehrung großer Mystiker der Vergangenheit und ihrer gesalbten Nachfolger. Die asketischen Aspekte des nordafrikanischen Sufismus orientierten sich unmittelbar an der Tradition malikitischer Gelehrter, Kairouan und andere Städte zu verlassen und in befestigte ländliche *ribats* umzusiedeln. Bei afrikanischen Sufis hießen diese Rückzugsorte *zawiya* (Siedlung oder Hütte), was ihre insgesamt weniger militante Orientierung verdeutlicht. Sufi-*sheikhs* (Ältere oder Anführer) im Maghreb und in ganz Westafrika sind auch heute noch als Marabouts (Menschen des *ribat*) bekannt.

In den *zawiyas* (die bisweilen sogar innerhalb von Städten lagen) wurden unter anderem orthodoxe Lehren studiert und Andachten gehalten. Die typische Sufi-Ausrichtung dieser Rückzugsorte zeigte sich allerdings in den zusätzlichen Praktiken des *dhikr* und der »Heiligenanbetung«.

Der *dhikr* (Gedenken an Gott) besteht darin, bestimmte religiöse Ausdrücke zu rezitieren, die den Namen Gottes (»Allah«) enthalten, bisweilen begleitet von *sama* (religiöser Musik und Tanz). Diese Übungen rufen einen veränderten Bewusstseinszustand hervor, mit dessen Hilfe die Sufis eine Nähe zum Göttlichen herzustellen versuchen.

Neben den Moscheen und Schulen, die es an allen heiligen muslimischen Stätten gibt, gehören zu den meisten nordafrikanischen Sufi-*zawiyas* auch Rundbauten, die Grabstätten von *walis* darstellen (Heilige, wörtlich »Freunde [Gottes]«). Bisweilen handelt es sich bei den hier Beerdigten um politische und militärische Persönlichkeiten, deren Ruf legendäre Ausmaße angenommen hat, etwa Uqba ibn Nafi, der frühe arabische Eroberer, oder Idris I., der Begründer der ersten muslimischen Dynastie in Marokko. Vorwiegend jedoch liegen hier Sufi-*sheikhs*, denen *baraka* nachgesagt wurde (wörtlich »Segen«, im weiteren

Die Moschee in Sidi Uqba ibn Nafi mit dem Grab des Uqba ibn Nafi. Der legendäre Araber eroberte im 7. Jahrhundert einen Großteil Nordafrikas und der ostzentralen Sahara. Eine ganze Reihe prominenter Familien in der Region beruft sich auf ihn als Vorfahr, und seine Grabstätte wird von den Sufis verehrt. Historische Postkarte um 1900

Sinne »Heiligkeit« oder »Charisma«). Diese Verehrung von Menschen, die zu Heiligen erklärt wurden, wird von vielen Historikern als Bindeglied zwischen dem Islam und früheren polytheistischen Religionen betrachtet und aus diesem Grund von streng orthodoxen Muslimen kritisiert.

Sufis verehren verstorbene Anführer aber nicht nur, sie glauben auch, dass *baraka* auf deren Nachkommen oder ihnen sehr nahestehende Anhänger übergehen kann. Somit konnte sich diese Richtung des Islam in der gesamten muslimischen Welt in *tariqas* (wörtlich »Wege«, aber auch »Orden« oder »Bruderschaften«) zusammenschließen, die nach den *sheikhs*, die sie gegründet haben, benannt sind. Um in einen dieser Orden aufgenommen zu werden, muss ein Anhänger sich der spirituellen Autorität des *sheikh* unterwerfen (meist ein anerkannter Nachfolger des genannten Gründers) und dessen spezifische *wird* (Gebetsritual) erlernen. Ab etwa 1700 spielten die Sufi-*tariqas* Nordafrikas, insbesondere die Qadiriyya und die Tidschani, eine wesentliche Rolle bei der Verbreitung und Förderung des Islam in der Sahara und den Gebieten jenseits der Wüste.

Innerhalb des Maghreb selbst etablierten sich Sufi-*zawiyas* spätestens ab dem 13. Jahrhundert in ländlichen Gebieten, ohne dass die Notwendigkeit einer sie verbindenden Struktur bestanden hätte. Selbst als die *tariqas* zunehmend an Bedeutung gewannen, konnten sich muslimische Mystiker und sogar bedeutende städtische Gelehrte ihnen anschließen (häufig auch mehr als nur einer), ohne ihren alltäglichen Ablauf zu verändern. Die meisten muslimischen Gelehrten in den Handelsstädten der Sahara und des Sudan studierten unter anderem auch Sufi-Literatur und gehörten mehreren *tariqas* an. Die Mitgliedschaft in diesen Organisationen hatte in der Wüste, wo die Rolle des Vermittlers zwischen Beduinenstämmen mindestens ebenso viel *baraka* wie Rechtskenntnisse erforderte, einen sehr praktischen Wert. Im frühen 17. Jahrhundert wurde der Islam auch mithilfe des Bornu-Sufismus von den Städten aus auf dem bewirtschafteten Land verbreitet, das zahlreiche *sheikhs* als Ort für die *khalwa* (Rückzug) aufsuchten. Als Organisationen gewannen *tariqas* in diesem Teil des Sudan allerdings erst im folgenden Jahrhundert an Einfluss.

Die Entwicklung des Sufismus von einer individuell geprägten »Form« der Verehrung zu einer eher formalisierten Bruderschaft, die sich um einen bestimmten *sheikh* sammelte, vollzog sich im Vorderen Orient ab dem 14. Jahrhundert und erreichte Nordafrika im Lauf des 15. Jahrhunderts. Diese neuen Gruppierungen blieben aufgrund ihrer Glaubensorientierung und der Art und Weise ihrer Andacht in der gesamten islamischen Welt miteinander verbunden, auf regionaler Ebene jedoch organisierten sie sich als *taifas* (Fraktionen) unter der direkten Leitung örtlicher *sheikhs* und deren Nachkommen. Das Vordringen des Sufismus in die Zentralsahara war von einem dramatischen und tragischen Vorfall überschattet, der sich im frühen 15. Jahrhundert im Aïr-Plateau ereignete. Der dortige *sheikh* Mahmud al-Baghdadi stammte aus Istanbul und hatte sich zu einem Vertreter der Halveti-*tariqa* ernannt, die bei den Türken großen Zulauf hatte. Die Glaubenssätze und ekstatischen Rituale dieser Mahmudiyya-*taifa* lösten unter den orthodoxen muslimischen Geistlichen in der Aïr-Hauptstadt Agadez derartige Bestürzung aus, dass der herrschende Sultan sich überreden ließ, seine Truppen auszusenden und al-Baghdadi mit vielen seiner Anhänger töten zu lassen.

Die ersten dauerhaften Netzwerke von Sufi-*tariqas* in der Sahara und im Sudan kamen durch die Bemühungen des Stammesverbands der Kunta zustande und insbesondere einer Persönlichkeit, Sidi al-Mukhtar al-Kunti (1729–1811). Die Kunta bezeichneten sich zwar als Abkömmlinge des arabischen Eroberers Uqba ibn Nafi, in Wirklichkeit jedoch waren sie arabisierte Sanhadscha-Berber aus der Westsahara. Wie viele Eliten in ihrer Gemeinschaft verbanden sie den Handel mit der Verbreitung religiöser Gelehrsamkeit, in diesem Fall in einer weit gestreuten Vielzahl von Zentren, die sich von Mauretanien bis Twat in Südmarokko und bis zur Wüste Azawad nördlich von Timbuktu erstreckten. Ein früherer Kunta-Gelehrter aus dem Westsudan war bereits zum Heiligen erklärt worden, doch ist nicht belegt, dass er – wie die Familientradition behauptet – einer Sufi-Bruderschaft angehörte. Aus zuverlässigen Quellen über das Leben Sidi al-Mukhtars wissen wir, dass er in der Zentralsahara von einem Lehrer der Kel Intasar – einem Tuareg-Stamm muslimischer Gelehrter – in die Qadiriyya initiiert wurde. Daraufhin errichtete Sidi al-Mukhtar in der ursprünglichen Heimat seiner Familie in der Westsahara einen Stützpunkt, und dort unternahm er den (für das saharische Afrika) unerhörten Schritt, sich zum regionalen *sheikh* al-Tariqa al-Qadiriyya (Häuptling der Qadiriyya) zu erklären, womit er im Grunde seinen eigenen Zweig des Ordens gründete.

Dieser »Mukhtariyya«-Organisation, deren Hauptsitz schließlich in Timbuktu lag, gelang es erstaunlich gut, ihre über ein weites Gebiet der Sahara und des Sudan verstreuten Anhänger zusammenzuhalten. Eine Schlüsselrolle kamen dabei Sidi al-Mukhtars Wissen, seiner Frömmigkeit und seinem Charisma zu, wie aus zahlreichen Berichten hervorgeht, die wir sowohl aus seiner Feder kennen als auch aus der von Menschen, die ihn kannten. In seinen Schriften, in denen er frühere Sufi-Meister zitiert, betont er die Bedeutung einer sehr persönlichen religiösen Hingabe. Der Anhänger »muss sich so sehr in seinem *sheikh* verlieren, dass nichts von ihm selbst bleibt«. Aus der umfassenden Biographie Sidi al-Mukhtars, die sein Sohn Muhammad al-Khalifa verfasste, ist uns jedoch ein weiterer wesentlicher Faktor für den Erfolg des Ordens bekannt: die enge Verbindung zwischen Frömmigkeit und der Verrichtung sehr weltlicher Tätigkeiten wie Handel, Salzgewinnung, Ackerbau und Viehzucht. Von jungen Anhängern wurde erwartet, dass sie »auf der Suche nach Wissen Reisen unternehmen«, sich dann jedoch »darauf konzentrieren, Wohlstand anzuhäufen. [...] Jeder von ihnen sollte sich durch sein Wissen, seine Frömmigkeit und seinen Wohlstand auszeichnen.«[7]

Sidi al-Mukhtar profitierte auch von der politischen Lage rund um Timbuktu gegen Ende des 18. Jahrhunderts. Zu der Zeit war das in Marokko beheimatete Arma-Regime faktisch machtlos geworden, und den in der Umgebung lebenden Tuareg-Stämmen fehlte jede zentrale Führung. Die Kel Intasar, die früher eine regionale Militärmacht gewesen waren, hatten nur noch eine Funktion als politisch neutrale Gelehrte. Sidi al-Mukhtar drängte seine früheren Tuareg-Mentoren in den Hintergrund und etablierte sich in der Region sowohl als religiöser Anführer wie auch als bedeutende Wirtschaftsgröße. Hatte er früher versucht, kriegerische Stämme als Unterstützer seiner wachsenden Siedlungen zu gewinnen, so beschränkte er sich jetzt zunehmend auf die traditionelle, wenn auch stark erweiterte Position eines geistlichen Vermittlers.

Sidi al-Mukhtar zögerte, die Bekehrung des sehr traditionellen Segu-Reichs von Bambara im Süden mit Macht durchzusetzen, und auch sein Sohn und Nachfolger Muhammad beteiligte sich 1818 nicht am Dschihad Amadu Lobbos gegen die Segu-Herrschaft in Maasina. Mancher mündlichen Überlieferung zufolge verbündeten sich die Kunta eine Zeitlang sogar mit den abtrünnigen Fulani-Häuptlingen in Maasina, um Amadu Lobbos Herrschaft zu unterwandern. Zwar sind derartige subversive Aktionen nicht schriftlich dokumentiert, doch aus Briefen der Kunta geht hervor, dass es zwischen den Timbuktu-*sheikhs* und der Fulani-Theokratie von Hamdullahi Konflikte wegen religiöser Beschränkungen im Wirtschaftsleben gab. Insbesondere ging es um den Handel mit Tabak, einem Produkt, dem die Kunta einen Großteil ihres Vermögens verdankten, dessen Konsum Amadu Lobbo seinen Anhängern jedoch untersagt hatte. Aus diesem Grund beschwerte sich der Kunta-Führer in Maasina schriftlich über die Maßnahmen, die dazu dienten, Tabakkonsumenten aufzuspüren und zu bestrafen, und schloss mit der behutsamen Bitte: »Daher ersuche ich Sie, Ihre diesbezüglichen Sanktionen zu überdenken.«[8]

Im ausgehenden 18. Jahrhundert machte im Hausaland der muslimische Prediger Usman dan Fodio als Reformer von sich reden, also zu jener Zeit, als in der Westsahara die Mukhtariyya an Einfluss gewann. Dabei orientierte sich Usman allerdings nicht nach Timbuktu. Den wichtigsten externen Einfluss übte vielmehr der Tuareg-Fulani-Lehrer Jibril ibn Umar al-Aqdasi (aus Agadez) vom zentralsaharischen Aïr-Plateau auf ihn aus. Jibril führte Usman in die Lehren und Praktiken der Sufi-Orden ein, denen er sich in Ägypten – auf dem Rückweg von einer seiner beiden Wallfahrten zu den heiligen Städten Arabiens – selber angeschlossen hatte. Zu diesen Orden gehörten neben der Qadiriyya auch die zweier weiterer *tariqas*, die Halveti, möglicherweise mit einem Verweis auf deren *taifa*, und die Mahmudiyya, die zwei Jahrhunderte zuvor in Aïr gewaltsam unterdrückt worden war.

Usmans Nähe zur Qadiriyya-*tariqa* war dem Anschein nach eher eine persönliche spirituelle Entscheidung als eine Verpflichtung gegenüber einem organisierten Zweig des Ordens, der damals in Afrika tätig war. Gegen Ende seines Lebens schrieb er, dass er in den 1790er Jahren Visionen erlebt habe, bei denen es zu einer unmittelbaren Begegnung mit dem Propheten Mohammed gekommen sei. Dieser habe ihn vor den Thron Gottes geführt und ihn dann unter den Schutz des Gründers der Qadiriyya gestellt, des aus Bagdad stammenden Mystikers Abd al-Qadir al-Jilani aus dem 12. Jahrhundert. Dass er sich vom Predigen auf den Dschihad verlegte – etwas, das nach der Kunta-Auslegung des Sufismus nie denkbar gewesen wäre –, führte Usman unmittelbar auf die Handlungen Abd al-Qadirs zurück:

> Er wies mir einen Platz zu, kleidete mich und setzte mir einen Turban auf den Kopf. Dann sprach er mich als »Imam der Heiligen« an und befahl mir zu tun, was gebilligt wird, und verbat mir zu tun, was nicht gebilligt wird. Und er gürtete mich mit dem Schwert der Wahrheit, um es gegen die Feinde Gottes zu erheben.[9]

Die Umwandlung der Dschihad-Bewegung der Hausa-Fulani in die organisierte Form einer *tariqa* begann erst nach dem Tod Usmans (1817) und Muhammad Bellos (1837). Wesentlich wurde diese Veränderung von Usmans posthumem Sohn Isa betrieben sowie von seinem Schwiegersohn Gidado, der zum Wesir (ersten Minister) des Kalifats von Sokoto wurde. In ihren Schriften erhoben sie Usman und Muhammad Bello in den Stand von Heiligen, berichteten von mehreren Wundern, die diese bewirkten, und förderten Wallfahrten zu ihren Grabstätten. Motiviert wurden diese neuen religiösen Praktiken unter anderem durch die Ausbreitung eines weiteren Sufi-Ordens in der Sahara, der Tidschani. Die Qadiriyya und die Tidschani konkurrierten nicht nur spirituell um Anhänger, ihre Rivalität hatte im Maghreb sowie im West- und Zentralsudan auch politische Dimensionen.

Die Tidschani kam in Nordafrika im 18. Jahrhundert auf, zu einer Zeit allgemeiner Reformbestrebungen innerhalb des Islam, wie etwa der Aufstieg der Organisation al-Mukhtar Qadiriyya in der Sahara und die Predigeraktivitäten Usman dan Fodios im Hausaland zeigen. Der Tidschani-Gründer Ahmad ibn Muhammad al-Tidschani (1737–1815) war ein Sufi-Marabout aus Südalgerien, der in den 1780er Jahren eine Reihe von Visionen hatte, in denen er den Auftrag empfing, eine völlig neue *tariqa* zu gründen.

Al-Tidschani erklärte sich zum »Siegel der Wilaya [Heiligkeit]«, was bedeutete, dass nach ihm keine weiteren Sufi-Orden mehr gegründet werden konnten und alle vorhergehenden aufgegeben werden sollten. Praktisch gesehen verlangte er damit die bedingungslose Loyalität seiner Anhänger, zudem erließ er eine Reihe von Vorschriften, die die »Exzesse« der Askese und des ekstatischen *dhikr* – feste Bestandteile der

Sufi-Praxis – unterbinden sollten. Angesichts dieser strengen Vorgaben stieß die Tidschani zunächst auf große Widerstände. Nachdem der *sheikh* 1789 in die marokkanische Hauptstadt Fez gezogen war, konnte al-Tidschani allerdings dank der Unterstützung des dort herrschenden Sultans Mulay Sulayman, der selbst als Reformer des Islam galt, einen Stützpunkt zur Rekrutierung weiterer Anhänger errichten.

Von Marokko aus breitete sich die Tidschani im gesamten nördlichen und sudanischen Afrika aus, konnte außerhalb des Kontinents allerdings nie eine große Gefolgschaft gewinnen. Als Erstes drang sie nach Algerien vor, wo sie in der Politik der französischen Kolonialeroberung Mitte des 19. Jahrhunderts eine wesentliche Rolle spielte. Ein weiterer kleiner Zweig etablierte sich in den 1790er Jahren bei einem der *zawiya*-Stämme in der Westsahara, und dieser Sitz wurde zum Ausgangspunkt einer weiteren Verbreitung der neuen *tariqa* im ganzen Sudan. Der bedeutendste dieser neuen Anhänger war der senegalesische Gelehrte und Dschihad-Führer Al-Hadsch Umar Tal.

Zum Tidschani wurde Umar fernab des Zentrums der Bewegung. Initiiert wurde er in Futa Jallon im heutigen Guinea durch einen *sheikh*, der dem Orden in Mauretanien beigetreten war. Bald nach seiner Initiation ging Umar den für einen derart unbekannten und jungen Westafrikaner (er war damals Anfang dreißig) ungewöhnlichen Schritt, eine Pilgerreise zu unternehmen. In Mekka angekommen, verbrachte er drei Jahre im persönlichen Dienst des dortigen Tidschani-Stellvertreters und wurde schließlich zum »Kalifen« (Vizekönig) des Ordens für den ganzen Sudan ernannt. Unter Berufung auf diesen Titel sah Umar sich später berechtigt, in den 1860er Jahren einen Dschihad gegen die gesamte Region am Mittellauf des Niger einschließlich des Segu-Reichs und des Kalifats Maasina zu führen und die Region letztlich auch zu erobern.

Religiöse Bedeutung gewann Umar dadurch, dass es ihm einerseits gelang, die Tidschani als eine nicht zu vernachlässigende Kraft im sudanischen Islam zu etablieren, und er andererseits die Fronten zwischen rivalisierenden *tariqas* als Basis lokaler religiöser Loyalität verhärtete. Diese sektiererische Politik gab auch Anlass zu einer Reihe von Schriften, in denen die Kunta-Qadiriyya-*sheikhs* und Umar selbst sich gezwungen sahen, ihre Positionen zu verdeutlichen. Bei den Beiträgen aus Timbuktu handelt es sich vorwiegend um polemische Kritik an der

Anmaßung sowohl Umars als auch Ahmad ibn Muhammad al-Tidschanis, sich zu Heiligen zu erheben: »Wer immer die Erhabenheit eines *sheikh* ohne Ermächtigung durch den Propheten für sich in Anspruch nimmt, dem sage ich: ›Bei Gott, welche Lüge!‹«, schrieb der Kunta-Führer Ahmad al-Bakkay. »Ein Heiliger ist nichts weiter als eine Spiegelung des Mondes im Wasser.«[10] Umar seinerseits verwendete einen Großteil der nicht unbeträchtlichen Zeit zwischen seiner Rückkehr von der Pilgerreise und dem Beginn seines Dschihad darauf, ausführliche Werke zur Sufi-Lehre zu verfassen. Sein *Kitab Rimah* (Buch der Speere) bleibt einer der grundlegenden Texte der Tidschani-Lehre in ganz Nord- und Westafrika.

Der letzte Sufi-Orden, der seine eigene Version des Islam in der Sahara verbreitete, war die Sanussiya, die sich allerdings auf die Wüste der Großprovinz Kyrenaika im Osten Libyens beschränkte. Muhammad ibn Ali al-Sanussi (1787–1859) verbrachte die erste Hälfte seines Lebens in seiner Heimat Algerien und in den marokkanischen Zentren islamischer Gelehrsamkeit, später dann hielt er sich in den heiligen Städten Arabiens auf. Seine spirituelle Ausrichtung orientierte sich zweifellos am Sufismus, und zwar einer strengen Form, die an die Tidschani erinnerte. Als al-Sanussi 1840 nach Nordafrika zurückkehrte, begründete er in der Kyrenaika selbst ein Zentrum des Studiums und der Andacht. Den Ort wählte er eigens, um sich dem Einfluss der christlichen Franzosen zu entziehen, die zu der Zeit Algerien beherrschten und auch Marokko und Tunesien zu erobern drohten.

Im folgenden Jahrzehnt breiteten sich Sanussi-*zawiyas* entlang der gesamten Strecke einer neu angelegten Karawanenroute aus, die Waday in der Südostsahara mit Bengasi an der libyschen Küste und Südägypten verband. Wie die Kunta in der Westsahara legte al-Sanussi nicht nur großen Wert auf religiöse Wissenschaft (er war ein sehr ernsthafter und schöpferischer Gelehrter), sondern auch auf praktische Arbeit in der materiellen Welt. Mündlichen Überlieferungen zufolge pflegte er seinen Anhängern, unter denen sich viele einfache Arbeiter befanden, zu sagen: »Die Schreibtischhocker und die Lobhudler glauben, sie stünden in der Gunst Gottes höher als wir; doch, bei Gott, das tun sie nicht!«[11] Von den geistlichen Vermittlern oder den dschihadistischen Staatengründern im transsaharischen Afrika unterschied sich die Sanussiya insofern, als sie im gesamten Inneren der Kyrenaika faktisch die Herrschaft ausübte. Sanussi-Siedlungen waren gut bewaffnet und zum Schutz vor angreifenden Räubern mit Verteidigungsmauern umgeben, aber sie selbst schickten keine militärischen Truppen in die Wüste. Den Zusammenhalt des Systems gewährleisteten vielmehr das religiöse Charisma der *sheikhs* sowie der Einsatz für gemeinsame wirtschaftliche Interessen.

Stellen die Theokratien Sanussis und der Dschihadisten das eine Extrembeispiel für den Einfluss des Islam im transsaharischen Afrika dar, so stehen die muslimischen Gelehrten in den bewaldeten Regionen Westafrikas am entgegengesetzten Ende. Diese Ulema (beziehungsweise »Karamoko« in der regionalen Mande-Sprache) ging aus den Netzwerken der Juula-Händler hervor, die bereits im 9. Jahrhundert auf der Suche nach Gold und Kola vom westlichen Rand der Wüste her nach Süden zogen. Ein zweites Netzwerk der Hausa sprechenden Händler verband ab etwa 1600 die Waldgebiete mit dem Zentralsudan, entwickelte aber kein eigenes System islamischer Gelehrsamkeit.

Die Tradition islamischer Lehre und Praxis, die sich bei den in Senegal und im heutigen Ghana lebenden Juula-Gemeinschaften herausbildete, wird als »suwarisch« bezeichnet. Alle Juula-Gelehrten führen ihre Herkunft – sei es durch biologische Abstammung, sei es durch historische Studien – auf al-Hadsch Salim Suwari zurück, eine legendäre Gestalt des 16. Jahrhunderts. Suwari selbst hinterließ keine Schriften, auch wurde er in zeitgenössischen Dokumenten und Aufzeichnungen nie erwähnt, unsere Kenntnisse über ihn beruhen ausschließlich auf mündlichen Überlieferungen. Die entsprechenden Berichte enthalten zahlreiche, eher unglaubwürdige Informationen über seine Genealogie, seine Lebensdaten und seine angeblich sieben Pilgerreisen nach Mekka. Dennoch akzeptieren Historiker die Annahme, dass er tatsächlich gelebt hat und dass er, wie überliefert wird, seine Ausbildung in der Stadt Dia am mittleren Niger (in der Nähe von Djenné) begann und später den Goldrouten in Richtung Süden bis nach Bambuk in der Nähe des Senegal folgte. In diesem islamischen Grenzgebiet verbreitete Suwari eine ganz spezifische Lehre, die auf die Situation einer Händler-Diaspora zugeschnitten war. Sie verband den orthodoxen malikitischen Sunnismus mit Doktrinen quietistischer Passivität (einer nicht aggressiven Haltung gegenüber Ungläubigen) und einem Interesse an *batin* (okkulte muslimische Lehren).

In der malikitischen Gelehrsamkeit hatte *fiqh* einen hohen Stellenwert, zudem wurde verlangt, dass Muslime in Regionen lebten, die ihrer politischen Kontrolle unterstanden. Diese Doktrin war im gesamten Maghreb, in der Sahara und im Sudan durchaus praktikabel, wo sich die regionalen Herrscher ab etwa 1100 die meiste Zeit und fast überall zumindest nominell zum Islam bekannten. In den Waldgebieten jedoch gab es nur sehr wenige Herrscher, die Muslime waren oder bei ihrem politischen Handeln die Vermittlung der Ulema akzeptierten. Selbst die dortigen islamischen Händlergemeinschaften blieben klein und erledigten den Großteil ihrer Geschäfte eher auf der informellen, persönlichen Ebene, als dass sie auf das islamische Recht zurückgegriffen hätten. Schriftliche Aufzeichnungen blieben in diesen Regionen vorwiegend religiösen Zwecken vorbehalten.

Die Suwarianer studierten zwar das malikitische Recht, doch ihr Verhaltenskodex war vor allem von dem ägyptischen Gelehrten Jalal-al-Din al-Suyuti aus dem 16. Jahrhundert geprägt. Suyuti selbst hatte zu seinen Lebzeiten verschiedene sudanische Herrscher sowie durchreisende Ulema (unter ihnen angeblich auch den Pilger Suwari) in Fragen der richtigen Befolgung des Islam beraten. Im Gegensatz zu seinem strengen malikitischen Zeitgenossen al-Maghili ließ Suyuti allerdings eine gewisse Toleranz gegenüber unorthodoxen Praktiken walten. Die suwarische Tradition erhob dies zu einem expliziten Prinzip: strikte Befolgung des Islam innerhalb der Gemeinschaft bei gleichzeitiger Weigerung, sich in externe Angelegenheiten einzumischen. Wie die Jabi Jakhanke aus der Gelehrtenfamilie der Mande in der Chronik ihrer Gründer schreiben, »lebten sie unabhängig in ihrer eigenen Gemeinschaft, zogen von jedem Ort weg, an dem sie ihre Religion und ihre Gemeinschaft bedroht fühlten. Der einheimischen Bevölkerung begegneten sie mit Respekt und vermieden in Fragen der religiösen Praxis jeden Konflikt mit ihr.«[12]

Obwohl der suwarische Islam vom Ansatz her eine innovative Mischung aus verschiedenen Lehren war, die auf vorhandene muslimische Quellen zurückgriffen, blieb er neuen Ideen stets verschlossen, ganz gleich ob im sie Sufismus, in religiösen Reformbestrebungen oder, vor allem, in Aufrufen zum Dschihad aufkamen. Im 19. Jahrhundert folgten viele suwarische Gelehrte dem Sufi-Orden der Qadiriyya, übernahmen von ihm aber nur solche Elemente, die die etablierten

Positionen noch weiter stärkten. So verehrten die Suwarianer zwar die Gründer ihrer verschiedenen Geschlechter, doch weder machten sie ihre Grabstätten zu Schreinen noch gaben sie sich ekstatischen Tänzen und Gesängen des *dhikr* hin. Derlei Praktiken ähnelten zu sehr den Ritualen der umliegenden nicht-muslimischen Kulturen, zu denen die Suwarianer auf jeden Fall Distanz wahren wollten. Was sie dagegen vom Sufismus übernahmen, war *batin*, der okkulte Aspekt des Islam, und damit wiederum näherten sie sich indirekt den einheimischen Religionen Afrikas an.

Wie alle Religionen hat auch der Islam eine umstrittene Glaubensrichtung hervorgebracht, die hinter seinen eigentlichen Lehren verborgene Bedeutungen zu erkennen meint. Im muslimischen Kontext betrifft diese Vorstellung vor allem die Worte des Koran, und ursprünglich stand sie mit Verschwörungen des Schiismus gegen das sunnitische Establishment in Verbindung. Mit dem Aufstieg des Sufismus stieß auch der Gegensatz zwischen *zahir* (sichtbarem) und *batin* (verborgenem religiösen Wissen) auf größere Akzeptanz. Er wurde von Muhammad ibn Yusuf al-Sanussi gelehrt, dem nordafrikanischen Theologen des 15. Jahrhunderts, der in erster Linie für sein maßgebendes und ultraorthodoxes muslimisches Credo bekannt ist.

Die Suwarianer widmeten dem Studium von *batin* schließlich weit mehr Energien als der formalen Lehre von Texten. Die Attraktivität eines solch okkulten Wissens liegt auf der Hand. Es verschaffte den Gelehrten sowohl Macht und Einkommensquellen nicht nur unter den Muslimen, sondern auch bei sehr viel breiteren Bevölkerungsschichten. Zur gängigsten Anwendung von *batin* gehört in der gesamten islamischen Welt auch die Manipulation und der magische Gebrauch heiliger Texte: Sie werden in Amulette mit ledernem Überzug eingenäht, durch die Zuordnung geheimer Zahlenwerte zu Buchstaben decodiert oder von geschriebenen Flächen zu trinkbaren Substanzen verflüssigt. In Westafrika schätzten Muslime wie Nicht-Muslime derlei Praktiken (und zahlten auch für sie). Bei einigen Spielarten von *batin* wurden sogar einheimische Pflanzen oder andere Substanzen genau so verwendet, wie es Heiler und Wahrsager indigener Gesellschaften zu tun pflegen.

Damit steht *batin* in enger Beziehung zum Synkretismus (die Vermischung des Islam mit anderen Religionen), den die Suwarianer in

Dieser Koran aus Nordnigeria enthält neben den schriftlichen Offenbarungen des Propheten Mohammed auch Illuminationen in der einzigen vom Islam gestatteten Form – abstrakte, nicht gegenständliche Zeichnungen. Allerdings werden in der volkstümlichen Religionsausübung sowohl der Text als auch die ihn begleitenden Muster zu magischen Zwecken verwendet.

ihrer Minderheitensituation normalerweise als große Bedrohung ansahen. Doch der Einfluss des von ihnen praktizierten *batin* hing auch unmittelbar damit zusammen, dass ihre Gemeinschaften sich sehr stark bemühten, transsaharische Kontakte zur Welt aufrechtzuerhalten und die Verbindung zur externen Orthodoxie nicht abreißen zu lassen. Die suwarischen Gelehrten mussten also Sprache und Inhalt der arabischen Bücher beherrschen, auf denen ihre *zahir*-Ausbildung basierte, und auch ihr sichtbares privates und öffentliches Verhalten nach den Vorschriften der Scharia ausrichten. Offener Synkretismus fand nur im Nebeneinander mit den Traditionalisten statt, die Elemente des Islam in ihre eigenen Glaubensvorstellungen und Rituale integrierten. Doch solche externen Konsumenten islamischer Gelehrsamkeit schätzten durchaus das andere Wissen, das sie neben den bereits verfügbaren Quellen in gleichem Maße vermittelt bekamen.

Die Welt der Gesellschaften in den Waldgebieten repräsentiert – in ökonomischer wie in religiöser Hinsicht – die äußeren Grenzen des transsaharischen Afrika. Doch das Paradox des suwarischen »orthodoxen Synkretismus«, der so bezeichnend ist für ein besonders distanziertes Verhältnis zum Mittelmeerraum, steht andererseits auch beispielhaft für einen Dialog zwischen dem Islam und regionalen Kulturen – ein Dialog, der sich über sämtliche Zonen des Transsahara-Handels erstreckt.

»Islamicate« Kultur

In dem Augenblick, als Sunjata, der legendäre Gründer des Mali-Reichs, seinem Erzrivalen um die Kontrolle des Westsudan gegenübertritt, beschwören die Griots die Kraft, die über das Schicksal ihres Helden entscheiden wird: »Nyama, nyama, nyama«, singen sie, »Nyama ist alles, aber nichts ist nyama.« Es ist nahezu unmöglich, genau zu erklären, was *nyama* eigentlich bedeutet – und diejenigen, die daran glauben, sollten es auch gar nicht erst versuchen. Ganz sicher aber ist es nichts, was in Büchern, die durch die Sahara transportiert wurden, erläutert würde. Genau wie Sunjata selbst – Sprössling der Verbindung zwischen einer Mutter, die sich in einen wilden Büffel verwandelt, und einem väterlichen Jägerkönig – kommt *nyama* aus der Tiefe des Buschs der Savanne, fern aller Marktstädte und Dörfer auf dem Lande, die irgendwie mit dem Wüstenhandel in Verbindung standen.

Dieselben Griots bezeichnen Legenden wie die von Sunjata allerdings auch als *tariku*, ein Begriff, der vom arabischen Wort für »Geschichte« abgeleitet ist. In der Erzählung reklamiert Sunjata eine Abstammung von Gefährten Mohammeds in Mekka für sich und bereitet sich auf sein sudanisches Schicksal vor, indem er aus seiner heimatlichen Waldsteppe nach Norden an den Rand der Wüste reist. Nachdem er dort mehr über den Islam erfahren hat, kehrt er nach Hause zurück, angetan mit muslimischen Gewändern, die er auch bei der Proklamation seines neuen Reichs trägt. Des Weiteren nennt sich Sunjata Nachfolger von Dhu al-Qarnayn, dem »Zweigehörnten«, ein Name, der im Koran für den hellenistischen Eroberer Alexander den Großen verwendet wird.

Das Sunjata-Epos liefert ein gutes Beispiel dafür, was angelsächsische Historiker als »islamicate« Kultur bezeichnen. Dieser Begriff mag unbeholfen sein, immerhin hilft er uns aber, Regionen zu verstehen, die vom Islam definiert, wenn auch nicht vollständig von ihm beherrscht werden. Solche Orte gab es allenthalben, sie erstreckten sich vom Vorderen Orient bis nach Zentral-, Süd- und Südostasien, bis nach Südosteuropa und in weite Teile Nord-, West- und Ostafrikas. Wie in anderen islamisch beeinflussten Gegenden gibt es auch im transsaharischen Afrika ein Nebeneinander unterschiedlicher Religionen und ethnischer Gruppen, die sich jeweils durch eine eigene Sprache, eigene soziale Organisation und eigene Ausdrucksformen auszeichnen. All diese Glaubenssysteme und kulturellen Identitäten hatten sich in der Region schon lange vor der Ankunft arabischer Immigranten und des Islam herausgebildet, aber man darf sie nicht einfach als fortbestehende Relikte einer früheren Geschichte interpretieren. Was selbst den traditionalistischsten unter ihnen einen islamisch geprägten Anstrich verleiht, sind die Transformationen, die sie in der Zeit des Transsahara-Handels durch einen ständigen Dialog mit dem Islam und seiner arabisch-mediterranen Kultur erfuhren.

Unmittelbar vor den arabischen Eroberungen des 7. Jahrhunderts war die nordafrikanische Bevölkerung zum großen Teil christlich, auch wenn viele Berber des Binnenlands Traditionalisten blieben, und im Maghreb hatte sich zudem eine nicht unbedeutende jüdische Gemeinschaft entwickelt. Das nordafrikanische Christentum überlebte die ersten 400 Jahre muslimischer Herrschaft als eine zunehmend marginalisierte Konfession und verschwand endgültig erst im 12. Jahrhundert durch die Verfolgung der Almohaden. Anhänger dieser Konfession fanden sich noch hier und dort, doch nur innerhalb kleiner Gruppen von Europäern, seien es Händler, Rekruten oder – ab dem 16. Jahrhundert – Gefangene, die der Piraterie zum Opfer gefallen waren. Auch der Traditionalismus zog sich an die Grenzen des inzwischen gründlich islamisierten Maghreb zurück. Einige Elemente früherer Religionspraktiken der Berber lebten noch in ländlichen Gegenden fort (oder standen zumindest in dem Verdacht, Rituale und Glaubensvorstellungen der Sufis zu beeinflussen). All die Sklaven, die massenhaft durch die Wüste transportiert wurden und sich in städtischen Gebieten konzentrierten, traten formal zum Islam über, doch praktizierten sie und ihre Nachfahren auch weiterhin sudanische Exorzismusrituale, die sich bis heute halten (und, nebenbei bemerkt, zahlreiche »weiße« Anhänger faszinieren).

Unter den vorislamischen Religionen Nordafrikas konnte sich nur das Judentum weiterhin entfalten. Nach der Reconquista der Iberischen Halbinsel durch die Christen im 15. Jahrhundert fanden Juden wie Muslime, die vor der intoleranten spanischen Monarchie flohen, in Nordafrika die Geborgenheit einer neuen Heimat. Dass sich jüdische Gemeinschaften in dieser Zeit nicht nur behaupten konnten, sondern sogar expandierten (im 19. Jahrhundert machten sie etwa zwei Prozent der Gesamtbevölkerung des Maghreb aus), änderte im Prinzip nichts am muslimischen Charakter der Region. Das islamische Recht gestattet Juden und Christen, ihren Glauben frei zu praktizieren, solange sie ihren untergeordneten Status als *dhimmis* (geschützte Menschen) akzeptieren. Zu manchen Zeiten und in manchen Gegenden gab es jedoch Muslime, die die Existenz der jüdischen Bevölkerung als einen Angriff auf die Prinzipien der Scharia betrachteten.

»Erhebt euch und erschlagt die Juden«, schrieb der Geistliche Muhammad al-Maghili Anfang der 1490er Jahre – eben jener Gelehrte, der auch sudanische Herrscher darin unterwies, wie nach den strengen islamischen Vorschriften zu regieren sei. »Sie sind nämlich unsere schlimmsten Feinde, die Mohammed ablehnen.«[1] Nicht von ungefähr richtete al-Maghili seine Diatriben ausgerechnet gegen jüdische Gemeinschaften im maghrebinischen Handelszentrum Twat am nordwestlichen Rand der Sahara, denn in der Geschichte des Wüstenhandels spielten die Juden eine herausragende Rolle. Was Fundamentalisten vom Schlage eines al-Maghili besonders erboste, war die große Bedeutung, die Juden bisweilen im wirtschaftlichen und politischen Leben des Maghreb erlangten, etwa ihre offizielle Ernennung zu Tujjar al-Sultan (Händler des Sultans) in Marokko. Am Transsahara-Handel waren Juden entlang der gesamten Wüstengrenze von Marokko bis Libyen beteiligt, was bis zu einem gewissen Grad – wie im Falle der ibaditischen Muslime – auch ihre Außenseiterrolle widerspiegelt, denn schließlich handelte es sich um ein riskantes Unternehmen. Doch andererseits profitierte diese spezielle Gruppe saharischer Händler sehr stark von ihren Verbindungen zu größeren jüdischen Netzwerken, die an der nordafrikanischen Küste, in Ägypten und jenseits des Mittelmeers bis nach Europa hinein bestanden. Immerhin war es ein spanisch-jüdischer Kartograph auf der Balearen-Insel Mallorca – Abraham Cresques –, der im 14. Jahrhundert die Karte der sudanischen Goldrouten mit der berühmten Abbildung Mansa Musas schuf.

Während die wohlhabendsten Juden Händler waren, gingen die meisten anderen Angehörigen der Gemeinschaft eher bescheidenen

Gewerben nach, wie der Metallgewinnung und Lederverarbeitung. Muslime in Nordafrika und im Sudan verachteten derlei handwerkliche Beschäftigungen als »unrein«, doch ergänzten sie die Position jüdischer Händler insofern, als sie ihnen die Durchführung transsaharischer Importe von Produkten wie Gold und Felle anvertrauten, ihnen vor allem aber die Kontrolle über den im 19. Jahrhundert boomenden Handel mit Straußenfedern überließen.

Die Geschichtswissenschaft ist sich nicht sicher, wie hoch der Anteil der jüdischen Händler war, die tatsächlich quer durch die Sahara in den Sudan reisten. Jüdische Gemeinschaften erstreckten sich fraglos bis nach Wadan und Walata im südwestlichen Teil der Wüste. Aus den umfangreichen Dokumenten aus der Hand ägyptischer Juden, die vom 11. bis zum 13. Jahrhundert Handel mit Nordafrika trieben, hat ein führender Historiker jedoch geschlossen, dass sie »aufgrund der Vorschriften ihrer Religion weder am Sabbat noch an Feiertagen reisen durften« und deshalb »Sendungen, sofern diese überhaupt auf einer Wüstenroute transportiert wurden, lieber muslimischen Geschäftsfreunden anvertrauten«.[2]

Vereinzelt gelangten Juden durchaus in den Sudan, und Berichten zufolge wurden Juden (zusammen mit ihren wahrscheinlich zahlreicheren muslimischen Geschäftspartnern aus Twat) zur Zeit al-Maghilis aus Timbuktu vertrieben. Doch es gibt keinen Beleg dafür, dass sich – abgesehen von einer Phase um die Mitte des 19. Jahrhunderts – eine praktizierende jüdische Gemeinschaft südlich der Sahara etabliert hätte. Typisch erscheint vielmehr das religiöse Verhalten zweier Juden, denen der britische Forschungsreisende Mungo Park 1796 am Mittellauf des Niger begegnete. »Diese Juden kommen in ihrer Kleidung und ihrem ganzen Aeußern den Arabern sehr nahe, aber sie sich gleich so weit zur mohamedanischen Religion bequemen, daß sie öffentlich Gebete aus dem Koran hersagen, werden sie doch von den Negern wenig geachtet«.[3]

In einer nordafrikanischen, vom Islam beherrschten Gesellschaft konnten Juden und andere nur dann leben, wenn sie zumindest das gesprochene Umgangsarabisch beherrschten. Für jeden, der sich eine höhere islamische Bildung aneignen wollte – sei es im Maghreb, in der Sahara oder im Sudan –, war die gründliche Kenntnis des klassischen Arabisch eine absolute Notwendigkeit. Somit wurde die arabische Grammatik zu einem der wichtigsten Stoffe im religiösen Lehrplan. Um ihre Beherrschung der heiligen Sprache weiter zu vertiefen, lasen die Studenten auch weltliche literarische Texte und entwickelten die Fähigkeit, über nicht-religiöse Themen auf Arabisch zu schreiben.

Selbst nicht-arabische Muslime, die über das reine Auswendiglernen von Koranstellen zu Gebetszwecken nie hinauskamen, wurden mit vielen arabischen Wörtern vertraut. Die wiederum fanden Eingang ins Vokabular ihrer jeweiligen Muttersprachen, wo sie nicht nur für religiöse Dinge verwendet wurden, sondern auch als Begriffe im Bereich der (mündlichen wie schriftlichen) Literatur, des Handels, der Politik und selbst der Verwandtschaftsbeziehungen. Ironischerweise bezeichnet sich eine der Berbergruppen im heutigen Algerien, die ihre Sprache höchst militant gegen die erzwungene Arabisierung verteidigt, als Kabylen – ein Begriff, der auf das arabische Wort für »Stämme« zurückgeht.

Im Laufe der Jahrhunderte, in denen muslimische Händler zunehmend die Sahara durchquerten, wurden die Städte Nordafrikas zu wichtigen Zentren arabischer Gelehrsamkeit. Viele maghrebinische Autoren richteten sich an die islamische Welt insgesamt und nicht an Afrika im Speziellen. Zu ihnen gehören die bedeutenden Rechtsgelehrten und Theologen aus Kairouan, Fez und anderen Orten. Von noch größerem Interesse ist Abul-Walid Ibn Rushd (1126–1198), der zur Zeit des Almohaden-Reichs in Spanien und Marokko lebte. Im Gegensatz zu den allgemeinen Trends islamischen Denkens seiner Zeit trat er für das Studium griechischer Philosophen wie Aristoteles ein. Insofern überrascht es nicht, dass seine Werke damals vor allem von Christen gelesen wurden, weshalb er auch besser unter seinem europäischen Namen Averroës bekannt ist.

Eine der Wissenschaften, denen sich Gelehrte in der gesamten islamischen Welt mit großem Enthusiasmus widmeten, war die Geographie. Unter diesem Oberbegriff verfassten sie zahlreiche Schriften zur Geschichte, Wirtschaft und Gesellschaft der saharischen wie sudanischen Völker. Doch nur die wenigsten dieser Autoren – mit Ausnahme des Marokkaners Ibn Battuta (1304–1368) – verließen tatsächlich die Mittelmeerküste, um ins Innere des Kontinents zu reisen. Diese Einschränkung gilt auch für den in Tunesien geborenen Denker Abd al-Rahman Ibn Khaldun (1332–1406), dessen Werk weit über die reine Beschreibung des transsaharischen Afrika hinausgeht und eine Disziplin berührt, die wir heute als Gesellschaftswissenschaft bezeichnen würden.

Die größte Bekanntheit verdankt Ibn Khaldun seiner *Muqaddimah* (Einleitung), in der er, ausgehend von den Konflikten zwischen nomadischen Wüstengemeinschaften und den eher zivilisierten Bevölkerungen der Städte und Agrargebiete, eine eigene Geschichtstheorie entfaltet. In seinem nachfolgenden *Kitab al-Ibar* (Buch der Beispiele) versucht er, diese Theorie auf die (so der vollständige Titel) »Anfänge und Ereignisse aus den Tagen der Araber, Perser und Berber und denen ihrer Zeitgenossen, die große Macht besaßen«, anzuwenden. Dieses zweite, weniger systematische Buch wurde nur auszugsweise in europäische Sprachen übersetzt. Hier versucht Ibn Khaldun, die zahlreichen Spaltungen innerhalb der Berber-Gesellschaft dadurch zu erklären, dass er ihre wichtigsten Sprachgruppen (Sanhadscha und Zanata) anhand des Antagonismus zwischen Nomadentum und Sesshaftigkeit klassifiziert; doch derart eindeutige Muster sind kaum geeignet, der komplexen Realität der maghrebinischen und saharischen Kultur gerecht zu werden. Der eigentliche Wert seiner historischen Darstellung beruht auf den vielfältigen Informationen über spezifische Völker und Reiche der Sahara und des Sudan, die er in seinen ausführlichen Unterhaltungen mit diversen Gesprächspartnern sammelte – Händler, die in den Süden gereist waren, Pilger auf dem Weg nach Norden und arabische Stämme aus dem Hinterland des Maghreb.

Innerhalb des Sudan war die Fähigkeit des Lesens und Schreibens nicht sehr verbreitet, doch an Orten wie etwa den Moscheen von Timbuktu gab es genügend Gelehrte, die nicht nur Arabisch studierten, sondern auch wichtige Bücher aus dem Mittelmeerraum kopierten und viele eigene Werke verfassten. Die allermeisten dieser Texte behandeln religiöse und rechtliche Fragen, es gibt aber auch weltliche Schriften wie biographische Wörterbücher oder historische Chroniken. Gegenstand der Biographien sind meist andere Gelehrte: Darin verzeichnet sind die Attribute ihrer Frömmigkeit, ihre Lehrer und Schüler, die Bücher, nach denen sie jeweils studiert und gelehrt haben, sowie ihre Schriften. Wenn diese Werke sich großenteils wie akademische Zusammenfassungen ausnehmen, so deshalb, weil sie sich ausschließlich an solchen Dokumenten orientieren (im Arabischen als *ijaza* bezeichnet), die sämtlichen Angehörigen der Ulema als Nachweis ihrer Lehrbefähigung dienten.

Die Chroniken erweitern diese Perspektive allenfalls insofern, als sie neben den Gelehrten-Biographien auch Berichte über Herrscher enthalten. Wertvoll bleiben sie dennoch, weil sie Geschehnisse in Regionen dokumentieren, in denen niemand sonst so ausführlich über Geschichte schrieb. Das bedeutendste dieser Werke, *Tarik al-Sudan* (Geschichte des Sudan), das der muslimische Gelehrte Abd-el-Rahman al-Sadi im 17. Jahrhundert in Timbuktu verfasste, liefert eine detaillierte Darstellung des Songhai-Reichs. Die meisten dieser Informationen kommen in einer trockenen, nahezu unbeholfenen arabischen Prosa daher, der kaum literarische Qualität attestiert werden kann und die nichts von der Dynamik der mündlichen Traditionen erahnen lässt, aus denen sie sich offenbar zum großen Teil speist. An manchen Stellen jedoch – insbesondere dort, wo es um die dramatischen Ereignisse im Zusammenhang mit der marokkanischen Eroberung Songhais geht – wird aus der Prosa ein lebendiger Dialog. Besonders interessant ist, dass der muslimische Gelehrte al-Sadi die heldenhafteste Rolle in dieser Geschichte ausgerechnet dem Hi-Koï Laha zuschreibt, einem Beamten am Hof von Songhai, der die traditionellen Fischer vom Niger repräsentierte. Als der marokkanische Befehlshaber den bereits geschlagenen Songhai-Herrscher zu einem Treffen bestellt, das sich als Falle erweisen sollte, überreden ihn die islamischen Berater des Hofs, der Aufforderung nachzukommen, unter ihnen auch der kluge und umsichtige Hi-Koï Laha, der zu seinem Herrn sagt: »Ich traue diesen Leuten nicht. Wenn Ihr absolut entschlossen seid, Euch zum Pascha zu begeben, dann solltet Ihr uns einzeln, einen nach dem anderen, hinschicken. So Ihr es wünscht, werde ich als Erster gehen. Werde ich getötet, so wird Euch übrigen nichts geschehen, und ich werde gewissermaßen Euer Lösegeld gewesen sein.«[4]

Andere arabische Werke dieser Art lassen sich unmittelbarer von den darstellerischen Fähigkeiten sudanischer Barden inspirieren, deren wichtigste Aufgabe es war (und noch immer ist), die Genealogien lokaler Herrscher zu rezitieren und die Heldentaten ihrer jeweiligen Regentschaft zu besingen. Das älteste und ausführlichste Dokument dieser Art ist der *diwan* (Sammlung, Chronik) der Könige von Kanem-Bornu, der die Regierungszeiten von siebenundsechzig Königen vom 9. bis zum 19. Jahrhundert umfasst. Niedergeschrieben wurde er erstmals im 13. Jahrhundert, und auch hier bleibt die Prosa ziemlich fad – viele Berichte erschöpfen sich in Absätzen à la: »Als Nächstes kam Sultan Ibrahim, Sohn des Sayf. Seine Mutter war Aisha, Tochter des Karim.

Seine Herrschaft währte sechzehn Jahre.« Doch einige Biographien enthalten auch Details, die lebendiger und aufschlussreicher sind, etwa die Geschichte des Sultans Dunama (1086–1140), dessen drei Pilgerreisen den Ägyptern so viel Sorge bereiteten, dass sie auf das Schiff, das ihn von Mekka zurückbrachte, einen Sabotageanschlag verübten und er »mit seinen weißen Gewändern im Meer versank [...], im Meer des Propheten Moses«.[5]

Man hätte erwarten können, dass diese Geschichte mit arabischen Schriftzeichen in Kanuri verfasst worden wäre, der gemeinsamen Sprache des sehr mächtigen und dauerhaften Reichs von Kanem-Bornu, in der zweifellos auch die ersten königlichen Genealogien rezitiert wurden. Doch die Kanuri-Schrift diente nur zum Elementarunterricht des Koran-Studiums, während das Arabische in diesem Teil der Sahara und des Sudan die formale Sprache zum Lesen und Schreiben blieb.

Ein anschaulicheres Beispiel dafür, wie mündlich tradierte Literatur des Sudan in arabische Texte übersetzt wurde, bietet die »Kano-Chronik« Nordnigerias. Diese Geschichte wurde ursprünglich von einem anonymen Verfasser im späten 19. Jahrhundert aufgezeichnet, der nur eine beschränkte islamische Bildung, dafür aber gründliche Kenntnisse der Hausa-Kultur besaß. Auch hier handelt es sich um eine lange Aufzählung von Königen – insgesamt achtundvierzig –, deren dynastischer Stammbaum bis ins 11. Jahrhundert zurückreicht. Doch in diesem Falle sind die Berichte über die verschiedenen Monarchen und ihre wichtigsten Getreuen mit wörtlichen *Kirarai*-Zitaten durchsetzt, die den Namen des Betreffenden auf poetische Weise lobpreisen. Ein Hofbeamter des 17. Jahrhunderts erhält zum Beispiel die schmückenden Attribute »Männlicher Elefantenherr der Stadt, Abdullah, wie ein Nilpferdbulle / Schmied von Ketten und Bogen für den Fremden«.[6]

Passagen wie diese verdeutlichen, wie die arabische Schrift dazu dienen konnte, eingeborene Traditionen aufzuzeichnen, die für den Islam nicht nur irrelevant, sondern sogar gegen ihn gerichtet waren. Die Bezeichnung eines Herrschers als Elefant bringt ihn mit einem als unrein geltenden Tier in Verbindung und weist zugleich darauf hin, dass sudanische Helden (wie Sunjata und seine Büffel-Mutter) ihre Macht aus den spirituellen Kräften der einheimischen Umgebung bezogen und diese nicht von einem transzendenten universellen Gott verliehen bekamen. Daher überrascht es kaum, dass die Transkription einer solchen mündlich tradierten Literatur von islamischen Gelehrten nie gefördert wurde und in der vorkolonialen Zeit auch höchst selten vorkam.

Als arabische Stammesangehörige im 7. Jahrhundert in die mediterrane und iranische Welt eindrangen, brachten sie nicht nur die literarische Kultur der muslimischen Ulema mit, sondern auch eine sehr vitale Tradition weltlicher, mündlich weitergegebener Poesie. Die daraus resultierenden Texte studierten sie aus zweierlei Gründen: Einerseits dienten sie ihnen als Grundlage, um die Worte des Koran zu verstehen, andererseits wollten sie mit ihnen eine offizielle Version der arabischen Sprache und ihrer literarischen Formen schaffen. Mündliche Poesie dieser Art verbreitete sich auch weiterhin unter den arabischen Beduinen, etwa bei den Hilali-Stämmen, die im 11. Jahrhundert in den Maghreb einwanderten. Solche Dichtung entsprach nicht den etablierten Regeln literarischer Komposition oder Grammatik, die im Arabischen galten, und war für Außenstehende auch nur schwer zu verstehen. Selbst Ibn Khaldun, einer der wenigen Intellektuellen, der diese Dichtung nicht nur respektierte, sondern sogar sammelte, lässt den Text eines Gedichts »über die Reise der Hilali in den Maghreb« mit folgenden kryptischen Zeilen beginnen: »Was für einen guten Freund habe ich in ibn Hisham! (Aber) welche Männer vor mir haben gute Freunde verloren!«[7]

Ab Beginn des 15. Jahrhunderts wurde die arabische Beduinen-Literatur auch unter der städtischen und der sesshaften Agrarbevölkerung immer beliebter und diente zur Unterhaltung in Kaffeehäusern sowie bei besonderen Anlässen wie Hochzeiten oder Empfängen in wohlhabenderen Kreisen. Im Unterschied zu den Wüsten-Barden konnten die Vortragenden hier natürlich nicht davon ausgehen, dass ihr Publikum den Hintergrund und die Details der von ihnen besungenen militärischen und amourösen Abenteuer kannte. Deshalb machten sie aus den ursprünglichen Gedichten längere und leichter verständliche Erzählungen, die sogenannten *sira* (Epen). Diese Texte, eine Mischung aus Poesie und Prosa, verbreiteten sich schließlich in unterschiedlichen schriftlichen wie auch mündlichen Versionen.

Die arabischen Epen schöpfen aus vielen Quellen der Literatur und Folklore, im Mittelpunkt aber stehen hier immer Figuren aus dem vorislamischen Arabien, die oft gewisse Beziehungen zu Afrika haben. Zu diesen Helden gehört Antar, ein berühmter Dichter aus jener Zeit,

Diese serienmäßig produzierte Lithographie des 20. Jahrhunderts zeigt Abu Zayd, den Helden der arabischen Hilali-Streitmacht, die im 11. Jahrhundert nach Nordafrika vorstieß und al-Haras besiegte, den Anführer eines lokalen Berberstamms. Den meisten Muslimen sind solche Szenen aus dem volkstümlichen Epos Sirat Abu Zayd Al Hilali *vertraut, das die Wanderung der Hilali schildert – ein entscheidendes Ereignis in der Geschichte des transsaharischen Afrika.*

der als Sohn einer Schwarzen geboren wurde. Eines der populärsten Epen geht unmittelbar auf die Berichte der Hilali über ihre Taghriba (westliche Bewegung) nach und durch Nordafrika zurück. Abu Zayd, der wichtigste Protagonist dieser Erzählungen, ist ebenfalls schwarz (obwohl ausdrücklich nicht afrikanischer Herkunft), und oft sind es rassistische Beleidigungen, die ihn zu seinen Taten provozieren: »O schwarzer Sklave (*abid*), du gemeiner Kerl, du ekelhafter Hund.«[8]

Das *Sirat Abu Zayd Al Hilali* fand in der gesamten islamischen Welt Verbreitung (mein Zahnarzt in Chicago hatte es in seiner Kindheit in Südindien als Comic-Buch gelesen). Im Maghreb gehört es zu einem Kreis von Themen, die am häufigsten in der populären Form der Hinterglasmalerei dargestellt werden. Von Ägypten aus gelangte es auch in die südöstliche Sahara und in den Sudan, wo diese Heldenepen bei den Shuwa-Arabern von Bornu rezitiert werden. Es läge nahe, die Entstehung mündlicher Epen in den islamisch geprägten Kulturen des Westsudan auf solche früheren arabischen Dichtungen zurückzuführen. Doch die Bani-Halil-Erzählung gehört nicht zum reichen literarischen Repertoire jener Araber, die Kontakt zu dieser Region hatten, nämlich der Hassani aus Mauretanien, die sogar mit den ursprünglichen Hilali-Eroberern Nordafrikas verwandt sind.

Das Schreiben nicht-arabischer Sprachen im arabischen Alphabet ist in der gesamten islamischen Welt unter der Bezeichnung *ajami* verbreitet. Diese Form der Schriftlichkeit entwickelte sich in vielen Teilen Asiens, Afrikas und sogar Südosteuropas. Auch die wichtigsten indigenen Sprachen des transsaharischen Afrika bilden dabei keine Ausnahme: Alle wurden zu irgendeinem Zeitpunkt in Ajami geschrieben. Größtenteils diente eine solche Fähigkeit des Lesens und Schreibens – so etwa beim Kanuri in Kanem-Bornu – lediglich als Hilfsmittel zum Erlernen arabischer Texte. In manchen Fällen jedoch – und dies gilt vor allem für Berberisch, Fulfulde (Fulani) und Hausa – begründete das Ajami eine echte, wenn auch beschränkte literarische Tradition.

Unter den afrikanischen Sprachen dieser Region hatte das Berberische die größte Verbreitung, es wurde als Erstes geschrieben, war zugleich aber auch am wenigsten einheitlich. Heutzutage wird das Berberische korrekt als eine Familie von Sprachen bezeichnet, die von verschiedenen Menschen gesprochen werden, welche sich untereinander nicht ohne weiteres verständigen können. Dieselbe Situation bestand vermutlich auch schon, ehe Nordafrika im 9. Jahrhundert vor unserer Zeitrechnung in ein größeres mediterranes Netzwerk integriert wurde. Zur Zeit der phönizischen und römischen Kolonisation bildeten die Berber jedoch ihre eigenen Staaten und entwickelten ein einheimisches System der Schriftlichkeit. Es ist sehr gut möglich, dass diese Prozesse letztlich zur Herausbildung eines standardisierten Berber-Dialekts und einer kulturellen Identität führten, doch wurde die Region von anderen Kräften dominiert, und die heutige Wissenschaft ist nicht in der Lage, diese alten nordafrikanischen Inschriften, die als »libysch-berberisch« bezeichnet werden, mit irgendeiner bekannten Sprache in Zusammenhang zu bringen.

Die Wirkung, die das Auftauchen des Islam auf die Berber-Kultur hatte, war gemischt. In den frühen muslimischen Jahrhunderten, als verschiedene Versionen des Islam wie der Charidschismus der Ibaditen, der Schiismus und die malikitische Orthodoxie der Almoraviden um die Loyalität nordafrikanischer und saharischer Gemeinschaften konkurrierten, wurde die arabische Schrift dazu genutzt, sehr viel religiöse Literatur in Berber-Sprachen zu produzieren. Diese Praxis verbreitete sich sogar in Spanien, wo die einfallenden muslimischen Armeen hauptsächlich aus Berbern bestanden. Doch unter den Bewohnern der Küstenstädte, die zuvor Christen gewesen waren und Latein sprachen, avancierte das Arabische sehr bald zum wichtigsten Kommunikationsmedium. Mit der Wanderungsbewegung arabischer Hilali-Stämme, die vom 11. bis zum 15. Jahrhundert durch den Maghreb in die Sahara zogen, wurde das Arabische auch zur Sprache des von Nomaden bevölkerten Hinterlands, inklusive der westlichen Sahara. Innerhalb Nordafrikas überlebte das Berberische nur in den geschützten Gebirgszonen Algeriens (Kabylei), dem weiteren Hinterland des marokkanischen Atlas sowie in einigen Oasengemeinschaften am Wüstenrand. Eine Schriftlichkeit des Berberischen in Form von Ajami hielt sich in Marokko – wenn auch nur mit beschränkter Verbreitung – noch bis zur Errichtung des französischen Protektorats im 20. Jahrhundert.

Am nachhaltigsten konnte sich die Berber-Kultur unter den Tuareg der Zentralsahara behaupten. Diese Kamelnomaden behielten auch das Tifinagh bei, ein alphabetisches Schreibsystem, das demjenigen der vorislamischen Inschriften ähnelt. Heutige Verfechter einer wiederbelebten Berber-Identität plädieren für ein »Neo-Tifinagh« (eine Mischung aus Tuareg-Tifinagh und der alten libysch-berberischen Schrift), das nach ihren Vorstellungen das arabische und lateinische Alphabet komplett ersetzen soll. Man kann es inzwischen aus dem Internet herunterladen, und es wird auch – zusätzlich zum Arabischen – an marokkanischen Schulen unterrichtet. Bei den Tuareg wurde dieses Schreibsystem allerdings nur sehr begrenzt und zwar hauptsächlich von Frauen verwendet. Aristokratische Mütter brachten es ihren Kindern bei und benutzten es zur Dekoration wertvoller Gegenstände, etwa für die Waffen und Ausrüstungen ihrer Männer. Außerhalb der Privatsphäre nutzte man das Tifinagh weitgehend für Graffiti, die in den Sand oder auf Steinflächen geschrieben wurden, sei es um Vorbeireisende auf bestimmte Landschaftsmerkmale aufmerksam zu machen oder zur Übermittlung von Liebesbotschaften.

Unter muslimischen Gelehrten der Tuareg galt das Tifinagh als profan, ja als verweiblicht, weshalb sie sich stärker an die arabische Schrift hielten als ihre Kollegen südlich der Sahara, die keine vorislamische Schreibtradition kannten. Die vielfältige weltliche Literatur, die dieses Wüstenvolk hervorbrachte, blieb rein mündlicher Natur. Zu ihr zählen sowohl Poesie als auch Geschichten über Kulturgrößen, deren Namen bisweilen von den Figuren der arabischen Literatur vorislamischer Zeiten abgeleitet sind. Doch die Tuareg machten aus diesen Erzählungen nie ein formales Genre, das sich als episch bezeichnen ließe.

In der sudanischen Zone – wie im größten Teil des subsaharischen Afrika – existiert eine außerordentliche Sprachenvielfalt. Doch seit der Zeit des Transsahara-Handels folgte die Verwendung von Sprache einem komplexen Muster, in dem sich die lokalen und globalen Dimensionen der Region verbinden, und daran hat sich bis heute nichts geändert. Für diejenigen, die engeren Kontakt zur Außenwelt hatten, gab es immer eine »offizielle« Sprache: Arabisch in der vorkolonialen Ära, Englisch oder Französisch in kolonialen und postkolonialen Zeiten. In Dörfern auf dem Lande oder in Lagern von Viehhirten und in den Haushalten städtischer Bezirke besteht nach wie vor eine große Vielfalt von »Muttersprachen« beziehungsweise von Dialekten der Hauptsprachen, deren Sprecher sich untereinander aber nicht verstehen. Daneben gibt es eine sehr viel kleinere Zahl indigener Sprachen, die sich in verschiedenen Bereichen des regionalen Geschäftslebens als Linguae francae eingebürgert haben. In den sudanischen Regionen der Vorkolonialzeit waren es vier Sprachen, die diesen Status erlangten: Mande, Fulfulde, Hausa und Kanuri. Auf ihre jeweils eigene Weise ermöglichten sie den Menschen, sofern sie nicht muslimische Gelehrte waren, an der gemeinsamen Kultur des transsaharischen Afrika zu partizipieren und sie zu bereichern.

Als erste der sudanischen Sprachen wurde Mande im transsaharischen Geschäftsleben verwendet. Die Mande-Völker sind im Westsudan beheimatet, der nordafrikanische Kamelkarawanen wegen des Goldhandels anlockte und von wo aus lokale Händler zu den Quellen dieses Edelmetalls reisten. Der Begriff »Mande«, so wie er heute offiziell verwendet wird, bezeichnet nicht eine bestimmte Sprache, sondern eine Familie miteinander verwandter Sprachen. Innerhalb dieser Gruppe können sich die Sprecher der drei am meisten verbreiteten Sprachen gegenseitig verstehen: Bambara (in Zentralmali), Malinke (in Südmali und in Nordguinea) und Dyula (in Burkina Faso und der Elfenbeinküste). Eigentlich können sie als Dialekte einer Sprache gelten. Eine etwas entferntere Mande-Sprache ist Soninke, das im Reich von Ghana und von den ersten Händlergruppen benutzt wurde, die vom Wüstenrand her zu den Goldfeldern reisten. Nachdem die politische Herrschaft Ghanas auf diejenige Malis übergegangen war, wurde Malinke (in manchen Gegenden nach dem Mande-Begriff Juula = »Händler« auch Dyula genannt) zur Sprache der wichtigsten Händler-Netzwerke in dieser Region.

Mande ist nicht nur eine Sprache, sondern auch eine Kultur mit eigenen sozialen Praktiken, unter denen insbesondere eine Art Kastensystem hervorsticht. In der Mande-Gesellschaft werden gewisse handwerkliche Fähigkeiten – Schmiedekunst, Lederarbeiten sowie die öffentliche Darbietung von Musik, Poesie und Erzählkunst – ausschließlich innerhalb bestimmter Familien von Generation zu Generation weitergegeben. Diese miteinander verwandten Gruppen nennen sich *nyamakalaw* (Menschen mit einer unmittelbaren Verbindung zur mächtigen und gefährlichen Kraft *nyama*). Der Begriff »Kaste« ist vielleicht insofern etwas irreführend, als er ein südasiatisches System der Hierarchie und Ausschließung bezeichnet, das sehr viel differenzierter ist als das der Mande. In dieser Kultur bedeutet es einfach nur, dass Personen, die ein solches Handwerk ausüben, keine Mischehen mit normalen Bürgern eingehen und nie wichtige politische Ämter bekleiden dürfen. Doch ebenso wie die Sklaven bewegten sich auch die *nyamakalaw* im Umfeld von Menschen in hohen gesellschaftlichen Positionen, und oft hatten sie mehr Macht als normale Ackerbauern.

Dieser Sonderstatus von Handwerkern ist vor allem bei den Mande-Völker entwickelt, findet sich aber auch in vielen anderen Gemeinschaften des Sudan und der Sahara, etwa bei den Tuareg, den Fulani und den Hassani-Arabern Mauretaniens. Jenseits dieser gesamten Region – und sogar über den afrikanischen Kontinent hinaus – ist es durchaus üblich, dass Gewerbe wie Metallbearbeitung, Gerberei und öffentliche Unterhaltung bestimmten Gruppen von »Außenseitern« zugeordnet werden. In Europa wurden solche Rollen oft mit Zigeunern und Juden in Verbindung gebracht. Juden beherrschten auch diverse handwerkliche Gewerbe in Nordafrika und der Sahara. Die Namen und mündlichen Traditionen mancher Kastengruppen im Sudan könnten auch auf jüdische Verbindungen hinweisen, allerdings lässt sich nur schwer beurteilen, ob solche Statusbezeichnungen auf eine transsaharische Quelle zurückgehen oder ob sich darin nur ein ideologisches Bemühen spiegelt – wie in vielen anderen sudanischen Ursprungsmythen –, die einheimische Gesellschaft enger mit der mediterranen Kultur zu verzahnen.

Aus islamischer Perspektive fallen sämtliche Glaubensvorstellungen und Praktiken der sudanischen »Kasten«-Systeme unter die Kategorie des »Heidentums«. Dennoch waren es gerade diese Systeme, die den sudanischen Völkern erlaubten, sich so problemlos auf eine islamische Präsenz in ihrer Mitte einzustellen. Vor allem die Gelehrten und Geistlichen der Ulema konnten als eine Variante der *nyamakalaw* betrachtet werden, da auch sie einen »professionellen« Zugang zu jenen unsichtbaren Kräften hatten, der sie von »normalen« Menschen unterschied. Zugleich gab es bestimmte Elemente der Mande-Kultur, die auf scheinbar paradoxe Weise mit dem Islam gleichgesetzt wurden. So soll etwa der *komo*, eine einflussreiche, geheime Kultgesellschaft unter dem Vorsitz von Schmieden der *nyamakalaw*, nach dem Glauben der Einheimischen in Mekka entstanden sein.

Wenn die Mande – ebenso wie die Kanuri aus Bornu – das arabische Alphabet kaum als Mittel des literarischen Ausdrucks verwendeten, so wahrscheinlich deshalb, weil sie die ersten und am meisten verstreuten muslimischen Konvertiten in Westafrika waren. Viele Mande-Sprecher können heute ihre eigene Sprache in Ajami schreiben. Studierende an islamischen Schulen machten von dieser Fähigkeit immer wieder Gebrauch, um ihre Übertragungen arabischer Texte oder Anweisungen zum Herstellen von Amuletten und zur Wahrsagerei schriftlich zu fixieren. Auch manche Mande-Chroniken muslimischer Städte wurden in Ajami verfasst, wobei die meisten dieser Texte nicht viel mehr sind als abgekürzte Namenlisten. Die sorgfältiger ausgearbeiteten Genealogien von Geistesgrößen konzentrieren sich dagegen auf die Gelehrsamkeit der wichtigsten Figuren; um diesen Punkt zu betonen (und sich von den traditionalistischen Bevölkerungen abzusetzen, unter denen solche Vorfahren oft lebten), wurden sie fast ausschließlich in arabischer Schrift aufgezeichnet. Eine entwickeltere sudanische Ajami-Literatur entstand aus den Dschihads des 18. und 19. Jahrhunderts, in denen Herrscher und Geistliche der Mande öfter als Ziele denn als Anführer dienten.

Die bedeutendsten literarischen Hervorbringungen der Mande-Kultur wie das Sunjata-Epos wurden eher mündlich verbreitet als in schriftlicher Form fixiert. Die für diese Produktionen in Wort und Musik verantwortlichen Barden bilden eine der Handwerkskasten in der Mande-Gesellschaft und werden heute allgemein als »Griots« bezeichnet (ein Wort, dessen Herkunft vage bleibt). Doch bereits der arabische Reisende Ibn Battuta, der im 14. Jahrhundert nach Mali kam, erwähnte sie mit ihrem Mande-Namen *jali* (oder *jeli*) und erfuhr zudem, dass der Brauch ihres Auftretens am königlichen Hof »sehr alt ist, schon vor der Übernahme des Islam bestand und daß sie an ihm festgehalten haben«.[9]

Der musikalische Aspekt der Griot-Darbietungen verdankt sich zum Teil vielleicht transsaharischen Einflüssen. Zwei ihrer Hauptinstrumente ähneln solchen, die auch aus dem Mittelmeerraum bekannt sind: die *Kora*, eine Harfenlaute mit einundzwanzig oder mehr Saiten, und die *Koni*, eine Langhalslaute, die wie eine Gitarre gezupft wird. Frühere und bessere Belege solcher Instrumente fanden Historiker in Ägypten und Nordafrika, was jedoch nicht beweist, dass sie sich von dort aus bis in den Sudan verbreitet hätten. Auf jeden Fall werden *Kora* wie *Koni* von den Griots mithilfe einheimischer Materialien wie Kalebassen und Kuhhäuten selbst hergestellt. Die *Koni* gelangte offenbar im Zuge des europäischen Sklavenhandels über den Atlantik und ist möglicherweise ein Vorläufer des amerikanischen Banjos.

Viele Griots sind, zumindest heute, fromme und gebildete Muslime, und eine Untergruppe von ihnen widmet sich der Darbietung islamischer Texte. Ihr Hauptthema bleiben jedoch Familiengeschichten einflussreicher Männer, was übrigens auch für ihre Kollegen unter den Hausa gilt. Von den jeweiligen Auftraggebern erhalten die Griots ihrerseits Geld und andere wertvolle Geschenke. Ihre panegyrische Preisdichtung gehört zu den entwickeltsten Formen mündlich tradierter Literatur in ganz Afrika. Aus der Verbindung von Sprache und musikalischen Techniken entstehen bei den Mande – ebenso wie bei anderen Völkern wie den südafrikanischen Xhosa und Zulu – außerordentlich reiche und komplexe Werke. Die Aufführenden erzählen jedoch keine Geschichten aus der Vergangenheit, sondern arbeiten vielmehr mit Metaphern und Anspielungen; sie können davon ausgehen, dass ihr Publikum – genau wie die Zuhörer arabischer Beduinen-Poesie – die Ereignisse, die erzählt werden, bereits kennt und dass es, im Fall

Die Kora, deren zahlreiche Saiten über einer großen halbierten Kalebasse schwingen, ist das wichtigste Musikinstrument der Griots, der traditionellen Barden der Mande-Kultur im westsudanischen Afrika. Die Griots haben vielfältige Funktionen: Sie besingen ihre Gönner, geben epische Erzählungen aus der regionalen Geschichte zum Besten und agieren als Vermittler bei lokalen Streitigkeiten.

der Mande, die gepriesenen Personen oder Genealogien normalerweise einfach anhand der Melodie identifiziert, die die Worte begleitet.

Was Ibn Battuta beschreibt, hat eindeutig panegyrischen Charakter: »Dies ist der ›bambī‹ [Thron], auf dem ein gewisser König sitzt, der diese oder jene gewaltigen Taten vollbracht hat, oder der und der, der große Werke getan hat. Vollbringe auch du viel Gutes, von dem man nach dir spricht.«[10] Etwa zu Beginn des 18. Jahrhunderts erweiterten die Griots ihr Repertoire um ein neues Genre: das Epos. Zu jener Zeit waren auch die letzten Spuren des Mali-Reichs verschwunden, und so entstand möglicherweise eine Situation, in der Anspielungen in der Preisdichtung fast unverständlich wurden. Einer der einheimischen Begriffe, der die Funktion des Epos bezeichnet – *maana* –, stammt aus dem Arabischen und ist mit dem Wort verwandt, das zur Erklärung schwieriger Texte in islamischen Religionsstudien benutzt wird. Mande-Griots verwenden ihn heute im Zusammenhang mit der epischen Erzählung, die als »Erklärung« für schwer verständliche Preisdichtung definiert wird.

Die Mande-Kultur hat also eine wenn auch nur indirekte, so doch eindeutige Verbindung zu transsaharischen Einflüssen. Die Fulani hingegen entwickelten zwei Formen von Literatur, die sich stärker am arabischen Modell orientierten: eine schriftliche, die nicht nur das arabische Alphabet, sondern auch den Islam übernahm, und eine mündliche, die vorislamischen Werten verhaftet blieb. Die Fulani integrierten sich erst spät in die transsaharische Kultur, spielten dann aber in den islamischen Reformbewegungen und Dschihads des 18. und 19. Jahrhunderts eine beherrschende Rolle. Diese religiösen Bemühungen der Fulani waren ausschlaggebend dafür, dass sich sowohl das Fulfulde-Ajami entwickeln konnte als später auch unter den Hausa-Gemeinschaften, die von muslimischen Fulani-Kriegern erobert wurden, eine einheimische Poesie in Schriftform. Andererseits entstanden mündlich tradierte Fulfulde-Epen unabhängig von der Verbreitung islamischer Lehren bei den Fulani und möglicherweise sogar in Opposition zu ihnen.

Sowohl von ihrer geographischen Lage als auch von ihrer ethnischen Identität her haben die Fulani eine größere Nähe zur Sahara als andere sudanische Völker. Sie sind Viehhirten, die vor allem im Sahel leben – dem südlichen Rand der Sahara. Im Laufe ihrer Geschichte wanderten die Fulani von West nach Ost und durchquerten dabei den gesamten Sudan. Jedes Jahr zur Trockenzeit treiben örtliche Hirten ihre Herden südwärts in die Agrargebiete der Mande und Hausa. In einem Fall, der für die literarische Entwicklung sehr bedeutsam wurde, siedelten sich die Fulani dauerhaft im Süden an, nämlich im Hochland von Futa Jallon in Zentralguinea. Die Fulani sind zwar dunkelhäutig, bleiben sich aber der Tatsache bewusst, dass ihre Gesichtszüge denen der Berber ähneln, von denen sie höchstwahrscheinlich abstammen. Ihre Sprache gehört jedoch zur selben großen Niger-Kongo-Familie wie Mande. Als ländliche Hirten ohne Kamele spielten die Fulani weder im frühen Transsahara-Handel noch in der städtischen Kultur, die er hervorbrachte, irgendeine nennenswerte Rolle.

Der erweiterte sudanische Handel, der sich nach 1500 im Zuge der europäischen Seefahrt zur westafrikanischen Küste entwickelte, eröffnete einigen Fulani neue Möglichkeiten des Zugangs zu Marktwirtschaften; auch wurden sie in Städten sesshaft, wo sie sich ernsthaft dem Studium und der Praxis des Islam widmeten. Die Fulani unternahmen alles, um den neuen Glauben zu lehren und politische Unterstützung für ihre Religionskriege gegen etablierte Mande- und Hausa-Herrscher zu gewinnen, und zu diesem Behufe begannen sie auch, muslimische Texte in ihre eigene Sprache zu übersetzen. Dies geschah zunächst nur in mündlicher Form. Wie man weiß, wurde eine Fulfulde-Version eines muslimischen Schlüsseltexts aus dem Nordafrika des 15. Jahrhunderts – das Credo des Yusuf al-Sanussi – bereits im späten 17. Jahrhundert von Fulani-Ulema rezitiert. Geschrieben jedoch wurde selbst diese Grundlehre seinerzeit noch immer in Arabisch.

Zur Zeit der Konflikte in Nordnigeria im späten 18. Jahrhundert begannen der Fulani-Führer Usman dan Fodio und seine Anhänger, Predigten in ihrer eigenen Sprache und in Hausa zu schreiben. Diese zum größten Teil versifizierte Literatur orientierte sich in Struktur und Metrik an arabischen Modellen der Dichtkunst. Das am meisten verbreitete Genre – *waazi* (Hausa: Mahnlieder) – bringt eine Reformtheologie zum Ausdruck, wie etwa aus den folgenden Versen von Usmans Bruder Abdullah ibn Muhammad ersichtlich wird: »Gott, unser Herr, auf Dich vertrauen wir / In all unseren Dingen / Dass Du uns fortführst aus dem Sumpf / In dem wir leben hieniden in dieser ird'schen Welt.«[11]

Um die spezifischen Regeln der richtigen muslimischen Praxis auch einem weniger gebildeten Publikum nahezubringen, bedienten sich die Fulani-Ulema eines weiteren arabischen Genres namens *nazm* (versifizierte didaktische Prosa). »Die Waschung vor dem Gebet, das rituelle Bad / Das Waschen nach dem Ausstoß körperlicher Abfälle, all das ist nach Ahmada [Mohammed] verpflichtend«, schrieb Usmans Tochter Asmau. »Wenn es absolut notwendig ist, kann der Gebrauch von Wasser unterbleiben / Auch dies entspricht nach Ahmada den Geboten der Sunna.«[12] Nana Asmau verfasste diese Verse in Hausa, das im Laufe des 19. Jahrhunderts zur vorherrschenden Sprache des Kalifats von Sokoto wurde und noch heute das wichtigste Medium seiner islamischen Poesie ist. Arabisch blieb jedoch die Sprache der Chroniken und weltlicher Texte, zu denen beispielsweise auch die politische Korrespondenz zwischen örtlichen Fulani-Herrschern zählt.

Für einen weiteren großen Schub islamischer Dichtungen und historischer Erzählungen – alle wiederum in Fulfulde – sorgten etwas später die Fulani-Gelehrten von Futa Jallon im heutigen Guinea. Diese Region war in den 1740er Jahren Schauplatz eines Dschihad gewesen, doch Ajami als Schreibsystem konnte sich hier erst etwa ein Jahrhundert später durchsetzen, wobei der Impuls wahrscheinlich vom nordnigerianischen Beispiel ausging. Die Dichtung von Futa Jallon diente auch didaktischen Zwecken, aber die Gebote, die sie formulierte, bezogen sich explizit auf die malikitische Rechtsdoktrin. »Die wenigsten Fulani begreifen, was sie durch das Arabische gelehrt bekommen, und verharren in einem Zustand der Ratlosigkeit«, schreibt Samba Mombéyâ (1765–1851), der berühmteste Dichter aus Futa Jallon, in seinem Werk *Oogirde Malal* (Mine der ewigen Glückseligkeit). »Ich werde die Grundtexte in der Sprache der Fulani zitieren, um ihr Verständnis zu erleichtern. Wenn du sie hörst, mache sie dir zu eigen.«[13]

Die religiöse Ajami-Dichtung verwendet die Sprache der Fulani, um ein Ziel zu erreichen, das eher islamisch als »islamicate« ist: Das Publikum soll in eine bestimmte Richtung gelenkt werden – weg von der eigenen Kultur und hin zu einer unverfälschten muslimischen Praxis. Doch im Verlauf des Transformationsprozesses, der aus ländlichen Viehhirten nach und nach sesshafte Bewohner städtischer Ballungsgebiete im Sudan machte, übernahm die Fulani-Gesellschaft auch einige Elemente der Mande- und Hausa-Kultur, die ins Visier dschihadistischer Attacken gekommen waren. Die literarische Form, in der diese weltlichen, wiewohl noch immer islamisch geprägten Veränderungen ihren stärksten Ausdruck fanden, war das mündlich tradierte Epos.

Schon lange bevor sie mit der transsaharischen Wirtschaft und deren Kultur in Berührung kamen, hatten die Fulani ihre eigene reiche Tradition mündlicher Dichtung. Diese Literatur, die hauptsächlich um das Vieh und sein Weideland kreist, besteht bis heute fort. Auch wenn sie islamische Begriffe verwendet, so tut sie dies auf eine Weise, die kaum etwas mit Religion zu tun hat. »He, Muslime«, rezitiert einer dieser Dichter namens Hammadi Hamma, wobei sich das von ihm benutzte Wort genauso gut mit »Brüder« übersetzen ließe:

> Entschuldigt bitte!
> Was mich betrifft, so blieb ich, seitdem die Trockenzeit
> gekommen war, stets im weiten Sêno,[14]
> an nichts anderes denkend, als [meine Tiere] am Rinnsal
> des Quellwassers zu tränken.[15]

Diese Dichtung wird auch von den Viehhirten selbst rezitiert, allerdings ohne musikalische Begleitung. Das Fulani-Epos, wie es sich im 19. Jahrhundert entwickelte, erfordert die musikalischen und verbalen Techniken von Barden, die Saiteninstrumente benutzen.

Dieses neue Genre der Darbietung ist eindeutig von anderen ethnischen Gruppen beeinflusst, mit denen die Fulani engen Kontakt pflegten, insbesondere von den Mande und ihren Griots. Gelegentlich besingen die Fulani-Epen reale muslimische Dschihad-Führer wie Amadu Lobbo aus Maasina oder Al-Hadsch Umar Tal, doch die meisten ihrer Helden sind weltlich und eher individualistisch als historisch, zumindest insofern, als es sich nicht um Staatengründer handelt. Die Geschichten von Hama dem Roten und Silamaka – zwei der berühmtesten Helden aus Fulani-Epen – kreisen um die Unterdrückung ihrer Heimat Maasina durch das Segu-Reich der Mande, deuten aber mit keinem Wort an, dass diese Herrschaft mit der Errichtung des islamischen Staats Maasina durch Amadu Lobbo ein Ende finden wird. Der Islam macht sich in den Epen nur sporadisch bemerkbar, manchmal in Form beiläufig eingeflochtener Hinweise auf die Gebetszeiten, die den Tagesrhythmus bestimmen, manchmal auch auf ziemlich perverse Weise, etwa wenn der Segu-Herrscher seine Marabouts befragt, wie Silamaka zu töten sei: Aus den ausgekochten Innereien eines »pechschwarzen Stiers« sei ein giftiger Sud zu brauen und eine Pfeilspitze damit zu tränken; ein »junger, unbeschnittener Albino-Sklave« solle »auf einer weißen Stute« zu Silamaka reiten und diesen mit dem Giftpfeil töten.[16]

Egal ob Hama und Silamaka gegen Segu kämpfen oder sich mit dem Reich verbünden, stets agieren sie mit *pulakuu*, der spezifischen Fulani-Tugend der Mannhaftigkeit aus vorislamischer Zeit. Meistens überfallen sie Viehherden, womit sie Angriffe auf ihre Ehre parieren und sicherstellen wollen, dass ihr Ruhm in poetischen Versen verewigt wird. In einer Episode ist Hamas Frau von einem Segu-Befehlshaber beleidigt worden. Er sagt, erzählt sie ihrem Mann, »dass es im ganzen Fulani-Land niemanden gibt, der imstande wäre, mich zu rächen. Wenn du es kannst, dann räche mich! Wenn nicht, gehe ich zu Silamaka [...] zu dem, der nur Milch trinkt und kein Hirsebier [der Mande] wie du.«[17]

Die in der Fulani-Kultur bestehende Spannung zwischen *pulakuu* und Islam wurde seinerzeit zumindest von muslimischen Gelehrten bemerkt, die die Epen häufig verteufelten oder sie als Beweis dafür ansahen, wie gewalttätig und liederlich das Leben gewesen war, ehe ihre religiösen Lehren akzeptiert wurden. Chronologisch gesehen sind islamische Reform und das Hohelied von *pulakuu* in der epischen Dichtung jedoch Produkte ein und derselben Zeit. Weder das eine noch das andere ist ohne den Transsahara-Handel und die wirtschaftlichen Möglichkeiten, Staatengründungen und kulturellen Herausforderungen, die er hervorbrachte, vorstellbar.

Noch dramatischer ist die Konfrontation zwischen mediterranem Islam und regionalen Kulturen in der bildenden Kunst der Sahara und des Sudan. Während die Architektur dieser Region islamische Formen – insbesondere die Moschee – offenbar problemlos übernahm, um sie den materiellen Bedingungen Afrikas anzupassen, gibt es in den anderen Künsten gravierende Widersprüche zwischen islamischen Ideen und lokaler »Idolatrie«. Für viele unter den weniger frommen Muslimen und vor allem Nicht-Muslimen stellte eine solche Vermischung der Kulturen jedoch nicht das geringste Problem dar.

Am deutlichsten sichtbar ist die »islamicate« Kultur in den Städten der südlichen Sahara und des Sudan. Hier kontrastiert das gängige Profil rechteckiger, flach gedeckter Bauten aus Mauerwerk mit den runden, strohgedeckten Hütten der umliegenden Dörfer und den noch ärmlicheren Behausungen innerhalb der städtischen Gebiete. Aus dieser gesamten Landschaft ragen die Moscheen hervor, deren Minarette den Islam auch akustisch zur Geltung bringen, wenn von ihnen aus fünfmal täglich die Gebetsstunden verkündet werden. Nach sudanischen Vorstellungen, die sich ausländische Beobachter nur allzu gerne zu eigen machten, geht dieser Baustil ausschließlich auf mediterrane Einflüsse zurück. Ganz konkret: Die wichtigsten Moscheen und Paläste in Timbuktu und Gao werden Abu Ishaq Ibrahim al-Sahili zugeschrieben, einem Dichter und Gelehrten aus Granada, der den malischen Kaiser Mansa Musa 1325 bei der Rückkehr von seiner Pilgerfahrt nach Mekka begleitete.

Diese oft wiederholte Legende ist nicht nur unglaubwürdig (über die historische Figur al-Sahili liegen zahlreiche Dokumente vor, und soweit man weiß, gehörte Architektur nicht zu den Kenntnissen, über die er verfügte), sondern unterschlägt auch den Beitrag sudanischer Bautechniken. Rechteckige Gebäude sind ein eindeutiges Merkmal städtischer Architektur im Sudan, aber sie leiten sich von städtebaulichen Entwicklungen in Djenné am Mittellauf des Niger her, die bereits stattfanden, ehe es irgendeinen direkten Kontakt mit dem Mittelmeerraum gab. Der Transsahara-Handel trug erheblich zum Wachstum der Städte und zur Entwicklung ihrer Architektur bei, aber es gibt kein allgemeines »Palastmodell«, das vom Norden aus importiert worden wäre. Bestimmte Merkmale dieser Gebäude – etwa Zimmer mit Kuppeldächern – wurden möglicherweise von mediterranen Vorbildern kopiert, aber selbst diese Form könnte auf eine einheimische Quelle zurückgehen, nämlich die bogenförmige Struktur saharischer Zelte.

Noch deutlicher zeigt sich die Anpassung an regionale Bedingungen in den Moscheen, die man südlich der Sahara (und gelegentlich an ihren nördlichen Rändern) antrifft. Von ihren religiösen Funktionen her entsprechen diese Bauten sämtlichen Erfordernissen des orthodoxen Islam, das heißt, sie dienten nicht nur dem Gebet, sondern auch dem Studium der heiligen Texte der Muslime. Ihre äußere Erscheinung unterscheidet sie jedoch von Moscheen in anderen Teilen der islamischen Welt. Die Mauern (vor allem diejenigen der höchsten Türme) bilden oft eine Pyramide, aus der seitlich Holzbalken (*toron*) hervorragen. Bei Moscheen, die noch weiter südlich im Sudan und bis in die Waldgebiete hinein gebaut wurden, mutierten die Pyramiden sogar zu Kegeln; diese Bauten lassen keinerlei Innenraum entstehen, sondern markieren vielmehr offene Plätze für den gemeinschaftlichen Kult.

Obwohl die Kontur der mit Piken bewehrten Moschee zu einem typischen Merkmal der saharischen und sudanischen Stadtlandschaft wurde, entstand sie ursprünglich nicht so sehr als kulturelle Manifestation, sondern eher als Antwort auf die Ökologie dieser relativ baumlosen Zonen. Das zum Bauen verwendete Grundmaterial ist *Adobe* (Lehmziegel, die in der Sonne getrocknet und nicht im Ofen gebrannt werden). Diese Art von Mauerwerk besitzt nur eine begrenzte Tragfähigkeit (daher die Pyramidenform) und wird während der intensiven jährlichen Regenzeit auch leicht weggewaschen (daher die vorstehenden Balken, mit deren Hilfe man hinaufsteigen kann, um am Ende jeder Trockenzeit den Lehm zu erneuern). Gelegentlich wurden auch gebrannte Ziegel verwendet, die aber eher als importierte Luxusgüter galten und für lokale Bauhandwerker nicht unbedingt Musterfunktion hatten. Es gab einfach nicht genügend Holz im Sudan – von der Sahara ganz zu schweigen –, um Öfen zu befeuern und hinreichende Mengen von Ziegeln zu brennen, die zur Errichtung von Gebäuden notwendig sind. Wenn sudanische Architekten und Maurer auf leichter verfügbare Baumaterialien zurückgriffen, so bewiesen sie damit also durchaus Kreativität.

Einer der Hauptzwecke, zu dem Holz in diesem Teil Afrikas diente, war das Schmelzen von Eisen. Sudanische und saharische Schmiede produzierten auch einige künstlerische Metallwaren, vor allem wenn sie mit Gold oder Silber arbeiteten. In den meisten Fällen wurde Eisen jedoch zur Herstellung von Werkzeugen und Waffen genutzt. Ihre größte Kreativität entfalteten Schmiede bei der Produktion von Metallklingen, die für die Holzschnitzerei verwendet wurden.

Hölzerne Masken und Statuetten der unterschiedlichsten Art sind die bekanntesten künstlerischen Hervorbringungen sowohl des Sudan als auch der Waldzonen West- und Zentralafrikas. Die Inspiration dafür stammt ausschließlich aus einheimischen Quellen. Für einen frommen Muslim sind sie gleich auf doppelte Weise *haram* (unheilig, verboten). Zum einen untersagt der Islam die bildliche Darstellung der beiden Hauptmotive, die in diesen Schnitzereien porträtiert werden: unreine Tiere (was ihrem Verzehr gleichkommt) und Menschen (eine Anmaßung der schöpferischen Privilegien Gottes). Zum anderen wurden die meisten dieser Schnitzarbeiten für die Verwendung bei traditionalistischen Ritualen angefertigt. Nicht von ungefähr waren es genau solche Gegenstände, die der Dschihad-Führer Al-Hadsch Umar Tal öffentlich

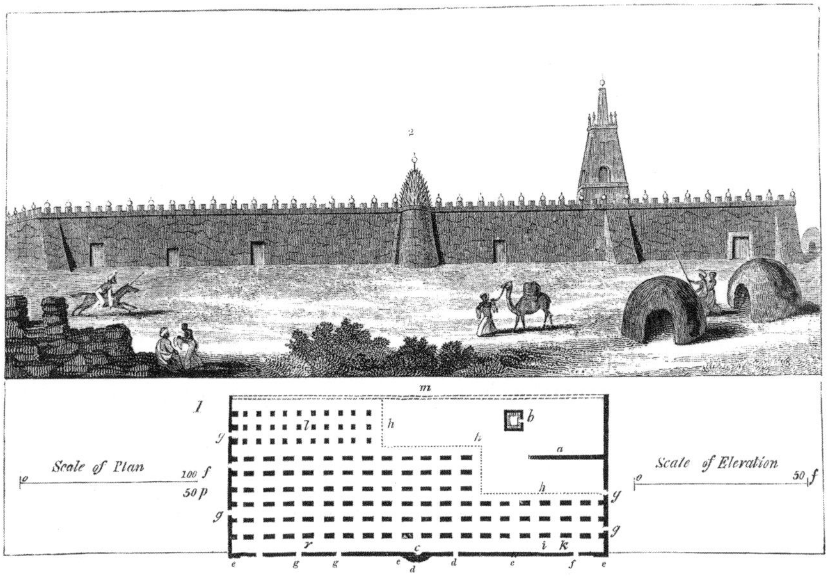

Die vermutlich im 16. Jahrhundert erbaute Sankoré-Moschee von Timbuktu wurde zur wichtigsten islamischen Bildungsstätte im subsaharischen Afrika. Die mit Zinnen bewehrten Mauern zeigen das spitze, pyramidenförmige Profil sudanischer Adobe-Architektur (sonnengetrocknete Lehmziegel) und umschließen einen großen offenen Raum, der für das gemeinschaftliche Freitagsgebet vorgesehen ist.

zerstörte, als er 1852 das Segu-Reich eroberte. Doch ungeachtet dieses Widerspruchs zum Islam entwickelte sich auch ein Dialog zwischen afrikanischen Schnitztraditionen und der transsaharischen Kultur.

Die islamisch angehauchten Ergebnisse, die aus solchen Begegnungen hervorgingen, spiegeln in den meisten Fällen die Kultur von Bevölkerungen wider, denen es im Grunde egal ist, ob sie orthodoxe Muslime sind oder nicht. Die Baumeister einiger Moscheen in der Region gestalteten ihre Lehmfassaden jedoch in einer Weise, die – ob bewusst intendiert oder nicht – an die Formensprache lokaler Schnitzarbeiten erinnert (vor allem an die Hörner wilder Tiere). Es gab auch Muslime, die Lederhandwerker unter den *nyamakalaw* damit beauftragten, Zaumzeug, Waffen und sogar Koran-Einbände für sie zu dekorieren oder heilige islamische Texte in Amulette mit ledernem Überzug einzunähen. Und bestimmte handwerkliche Techniken wie Stickereiarbeiten wurden zur Spezialität frommer, ja sogar gelehrter Moslems.

Bei der Dekoration islamischer Objekte durften keine wirklichen Bilder verwendet werden. Die bevorzugten Muster bestanden vielmehr aus abstrakten Formen, die oft mit Buchstaben versehen wurden oder sich aus einander überschneidenden Rechtecken ergaben. Die Verwendung kunstvoll gestalteter Schriften (Arabesken) ist in der gesamten islamischen Welt eine absolut legitime Kunstform. Solche Buchstaben in Rechtecke zu integrieren gehört jedoch zur Praxis der Wahrsagerei, die die Ulema zum Nutzen und Frommen von Gläubigen wie Ungläubigen ausübten.

Ungläubigen in Afrika wurde es nicht versagt, heilige Männer unter den Muslimen aufzusuchen und sie um Hilfe zu bitten, wenn sie wirklich in Not waren. Bisweilen versahen sie auch ihre eigenen spirituellen Objekte mit islamischen Symbolen. An den Gewändern von Jägern und Kriegern gab es zum Beispiel oft Amulette, die ebenso muslimische wie traditionalistische Kraftsubstanzen enthielten. Manche Schnitzer ergänzten ihre üblichen Abbildungen von Ahnen und wilden Tieren wie Büffel oder Buschschweinen auch durch hölzerne Darstellungen muslimischer Gelehrter. Selbst Masken, die grundsätzlich und immer nur einheimische Kräfte darstellen, konnten im Innern gelegentlich mit koranischen Inschriften versehen werden.

Die islamisch geprägte Kultur, die aus den transsaharischen Kontakten hervorging, beschränkte sich in ihrer Wirkung also keineswegs auf die afrikanischen Bevölkerungen, die unmittelbar mit städtischem Leben oder muslimischer Gelehrsamkeit zu tun hatten. Mit der Ausdehnung von Handelsnetzwerken bis weit hinein in die Waldgebiete West- und Zentralafrikas eröffneten sich sowohl dem Wirtschaftsleben als auch dem kulturellen Ausdruck neue Horizonte – selbst dort, wo das Bewusstsein einer mediterranen Zivilisation sehr vage und verschwommen blieb. Durch den Anbruch der europäischen Kolonialherrschaft büßte der Transsahara-Handel seine ökonomische Bedeutung ein und spielte nur noch eine untergeordnete Rolle. Doch der kulturelle Austausch mit dem Islam – selbst in seiner orthodoxen Ausprägung –, der aus diesen Wüstenkontakten entstanden war, setzte sich ungebrochen fort und entfaltete im 20. und 21. Jahrhundert sogar eine noch größere Dynamik.

Europäischer Kolonialismus: Bruch und Kontinuität der transsaharischen Verbindungen

Im Jahre 1823 durchquerte der englische Entdecker und Marinekapitän Hugh Clapperton die Sahara und gelangte bis in das heutige Nordnigeria. Als ihn Muhammad Bello, der Sultan des Kalifats von Sokoto, fragte, warum er eine so gefährliche Reise unternommen habe, nannte Clapperton eine Reihe von Motiven, die wahrscheinlich ehrlich gemeint waren: wissenschaftliche Neugier, der Wunsch, Handelsrouten zwischen dem Sudan und der Atlantikküste zu eröffnen, und die Abschaffung des Sklavenhandels. Muslimische Transsahara-Reisende sahen diese europäischen Abenteuer freilich in einem etwas anderen Lichte. »Die Araber«, berichtet Clapperton,

> als sie erfuhren, was der Sultan über Anknüpfung eines Handels zur See zwischen den Engländern und seinem Volke gesagt hatte, und wohl einsahen, wie verderblich dieß für ihren Landhandel seyn würde, versuchten jetzt wahrscheinlich den Sultan, und den Gadado [Wesir] zu überreden, daß die Engländer kommen und ihnen das Land nehmen würden.[1]

Zur Zeit, als Clapperton seine Entdeckungsreisen unternahm, beschränkte sich die europäische Präsenz in Nord- und Westafrika auf einige wenige Handelsniederlassungen an der Küste, die weder die Souveränität regionaler Staaten bedrohte noch die Prosperität der transsaharischen Handelskarawanen oder die islamische Kultur, die sich mit ihnen entwickelte. Doch im Verlauf von nicht einmal hundert Jahren geriet die gesamte Region unter europäische Herrschaft, was für alle Aspekte ihrer Zukunft gravierende Folgen haben sollte.

Mit dem Anbruch des 20. Jahrhunderts fand der Transsahara-Handel als bedeutender Faktor im Geflecht der internationalen Handelsbeziehungen ein abruptes Ende. Waren aus ganz West- und Zentralafrika

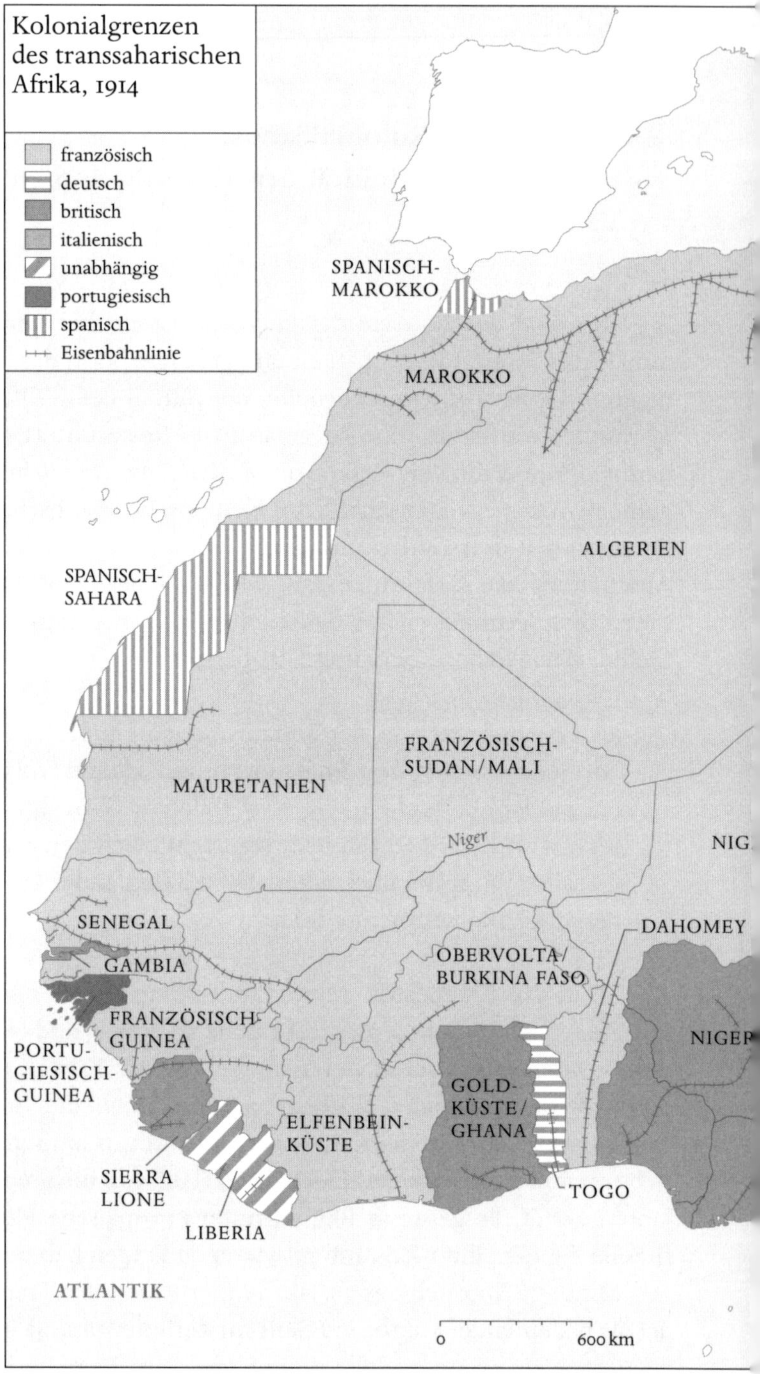
Kolonialgrenzen des transsaharischen Afrika, 1914
französisch
deutsch
britisch
italienisch
unabhängig
portugiesisch
spanisch
Eisenbahnlinie
SPANISCH-MAROKKO
MAROKKO
ALGERIEN
SPANISCH-SAHARA
FRANZÖSISCH-SUDAN/MALI
MAURETANIEN
Niger
NIG
SENEGAL
GAMBIA
DAHOMEY
OBERVOLTA/BURKINA FASO
FRANZÖSISCH-GUINEA
NIGER
PORTU-GIESISCH-GUINEA
GOLD-KÜSTE/GHANA
ELFENBEIN-KÜSTE
SIERRA LIONE
TOGO
LIBERIA
ATLANTIK
0
600 km

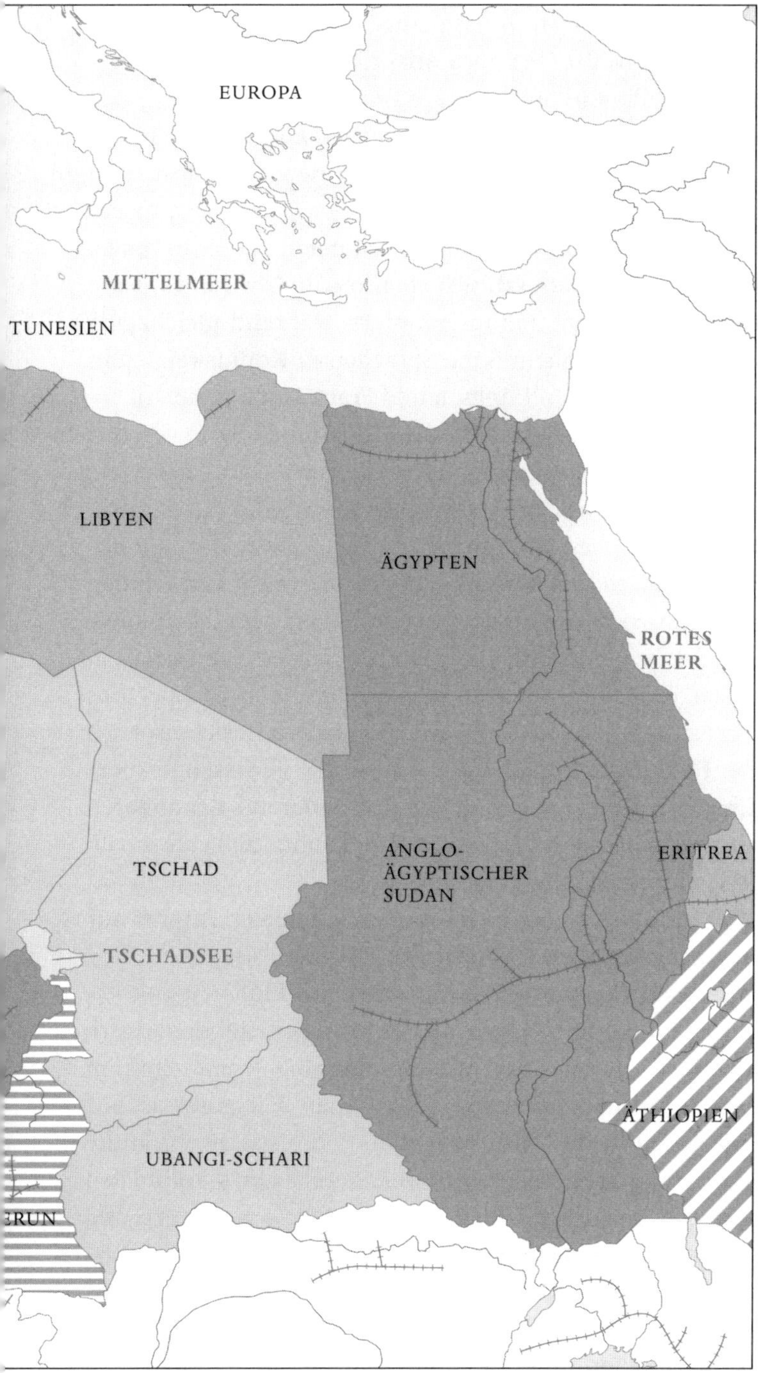
EUROPA
MITTELMEER
TUNESIEN
LIBYEN
ÄGYPTEN
ROTES
MEER
TSCHAD
ANGLO-
ÄGYPTISCHER
SUDAN
ERITREA
TSCHADSEE
ÄTHIOPIEN
UBANGI-SCHARI
RUN

erreichten die Außenwelt fortan in Güterzügen, Lastwagen und Flugzeugen, die sich von der Wüste her zum Atlantik bewegten beziehungsweise über sie hinwegflogen, ohne dass es nötig gewesen wäre, noch irgendwelche lokalen Transportmittel in Anspruch zu nehmen. In der Region entstanden willkürlich festgelegte Territorien, die selbst nach Erlangung ihrer politischen Unabhängigkeit in den 1950er und 1960er Jahren neue Identitäten als Nationalstaaten annahmen, wie sie es bis dahin nie gegeben hatte. Der Islam sah sich ebenso vom Christentum wie von der laizistischen Moderne herausgefordert, während gleichzeitig das Arabische und andere einheimische Sprachen in Konkurrenz zum offiziellen und eher universellen Englisch und Französisch gerieten.

Insofern hat die besorgte Botschaft, die Muhammad Bello von den maghrebinischen Rivalen Captain Clappertons erhielt, durchaus etwas Prophetisches. Tatsächlich war dem Herrscher von Sokoto durch transsaharische Kanäle inzwischen auch zu Ohren gekommen, dass die Briten 1823 bereits einen Großteil Indiens erobert und mit ihren Schiffen Jagd auf die Korsaren vor Nordafrika gemacht hatten. Um die ambivalenten Motive und sehr gemischten Folgen europäischer Herrschaft in Afrika wirklich zu verstehen, muss man allerdings auch Clappertons Vorstellungen ernst nehmen, die frei waren von jedem Besitzanspruch auf afrikanische Territorien und überdies von einem gewissen Respekt vor der einheimischen Kultur zeugten: Die Bewohner auf der anderen Seite der Wüste erschienen ihm »bei näherer Bekanntschaft« als »civilisirt, unterrichtet, menschlich und fromm«.[2]

Der Auslöser für einen ersten gewaltsamen kolonialen Angriff auf diese Region lässt sich auf den 29. April 1827 datieren. An jenem Tag, nur wenige Jahre nach Clappertons Gesprächen am Hof von Sokoto, entbrannte zwischen dem Dey (Herrscher) von Algier und dem dortigen französischen Konsul ein Streit um Schuldenangelegenheiten, in dessen Verlauf der Hausherr seinem Gast mit einem Fliegenwedel auf den Arm schlug und ihm die Türe wies. Drei Jahre später entsandte Frankreich eine Armee nach Algerien – der Beginn eines kolonialen Besatzungsregimes, das sich schließlich, nach jahrelangen Kriegen und Verhandlungen, im Norden des Kontinents von Tunesien bis nach Marokko und im Süden bis weit hinein in die Sahara erstrecken sollte.

Die völlige Fremdherrschaft über die Territorien südlich der großen Wüste resultierte allerdings aus einem sehr viel weniger trivialen

Ereignis. Zwischen dem 15. November 1884 und dem 26. Februar 1885 versammelten sich diplomatische Vertreter von fünfzehn europäischen Nationen sowie der Vereinigten Staaten zur Berliner Kongokonferenz, um die Regeln des sogenannten »Wettlaufs um Afrika« festzulegen. Es bedurfte allerdings noch großer Anstrengungen sowohl in Afrika selbst (dort vor allem in der Sahara) als auch an den europäischen Verhandlungstischen, ehe koloniale Ansprüche nach dem »Prinzip der Effektivität«, wie es damals hieß, tatsächlich durchgesetzt werden konnten; doch schließlich fiel das gesamte Territorium Nord- und Westafrikas (mit Ausnahme von Liberia) unter die Rechtsprechung der Kolonialmächte.

Weshalb diese territorialen Eroberungen letzten Endes von Erfolg gekrönt waren, liegt auf der Hand. Die industrielle Revolution des 19. Jahrhunderts hatte die Voraussetzungen dafür geschaffen, dass Europa militärische Mittel einsetzen konnte, die zahlreicher, effizienter organisiert und technisch leistungsfähiger waren als diejenigen, die den Gesellschaften Afrikas oder Asiens seinerzeit zur Verfügung standen. Genau dieser Reichtum und diese Macht aber bedeuteten für die Europäer zweierlei: Einerseits brauchten sie ab jetzt die Gefahr einer politischen Rivalität aus Afrika weit weniger zu fürchten als in der Vergangenheit, andererseits rentierte es sich in wirtschaftlicher Hinsicht eigentlich kaum noch, Territorien auf dem schwarzen Kontinent zu erobern. So gesehen bleibt die Frage relevant, die Muhammad Bello an Clapperton richtete: »Warum seyd ihr hierher gekommen?«[3]

Früher einmal stritten sich Historiker eifrig über die tieferen Ursachen für das dramatische Vordringen der Europäer ins Innere Afrikas. Der seit langem bestehende Küstenhandel war natürlich eine wichtige Vorbedingung für den Kolonialismus des 19. Jahrhunderts; einige Kolonialregime führten auch viele Projekte durch – etwa den Bau von Straßen und Eisenbahnlinien –, um die Volkswirtschaften ihrer neuen Territorien zu entwickeln; und viele Europäer profitierten von der Macht, die ihre jeweiligen Regierungen über die Afrikaner auf beiden Seiten der Sahara ausübten. Doch die treibende Kraft hinter den Entscheidungen, innerhalb relativ kurzer Zeit derart weitreichende Verantwortlichkeiten im Ausland zu übernehmen, war politischer Natur und hatte eher mit innereuropäischen Beziehungen zu tun als mit einem unmittelbaren Interesse an Afrika.

Bei der ursprünglichen Auseinandersetzung von 1827 zwischen Frankreich und dem algerischen Dey ging es um die Zahlungen für Getreide, das in den 1790er Jahren von Nordafrika aus an die französischen Armeen in Ägypten geliefert worden war. Die Entscheidung Frankreichs, diese unerfreuliche Situation 1830 zu einem regelrechten Krieg eskalieren zu lassen, fiel nicht etwa deshalb, weil es seinen Fiskus oder seine Ehre bedroht gesehen hätte, sondern hing vielmehr mit der prekären Position der Bourbonen zusammen, deren Erbmonarchie nach dem Ende der Französischen Revolution gerade erst wiederhergestellt worden war. Karl X. hoffte, ein sensationeller militärischer Sieg würde seinem Regime neue Popularität verleihen; dieser Traum war dann allerdings sehr schnell ausgeträumt, als die Julirevolution von 1830 die Bourbonen endgültig vom Thron verjagte. Doch die Franzosen mussten dieselbe Erfahrung machen wie die Amerikaner mit ähnlichen Unternehmungen im 20. und 21. Jahrhundert: In Algerien einzumarschieren war wesentlich leichter, als sich wieder zurückzuziehen, und spätere Regierungen Frankreichs fühlten sich eher veranlasst, ihr Engagement in Nordafrika auszuweiten als es zu reduzieren.

Frankreich spielte auch einen prominenten Part im Konzert der »Großmächte« (neben kleineren Staaten wie Belgien), die das restliche Afrika nach 1884 unter sich aufteilten. Wiederum aus Angst vor möglichen neuen – in diesem Fall: sozialistischen – Revolutionen betrieben europäische Regierungen jetzt eine nationalistische Wirtschaftspolitik, die sich vom Freihandel verabschiedete und stattdessen die vermeintliche Sicherheit kolonialer Märkte und Rohstoffressourcen gewährleisten sollte. Das eigentliche Motiv war jedoch die internationale Rivalität, die aus dem Entstehen eines neuen deutschen Nationalstaats im Herzen Europas resultierte. Zwar fanden in den westeuropäischen Staaten, die Afrika kolonisierten, keine wirklich erfolgreichen sozialistischen Revolutionen statt, doch dieser Umstand war kaum dafür verantwortlich, dass sie aus ihren überseeischen Territorien nur sehr beschränkte ökonomische Profite zogen. Das Bemühen der Berliner Kongokonferenz, einen Ausgleich zwischen konkurrierenden nationalen Ambitionen zu schaffen und jeden europäischen Staat zu einem Sieger in Afrika zu machen, scheiterte sogar noch sehr viel spektakulärer. 1914 brach der Krieg zwischen Blöcken in Europa aus, die (in direktem Widerspruch zu ihren kolonialen Ausrichtungen) mit Frankreich beziehungsweise Deutschland verbündet waren, und dieser Konflikt, der weitere vier Jahre wütete, sollte nicht nur zu ungeheuren Verlusten an Menschenleben und ökonomischen Ressourcen führen, sondern auch zur Auflösung bestehender Gesellschaftsordnungen.

Während des Ersten Weltkriegs galt Afrika lediglich als »Nebenkriegsschauplatz«. Aus europäischer Perspektive mag diese Bezeichnung das gesamte koloniale Unternehmen charakterisieren, das in den 1960er Jahren – also nicht einmal ein Jahrhundert, nachdem es begonnen hatte – ein ziemlich rasches Ende fand. Aus afrikanischer Perspektive hatte der Kolonialismus sehr viel gravierendere Konsequenzen; doch gerade weil das Bestreben der Europäer, Kontrolle über diese Länder zu erlangen, so illusorisch und letztlich desillusionierend war, konnten viele der Entwicklungen, die der inzwischen stillgelegte Transsahara-Handel mit sich gebracht hatte, auch in der neuen Zeit weiter gedeihen.

Zu den illusorischsten und zugleich am hartnäckigsten verfolgten Projekten des Kolonialismus in Afrika gehörte der Bau einer transsaharischen Eisenbahnlinie. Als der französische Ingenieur Adolphe Duponchel dieses Wunder der Transporttechnik 1878 der Öffentlichkeit präsentierte, hatte er für seine Leser auch gleich eine Vision parat: Sei die Wüstenbarriere erst einmal beseitigt, so malte er ihnen aus, würden »Timbuktu und Algier auf dem Längengrad von Marseille miteinander verschmelzen«. Damit bekäme Frankreich Zugriff auf den Sudan mit seinen hundert Millionen Bewohnern, eine Region »praktisch vor unserer Haustür, die reich an wichtigen Rohstoffen ist [...] und wo wir im Gegenzug die ständig zunehmenden Produkte unserer Manufakturen absetzen könnten!«[4] Natürlich verbanden sich mit dieser Bahnlinie auch politische Ziele: Einerseits war sie gegen Großbritannien gerichtet – Frankreichs großen Rivalen auf dem Gebiet der Kolonisation –, andererseits gegen die Tuareg, die von allen Afrikanern der europäischen Herrschaft am entschiedensten Widerstand leisteten.

Vom rein territorialen Gewinn her gesehen ging Frankreich als großer Sieger im Wettlauf um Afrika hervor: Es bekam nicht nur riesige Landstriche nördlich und südlich der Sahara zugesprochen, sondern beanspruchte auch den größten Teil des dazwischenliegenden Terrains. Doch Großbritannien, das sich in einer Reihe weltweiter Kriege zwischen 1689 und 1815 bereits eine globale Überlegenheit über Frankreich verschafft hatte, kontrollierte im 19. Jahrhundert auch weit ergiebigere

Die Foureau-Lamy-Expedition von 1898 bis 1900 war eines der großen ›Abenteuer‹ der französischen Kolonialeroberung der Sahara. Dabei marschierten 345 Männer und 1004 Kamele ein Jahr lang über eine Entfernung von ca. 3 200 Kilometern von Wargla in Südalgerien bis zum Tschadsee. Im Unterschied zu anderen solcher Unternehmungen erreichte diese hier ihr Ziel, sich mit weiteren französischen Streitkräften, die von der Atlantikküste kamen, zu verbinden, und örtliche muslimische Armeen zu schlagen. Allerdings starb Major Lamy auf dem Höhepunkt der Schlacht.

Territorien an den Küsten Westafrikas. Gegen Ende des Jahrhunderts expandierte Großbritannien ins Landesinnere hinein und nahm (wie 1823 prophezeit) den reichsten und am dichtesten bevölkerten Teil des Sudan in Besitz, nämlich die Gebiete der Hausa und Kanuri in Nordnigeria. Als in den 1890er Jahren die Aufteilung des Kontinents in koloniale Einflusssphären auf diplomatischem Wege weiter vorangetrieben wurde, kommentierte der britische Premierminister Lord Salisbury die scheinbar großzügigen Konzessionen an Frankreich mit den lakonischen Worten: »Wir haben dem gallischen Hahn eine Riesenmenge Sand überlassen. Soll er doch nach Belieben darin herumscharren.«[5]

Das Gescharre förderte immerhin den Plan der Transsahara-Bahn zutage, von der es so aussah, als könnte sie Frankreich tatsächlich einen Vorteil im afrikanischen Handel verschaffen. Doch französische Forschungsreisende vor Ort sahen die Angelegenheit sehr viel nüchterner. So schrieb etwa Fernand Foureau 1902: »Betrachtet man das Unternehmen unter kommerziellem Aspekt, als ein Geschäft, bei dem zwangsläufig enorme Kapitalsummen gebunden werden, dann habe ich – angesichts des hier praktisch nicht existierenden Verkehrs – nur sehr bescheidene Erwartungen, was den Ertrag aus der Transsahara-Bahn betrifft.«[6] Inzwischen war den Franzosen auch klargeworden, wie gefährlich die Tuareg als Gegner sein konnten. Derlei Erkenntnisse hätten sie ohne weiteres aus der gesamten Geschichte europäischer Reisen in und durch die Sahara gewinnen können, die gegen Ende des 18. Jahrhunderts begannen. Neben erfolgreichen Forschungsreisenden – etwa Clapperton oder den Deutschen Heinrich Barth und Gustav Nachtigal – gab es andere, die ihre Abenteuer mit dem Leben bezahlen mussten. Eines der spektakulärsten dieser Dramen ereignete sich 1880, als der französische Colonel Paul Flatters und die meisten seiner Männer von Tuareg überfallen und getötet wurden, während den letzten Teilnehmern der Expedition nichts anderes übrigblieb, als ihre gestorbenen Kameraden aufzuessen, um in der Wüste zu überleben. Zweck der Mission Flatters' war es gewesen, eine Trasse für die Transsahara-Bahn zu erkunden.

Ungeachtet solcher Rückschläge wurde die Idee eines Eisenbahnverkehrs durch die Wüste keineswegs fallengelassen, sondern immer wieder aufgegriffen, und zwar noch bis in die 1940er Jahre hinein. Wenn ökonomisch vielleicht auch nicht rentabel, so sollte die Transsahara-Bahn jetzt doch zu einem – so Foureau – »Herrschaftsinstrument« werden: »Aus dieser ganz speziellen Perspektive betrachtet wäre sie ein grandioses Unternehmen.«[7] Noch bis zu Beginn des 20. Jahrhunderts glaubten die Franzosen, die Eisenbahn sei ein geeignetes Mittel, um den Briten beim militärischen Zugang zum Sudan Konkurrenz zu machen. Doch keiner der Schienenstränge, die sie von der Mittelmeerküste aus in die nördliche Sahara hinein verlegten, sollte auch nur annähernd die ursprünglich vorgesehenen Bestimmungsorte Timbuktu beziehungsweise den Tschadsee erreichen. Als Frankreich 1916 mit der Bedrohung einer ernsthaften Tuareg-Rebellion in der südlichen Zentralsahara konfrontiert war, gelangten zwar wichtige Verstärkungstruppen per Bahn an den Wüstenrand. Doch diese französischen Soldaten reisten vom Atlantik aus auf einer nigerianischen Trasse nach Norden, die von den Briten – jetzt Frankreichs Verbündete im Ersten Weltkrieg – gebaut worden war.

Die kolonialen Schienen- und Straßenverbindungen, über die der Transport zwischen dem Sudan und der westafrikanischen Küste fortan abgewickelt wurde, machten dem Transsahara-Handel, der schon lange vor dem Ende des 19. Jahrhunderts seine globale Bedeutung eingebüßt hatte, endgültig den Garaus. Für die Bevölkerungen nördlich und südlich der Wüste hatte dies jedoch zunächst kaum unmittelbar negative Folgen und löste auch keine Revolten aus. Der einzige Sektor transsaharischer Geschäftsbeziehungen, bei dem die Europäer direkt ihre Hand im Spiel hatten, war der Sklavenhandel. Der allerdings war gegen Ende des 19. Jahrhunderts schon wesentlich zurückgegangen, nachdem das Osmanische Reich und Ägypten (unter dem Druck der Europäer) entsprechende Restriktionen durchgesetzt hatten.

Andere Formen des Handels passten sich der europäischen Kolonialherrschaft an und profitierten sogar von der neuen politischen Situation. Die wirtschaftliche Partnerschaft zwischen dem Maghreb und dem Sudan kam zum Erliegen, aber diese Beziehung war für die Gesellschaften südlich der Sahara sowieso immer von größerer Bedeutung gewesen als für diejenigen im Norden. Die sudanischen Kaufleute und Produzenten gaben den Transsahara-Handel nur auf, weil sich ihnen im Süden bessere kommerzielle Möglichkeiten boten. Tatsächlich waren die Schienenverbindungen so viel effizienter als die Kamelkarawanen, dass der Sudan jetzt nicht nur traditionelle Waren wie Viehhäute und Ziegenleder exportieren konnte, sondern erstmals auch völlig neue Produkte wie Erdnüsse und Rohbaumwolle. Wie sehr die Afrikaner, speziell die Mande, die wirtschaftlichen Vorteile der Kolonialherrschaft zu schätzen wussten, brachte der ivorische Schriftsteller Ahmadou Kourouma (1927–2003) zum Ausdruck: »Aber das Wichtigste für einen Malinke ist die Freiheit des Handels. Und die Franzosen standen auch und in erster Linie für die Freiheit des Handels, der den Dioula, den großen Malinke-Händler, zu Wohlstand kommen lässt.«[8]

Selbst saharische Karawanenführer und sudanische Textil- oder Lederproduzenten profitierten von der kolonial bedingten Expansion regionaler Märkte. Zur Aufrechterhaltung ihrer Präsenz in der Wüste waren europäische Verwaltungen auf den Einsatz von Sahara-Kamelen und die Dienste ihrer Besitzer – Berber oder Araber – angewiesen. Während jetzt nur sehr wenige Waren über die gesamte Länge der Sahara transportiert wurden, gab es andere, im Innern der Wüste oder an ihren Rändern produzierte Güter, die dort und unter den wachsenden Bevölkerungen der sudanischen Agrargebiete noch immer ihre Abnehmer fanden: kunsthandwerkliche Arbeiten, Salz und Datteln sowie Viehherden mit ihren vielen Nebenprodukten (und sogar einige Sklaven).

Das größte ökonomische Problem in den Wüstenrandgebieten blieb die Trockenheit, und hier machte die Kolonialverwaltung die Dinge nur noch schlimmer, selbst wenn sie die besten Absichten hegten. Der französische Kolonialoffizier Eugène Lenfant beschrieb die Landschaft am Tschadsee seinerzeit folgendermaßen: »Armut allüberall, wo man auch hinsieht; Armut des *ausgedörrten Bodens*, verbrannt von der Sonne; Armut der brennenden Dünen von Bornu [...]; nichts als Armut, von Kanem bis nach Waday.«[9] Anhaltende Militäraktionen der Kolonialarmeen sowie Steuerforderungen trugen zur Verschärfung dieser Probleme bei und erklären zum Teil auch, wieso es immer wieder zu lokalen Revolten gegen die Herrschaft der Europäer kam. Die Maßnahmen, mit denen die Franzosen die Dürre und die daraus resultierende Hungersnot bekämpfen wollten, richteten nur wenig aus und vergrößerten bisweilen sogar das Elend der Einheimischen. 1928 schlug der Kolonialoffizier und Afrikaforscher Jean Tilho den Bau eines Staudamms am Tschadsee vor, der nicht nur für Bewässerung sorgen, sondern auch hydroenergetisch erzeugten Strom zur Elektrifizierung der Kameruner Eisenbahn liefern sollte! Glücklicherweise wurde dieses völlig unrealistische Projekt (ganz abgesehen von den Kosten: der Wasserspiegel des Sees begann damals bereits abzusinken) genauso wenig in die Tat umgesetzt wie die Transsahara-Bahn.

Zur Rechtfertigung seiner Pläne erwähnte Tilho noch eine weitere Maßnahme, die die Franzosen überall in den Weidegebieten des west- und zentralafrikanischen Sahel ergriffen: das Bohren neuer und tieferer Wasserbrunnen. Die daraus resultierende Zunahme an Viehbeständen führte letzten Endes zur Überweidung, wodurch wiederum andere regionale Ressourcen – vor allem Boden und Gras – einer verstärkten Belastung ausgesetzt wurden. Als Folge davon kam es während der nächsten lang anhaltenden Trockenzeit (sie begann Ende der 1960er Jahre, nach dem Ende der Kolonialherrschaft) in der Sahel-Zone zu einer dramatischen Umweltkatastrophe, von der sie sich bis heute noch nicht wieder vollständig erholt hat.

Die Herrschaft über das transsaharische Afrika brachte den Kolonialmächten keine großen Reichtümer ein. Einzelne europäische Gruppen und Firmen profitierten zwar von ihrer privilegierten Stellung in Afrika, aber für die Menschen in ihren Heimatländern wirkte sich das normalerweise nicht unbedingt gewinnbringend aus. Das extremste Beispiel einer solch problematischen privaten Kolonisierung lieferte Algerien, denn sein bester Grund und Boden fiel in die Hände weißer Siedler. Etwa die Hälfte dieser privilegierten Immigranten war gar nicht französischen Ursprungs, und ihre Agrarprodukte (Weizen und Wein) konkurrierten mit Frankreichs Landwirtschaftserzeugnissen. Die Regierung in Paris gewährte den algerischen Siedlern auch die Rechte und den politischen Status französischer Staatsbürger, was bedeutete, dass die unterjochte Mehrheitsbevölkerung aus Berbern und Arabern ihre Unabhängigkeit nur durch einen langen und sehr blutigen Krieg erlangen konnte.

In anderen Teilen des Maghreb und vor allem im Sudan gab es nur wenige Siedler, und die Investitionen europäischer Firmen blieben beschränkt. Die Besteuerung brachte für die kolonisierten Völker oft schwere Belastungen, aber hauptsächlich diente sie zur Deckung der Verwaltungskosten und nicht zur Bereicherung des Heimatlandes. Die Franzosen, deren subsaharische Besitzungen in west- und zentralafrikanischen Föderationen organisiert waren, verwendeten Steuermehreinnahmen aus reicheren Territorien gelegentlich dazu, Defizite in ärmeren auszugleichen. Aber dies zeigt nur, welch marginale Rolle die Kolonien für die europäischen Volkswirtschaften spielten.

Nachdem eine Eisenbahnlinie quer durch die Wüste als unrentabel abgetan worden war, folgte kein koloniales Entwicklungsprojekt mehr, das sich mit Fug und Recht als »transsaharisch« bezeichnen ließe. Die Einsicht, dass transsaharische Kommunikationswege für sie wertlos sind, ließ die Europäer jetzt stattdessen Pläne schmieden, die den Sudan einem radikalen ökonomischen Wandel unterziehen sollten. Émile Bélime, ein anderer französischer Ingenieur, der die Entwicklung des Niltals mit derjenigen »unseres nigerischen Sudan« verglich, schrieb 1925: »Während das menschliche Wissen durch die sukzessiven Beiträge der gesamten Mittelmeerbevölkerung – von Alexandria bis Babylon, von Athen bis Rom – ständig zunahm, lebten die schwarzen Rassen, durch gewaltige Wüstenräume von der zivilisierten Welt getrennt, in einem

Zustand stagnierender Barbarei.«[10] Bélimes »zivilisiertes« Heilmittel gegen die Ignoranz des Sudan, das eine massenhafte Bewässerung des inneren Niger-Deltas in Mali vorsah, wurde von anderen Kolonialtechnokraten heftig kritisiert. Doch im Unterschied zur Transsahara-Bahn, die ein Phantom blieb, nahm das »Office du Niger« tatsächlich Gestalt an: Ab den 1920er Jahren und bis in die ersten Jahrzehnte nach Malis Unabhängigkeit verschlang es ungeheure Mengen an überseeischen Investitionen und einheimischer, oft unfreiwilliger Arbeitskraft. Es sollten – so die Idee – große Quantitäten Baumwolle für den Export und Reis für den lokalen Konsum angebaut werden, doch was dabei herauskam, war bestenfalls ein mageres Ergebnis.

Da die Kolonialregime generell nur ein beschränktes ökonomisches Interesse an ihren afrikanischen Besitzungen hatten, taten sie alles, um diese Territorien mit einem minimalen Kostenaufwand zu verwalten. Ein Mittel der Ausgabenreduzierung bestand darin, bereits vorhandene Herrscher zu unterstützen. Als Frankreich zum Beispiel seinen Herrschaftsbereich im Maghreb über Algerien hinaus erweiterte, versuchte es nicht etwa, irgendwelchen lästigen Europäern neue Siedlungsräume zu erschließen, sondern erklärte Tunesien und Marokko kurzerhand zu »Protektoraten«, die auch weiterhin von den jeweiligen Erbmonarchen regiert wurden. In Marokko, wo die französische Kolonialherrschaft weniger als fünfzig Jahre dauerte, bildet die Monarchie bis heute das eigentliche Machtzentrum des Staates.

Innerhalb der Sahara und südlich von ihr gab es keinen einzigen vorkolonialen Staat, der die Befehlsgewalt über irgendeines der neu geschaffenen europäischen Territorien für sich hätte reklamieren können. Zudem hatten die Dschihads und andere Kriege des 19. Jahrhunderts große Teile des Sudan – vor allem die von Frankreich beanspruchte westliche Region – in einem Zustand des Aufruhrs hinterlassen, als sie von den Europäern erobert wurden. Das weiter östlich in Nordnigeria gelegene Kalifat von Sokoto blieb intakt, aber sein Herrscher zog es vor zu emigrieren, anstatt sich den Kolonialherren zu unterwerfen. Sofort nach der Besetzung von Sokoto 1903 überzeugte der britische Hochkommissar Sir Frederick Lugard die einheimischen Politiker, einen neuen Sultan zu ernennen, und verkündete zugleich, die Nachfolger Usman dan Fodios hätten »durch die Niederlage ihre Herrschaft verloren, die jetzt an die Briten übergegangen ist«. Die Kombination aus europäischer Territorialherrschaft und politischer Kontinuität lokaler Machtstrukturen entwickelten Lugard und seine Anhänger später zu einer formalen Doktrin, der sogenannten »Indirect rule«, die in sämtlichen britischen Besitzungen des tropischen Afrika angewandt wurde. In seinem kanonischen *Political Memorandum* (1918) definierte Lugard sie als »Herrschaft durch einheimische Häuptlinge, die als integraler Bestandteil des Regierungsapparats betrachtet wird«.[11]

Dennoch blieb die letzte Befehlsgewalt über lokale Distrikte, selbst in den britischen Kolonien, in den Händen europäischer Verwaltungsbeamter, die das Recht hatten, sich in sämtliche Fragen örtlicher Regierungspolitik einzumischen. Das Problem bestand allerdings darin, dass eine sehr geringe Zahl von Verwaltungsbeamten Verantwortung für große Gebiete und Bevölkerungsgruppen trug, von denen sie oft kaum etwas wussten. Die despotische Macht, die sie rein theoretisch besaßen, konnte daher nur mithilfe von bezahlten afrikanischen Untergebenen ausgeübt werden. Amadou Hampâté Bâ, ein ehemaliger westafrikanischer Kolonialsekretär, beschreibt in seinen Memoiren eine Situation, in der der französische »Commandant« hart durchgreifen musste:

> Der Kommandant der Subdivision [...] berief auf der Stelle seinen Sonderstab ein: den Dolmetscher, der sein Sprachrohr war und für ihn Augen und Ohren offenhielt, seinen Sekretär und Kanzleischreiber, zugleich der Siegelbewahrer und Verfasser seiner hochherrschaftlichen Erlasse, sowie den Chefbrigadier, sozusagen sein Erzengel, der oberste Hüter der Hölle, mit anderen Worten der Gefängnisse.[12]

Für die islamisierten Bevölkerungen am Rande der Sahara, also auch für die Sokoto-Herrscher, bedeutete gerade dieser Aspekt der neuen politischen Ordnung eine schwere Beeinträchtigung ihres Status, da die meisten Bürokräfte aus Regionen näher an der Atlantikküste kamen, wo die europäische Erziehung – unerlässliche Voraussetzung für eine solche Anstellung – sich schneller verbreitete. Wie aus seinem Vornamen Amadou (= Ahmad) ersichtlich, war Hampâté Bâ Muslim, den man gegen den Willen seiner sehr frommen Familie aus einer Koranschule genommen und auf eine französische Schule geschickt hatte. Doch der Fall Hampâté Bâ bildet eher eine Ausnahme: Seine

Geschichte entspricht jedenfalls nicht dem allgemeinen Respekt sowohl der französischen als auch der britischen Kolonialverwaltungen gegenüber dem Islam, deren Politik das kulturelle Vermächtnis des Transsahara-Handels nicht nur bewahrte, sondern sogar verstärkte.

Angesichts der heutigen Feindseligkeiten zwischen dem radikalen Islam und dem europäisch-amerikanischen »Imperium« mag es überraschend erscheinen, dass Kolonialverwaltungen mit Muslimen zusammenarbeiteten. In der Tat leisteten islamische Regime und Sufi-Bruderschaften entschiedenen Widerstand gegen die Europäer, solange diese noch dabei waren, die Kontrolle über ihre afrikanischen Territorien zu festigen. Zudem verbündeten sich französische wie britische Kolonialisten mit Bewegungen, die sich für die Abschaffung der Sklaverei einsetzten, und die wiederum wurden gegen Ende des 19. Jahrhunderts vor allem von christlichen Missionaren angeführt, die dem Islam aus religiösen wie aus humanitären Gründen feindlich gegenüberstanden.

Ungeachtet dieser anfänglichen Gegensätze konnte der Islam unter der Kolonialherrschaft seine Vormachtstellung im Maghreb und in der Sahara behaupten, während er sich gleichzeitig noch weiter und tiefer im gesamten sudanischen West- und Zentralafrika ausbreitete. Selbst in den Waldgebieten, wo das Christentum seinerzeit erheblichen Einfluss hatte, setzte sich die Verbreitung des Islam fort. Dieses scheinbare Paradoxon lässt sich durch drei Faktoren erklären. Erstens konnte die lange Geschichte der Islamisierung in dieser Region nicht in einer relativ kurzen Zeit europäischer Herrschaft rückgängig gemacht werden. Zweitens waren die ökonomischen und gesellschaftlichen Veränderungen, die der Kolonialismus einführte oder beschleunigte, genau diejenigen, die in früheren Zeiten die Konvertierung zum Islam gefördert hatten: erweiterter Handel, Urbanisierung und zunehmende Alphabetisierung. Und schließlich erkannten die konservativen und notorisch unterfinanzierten Kolonialverwaltungen islamische Führer – im Regelfall eher Sufi-Scheichs als Regenten vorkolonialer Staaten – als »eingeborene Herrscher« an, die ihnen als politische Vermittler dienlich sein konnten.

Während der ersten Phasen der kolonialen Eroberung spielte der Islam eine wesentliche Rolle im Widerstand gegen die Herrschaft der Europäer. Fast unmittelbar nach der Einnahme Algiers durch die Franzosen 1830 begann Abd al-Qadir al-Jazairi, der Scheich des dortigen

Qadiriyya-Ordens, das bis dahin anarchische Hinterland Algeriens zu organisieren, und entwickelte es zu einem entscheidenden politischen und militärischen Machtfaktor. Er war nicht nur gut über den Islam informiert, sondern kannte sich auch in moderner Militärtechnik aus und wusste, dass es in Frankreich selbst gewisse Zweifel an einem verstärkten und mit zusätzlichen Kosten verbundenen Engagement in Nordafrika gab. Vor diesem Hintergrund unternahm Abd al-Qadir eine Reihe diplomatischer Anstrengungen, die darauf zielten, Algerien zwischen seinem eigenen Machtbereich und der neuen französischen Küstenkolonie aufzuteilen. Doch in den Appellen, mit denen er unter den weit verstreuten algerischen Gemeinschaften um Unterstützung warb, griff er auf die Sprache des Dschihad zurück. »Es ist meine Pflicht, euch unter meinem Banner zu versammeln«, schrieb er 1833 an einen Führer der ehemaligen türkischen Regierung. »Lasst uns deshalb alle Rassenunterschiede unter wahren Muslimen beseitigen [...] und lasst uns alle gemeinsam eine einzige bewaffnete Hand gegen den Feind erheben.«[13]

1847 ergab sich Abd al-Qadir schließlich den Franzosen – hauptsächlich aufgrund der militärischen Überlegenheit der Europäer – und ging ins Exil.

Die europäischen Kolonisatoren nutzten auch Differenzen unter den algerischen Muslimen aus, um die freiwillige Unterstützung der Tidschani, eines rivalisierenden Sufi-Ordens, zu gewinnen. Deren Hauptsitz, die südalgerische Sahara-Oase Ain Mahdi, sollte nach den Plänen Abd al-Qadirs Teil einer letzten Verteidigungslinie gegen die europäischen Invasoren sein. Doch sowohl aufgrund religiöser Rivalität als auch eingedenk früherer Spaltungen im Kampf gegen die Türken weigerte sich die Tidschani, mit Abd al-Qadir zu kooperieren, worauf dieser Ain Mahdi 1838 zerstörte. Ein Jahr später bot Muhammad al-Saghir al-Tijani, Sohn und Nachfolger des Ordensgründers, den Franzosen seine Unterstützung gegen Abd al-Qadir an, »der die Regeln, die unter den Mächtigen gelten, nicht kennt, denn er ist ein Beduine, und die Beduinen verstehen nichts von alledem, wie es in den Büchern der Gelehrten geschrieben steht«.[14]

Gestützt auf Allianzen mit solch willfährigen Elementen des muslimischen Establishments gelang es den Franzosen schließlich, die einheimische Bevölkerung Algeriens nach ähnlichen Prinzipien zu regieren wie ihre osmanischen Vorgänger. Die neuen europäischen

Abd al-Qadir al-Jazairi stand in den 1830er und 1840er Jahren an der Spitze der algerischen Widerstandsbewegung gegen die französische Kolonialherrschaft. Er verband kriegerisches und diplomatisches Geschick mit der Autorität eines muslimischen Gelehrten. Die überlegene Militärtechnik der Europäer sowie Rivalitäten zwischen örtlichen Sufi-Bruderschaften besiegelten schließlich seine Niederlage.

Behörden erhoben Besitzanspruch auf *habus* (Land und anderes Eigentum, das für die Unterstützung von Moscheen und Koranschulen vorgesehen war). Aus diesen und anderen öffentlichen Geldmitteln bezahlten, ernannten und überwachten sie die Ulema, die die verschiedenen gerichtlichen, erzieherischen und rituellen Funktionen einer islamischen Gesellschaft ausübte.

Weiter südlich in der Sahara und im Sudan waren der Status des Islam und seine Verankerung in einer größeren afrikanischen Gesellschaft keineswegs so eindeutig. Auch hier mussten die Franzosen erst gegen Sufi-Führer kämpfen, ehe sie einige von ihnen zu Verbündeten machen konnten. Größtenteils hatte dieser Antagonismus nicht so sehr mit einer islamischen Feindschaft gegen die Europäer zu tun, sondern eher mit französischer Panik, wie der Fall der Sanussiya in der Wüste östlich des Tschadsees zeigt. Muhammad ibn Ali al-Sanussi, der Gründer dieses Ordens, war ein Algerier, der sich 1840 geweigert hatte, unter französischer Herrschaft zu leben. Aber ebenso wie der 1903 besiegte Kalif von Sokoto entschied er sich, das kolonisierte Territorium zu verlassen und nach Mekka zu gehen, anstatt den bewaffneten Kampf zu verlängern. Den am besten informierten französischen Beobachtern war klar, dass mit den Sanussi-Siedlungen, die sich quer durch die Kyrenaika in Ostlibyen bis tief hinein in die Sahara erstreckten, eher kommerzielle als politische Ziele verfolgt wurden. Doch im Kontext der kolonialen Konkurrenz des späten 19. Jahrhunderts bekam das europäische Publikum ein ganz anderes Bild der Sanussiya vermittelt, zunächst durch die Schriften Henri Duveyriers, eines Sahara-Entdeckers und Gelehrten, der es eigentlich besser hätte wissen müssen, und dann durch Jules Verne, den Verfasser der *Reise um die Erde in achtzig Tagen*. In seinem Roman *Mathias Sandorf* von 1885 übernahm Verne fast wortwörtlich die Darstellung Duveyriers, der die Sanussiya als eine gewaltige gesamtafrikanische Verschwörung geschildert hatte und als »eine permanente Gefahr für die europäischen Einrichtungen in Nordafrika«.[15]

Die Legende über die Sanussiya blieb keineswegs Fiktion, sondern diente schließlich als realer Vorwand, den Orden von Süden und Norden her anzugreifen. 1902 gelangte Georges-Mathieu Destenave, französischer Kommandant in der neuen Kolonie Tschad, zu der Überzeugung, die Anhänger der Sanussiya seien nichts weiter als antikoloniale Sklavenhändler, die in der gesamten Sahara »ein Riesengerüst aus Lügen, Heuchelei, Hass und Ausnutzung menschlicher Gutgläubigkeit« errichtet und es »mit einem Schleier der Religion verbrämt« hätten.[16] Gegen den darauf einsetzenden Feldzug der Franzosen leistete die Sanussiya zehn Jahre lang heftigen Widerstand, und selbst nach ihrer Niederlage sollte sie beim Tuareg-Aufstand gegen die Kolonialherrschaft während des Ersten Weltkriegs noch eine wichtige Rolle spielen. Ab 1911 wurde Libyen auch von den Italienern attackiert, die sehr rasch den größten Teil seines Territoriums eroberten und damit die Herrschaft der Osmanen beendeten. In der Kyrenaika zog sich der Widerstand der Sanussiya noch bis 1931 hin. Angeführt wurde er zunächst von den Nachfolgern Muhammad ibn Alis und dann von Umar al-Mukhtar, einem Guerilla-Kämpfer und Gelehrten, der trotz seiner Niederlage zu einem modernen libyschen Nationalhelden avancierte, genauso wie Abd al-Qadir in Algerien.

Südlich der Sahara, selbst im Sudan, war der Islam gegen Ende des 19. Jahrhunderts nicht im selben Maße vorherrschend wie im Maghreb oder im Innern der Wüste. Seine größte Ausbreitung hatte er wahrscheinlich in Nordnigeria, und dort konnte Lugard den besiegten Herrschern von Sokoto bereits 1903 zusichern, dass die Kolonialregierung »sich nicht in die mohammedanische Religion einmischen wird«.[17] Zum Beweis, dass sie es ernst meinten mit ihrem Versprechen, ließen die Briten christliche Missionare – andernorts eine Hauptstütze ihrer Kolonialunternehmen – nur noch in beschränktem Umfang in diese Region hinein. Auch Frankreich reduzierte die missionarischen Aktivitäten in seinen west- und zentralafrikanischen Territorien, was sich allerdings weniger einem Respekt vor dem Islam verdankte als vielmehr der seit Beginn des 20. Jahrhunderts bestehenden Gegnerschaft zwischen der laizistisch ausgerichteten Dritten Republik und der katholischen Kirche. (Auch protestantische Missionare gerieten als Ausländer unter Verdacht.)

Aus derselben antiklerikalen Haltung heraus erörterten französische Kolonialverwalter die Frage, wie mit den Marabouts umzugehen sei, die die Sufi-Führer überall in der Region vorfanden. Auch wenn Verschwörungstheorien wie diejenigen über die Sanussiya sich nach wie vor einer gewissen Beliebtheit erfreuten, so bestand unter den Kolonialexperten des »Service des affaires musulmanes« spätestens seit dem Ersten Weltkrieg Konsens darüber, dass es einen typischen *Islam noir* gebe, der sich verschiedenen afrikanischen Kulturen angepasst habe und deshalb die französischen Interessen nicht ernsthaft gefährde. »Die Negermentalität«, schrieb Paul Marty, der herausragendste unter diesen Gelehrten im Dienste der Kolonialverwaltung, »ist absolut unfähig, die mystisch-metaphysischen Vorstellungen der orientalischen Semiten und die ekstatischen Phantastereien der Sufis auch nur annähernd zu erfassen.«[18]

Die Studie von 1917, in der Marty diese Aussage machte, behandelte einen spezifischen Sufi-Orden, die Muridiyya (ein senegalesischer Ableger der Qadiriyya), deren Anführer Amadou Bamba Mbaké von den Franzosen ins Exil geschickt worden war, schließlich aber zu seinen Anhängern zurückkehren durfte. Trotz ihres herablassenden und rassistischen Tonfalls unterstützt Martys Analyse eine Kolonialpolitik, die den Sufi-Scheichs gestattete, nicht nur spirituelle Autorität, sondern auch materiellen Wohlstand zu erwerben. Amadou Bamba zum Beispiel ließ seine Schüler Erdnüsse für den Export anbauen, was durchaus auch den finanziellen Interessen der europäischen Kolonialverwaltung entsprach. »Auch wenn es vielleicht bedauerlich sein mag, dass wir den Muriden gestattet haben, sich als eigenständige Macht zu entfalten«, hieß es in einem französischen Rapport von 1926, »so hat ihr Handeln aus ökonomischer Sicht doch enorm zur Entwicklung der landwirtschaftlichen Produktion in der Region Baol beigetragen.«[19]

Die Tidschani – der zweite große Sufi-Orden mit Verbreitung in der gesamten Sahara – spielte für die französische Kolonialpolitik im Sudan zunächst eine völlig andere Rolle, als es in Algerien der Fall gewesen war. Al-Hadsch Umar Tal, der bedeutende Dschihad-Führer der Tidschani, hatte sich im Tal des Senegal Gefechte mit den Franzosen geliefert, ehe er in den 1850er Jahren am Mittellauf des Niger sein eigenes Reich gründete. Drei Jahrzehnte später leiteten Umars Söhne und Nachfolger den Widerstand gegen die französische Expansion in Richtung Wüstenrand. Nachdem die Franzosen ihre militärische Vorherrschaft gefestigt hatten, wurde ihnen allerdings auch klar, dass Umars religiöses Ansehen ihnen von Vorteil sein konnte, und so ernannten sie einen seiner Enkel, Seydu Nuru Tal, Anfang der 1920er Jahre – inoffiziell, aber sehr öffentlichkeitswirksam – zum »Grand Marabout« für ihre gesamten west- und zentralafrikanischen Kolonien. Auch hier profitierten beide Seiten, da die Tidschani an Prestige gewann und ständig neuen Zulauf bekam, während die Kolonialbehörden damit rechnen konnten, dass der Orden seine Anhängerschaft zu Loyalität ermahnen würde. So rief Nuru Tal 1940, nach dem Einmarsch deutscher Truppen in Frankreich, zur Solidarität mit dem »Mutterland« auf: »Frankreich, das seine schützende Hand über den Islam hält, ist in Gefahr. Unser Glück, die freie Ausübung unserer Religion, ja unsere Existenz sind untrennbar mit dem Schicksal Frankreichs verbunden. Wenn das Haus brennt, stürzen alle Bewohner herbei, um die Flammen zu löschen.«[20]

So tolerant, ja hilfreich die Kolonialbehörden gegenüber dem Islam als Religion auch sein mochten, so repräsentierten sie andererseits doch eine weltliche Kultur des Westens, die den islamischen Mittelmeerraum als Bezugspunkt für Afrikaner, die ihren Platz in der größeren Welt suchten, zu verdrängen drohte. Das Instrument – manche würden sagen »Geschenk« –, mit dessen Hilfe die europäischen Regierungen diese Kultur ihren neuen Untertanen nahebringen wollten, war die Schule. Doch das koloniale Schulwesen in dieser Region stand vor einem doppelten Dilemma: Erstens, wie viel sollte man in die Bildung von Bevölkerungen investieren, die keine politischen Mittel besaßen, um derlei Vorteile überhaupt einzufordern, und die den beschränkten Ambitionen ihrer Herrscher dann am besten dienen würden, wenn die meisten von ihnen ihren eigenen Kulturen verhaftet blieben? Zweitens, was sollte mit den bestehenden Ausbildungs- und Alphabetisierungssystemen passieren, die sich im Laufe von Jahrhunderten islamischer Beeinflussung herausgebildet hatten?

Algerien, das erste Territorium in dieser Region, das kolonisiert wurde, bedeutete für die französischen Machthaber eine besondere Herausforderung, denn hier hatten sie es nicht nur mit muslimisch-afrikanischen Untertanen zu tun, sondern auch mit europäischen Siedlern, die ihren politischen Einfluss geltend machten, um »die Einheimischen in ihre Schranken zu weisen«. Die Lösung, für die sich die ausgesprochen laizistische und nationalistische Dritte Republik schließlich entschied, bestand darin, Koranschulen beizubehalten und zu beaufsichtigen, während eine kleine Zahl von Algeriern die Möglichkeit geboten bekam, sich zu Franzosen im Westentaschenformat zu mausern. »Ziel der den Einheimischen vermittelten Ausbildung ist es«, so die Präambel zum allgemeinen Lehrplan für das Unterrichtswesen von 1898, »aus ihnen anständige, aufgeklärte, vernünftige, arbeitsfreudige

Menschen zu machen, die bereit sind, sich uns durch den Gebrauch unserer Sprache sowie durch die Anerkennung der Fortschritte anzunähern, an denen wir sie teilhaben lassen, um ihr Wohlbefinden, ihre Hygiene, ihre landwirtschaftlichen Praktiken, ihre industriellen Arbeiten und ihre geschäftlichen Beziehungen zu verbessern.«[21]

In Tunesien und dem größten Teil Marokkos ließen die Franzosen die Ausbildung weitgehend in den Händen lokaler Behörden, die Arabisch als wichtigstes Unterrichtsmedium beibehielten, auch wenn sie die Notwendigkeit erkannten, Französisch zu lehren. Auf der anderen Seite der Wüste, in Frankreichs subsaharischen Territorien, fand der staatlich geförderte Unterricht ausschließlich in Französisch statt.

In den britischen Kolonien arbeiteten die Schulen nach ganz anderen Prinzipien, was teilweise mit den Bedingungen in den besetzten Regionen zusammenhing, teilweise aber auch mit den nach Afrika importierten Ideen und Praktiken. In Großbritannien selbst wie auch in den Kolonien des Empire wurde ein Großteil des Unterrichtswesens an religiöse Körperschaften delegiert. Im Falle Afrikas waren dies Missionare, deren Kapazitäten an Arbeitskraft und Geldmitteln bei weitem das überstiegen, was an Ausbildung geboten werden konnte; allerdings unterrichteten sie vorzugsweise in einheimischen Sprachen, die sie zuvor erlernt hatten und die sie benutzten, um Einheimische zum Christentum zu bekehren. Anders als die Franzosen, die sich seit Beginn des 19. Jahrhunderts genötigt sahen, ihre Sprache gegen »les Anglo-Saxons« zu verteidigen, fürchteten die Briten, in Afrika dasselbe zu erleben wie in Indien, wo Absolventen englischsprachiger Schulen am Ende des Jahrhunderts plötzlich auf die Idee gekommen waren, unerwünschte Forderungen nach Autonomie zu erheben. Der Unterricht an britischen Kolonialschulen in Afrika sah normalerweise so aus, dass in den Unterstufen ausschließlich einheimische Sprachen benutzt wurden; etwas später erschien dann auch Englisch im Lehrplan, aber als Unterrichtssprache blieb es der höheren Bildung vorbehalten.

In Nordnigeria unterstützten die Briten deshalb nicht nur das Kalifat von Sokoto und den Islam, sondern förderten auch die literarische Entwicklung der Hausa-Sprache. Hausa war bereits im frühen 19. Jahrhundert zu einer Schriftsprache geworden, die das arabische Alphabet verwendete, dies allerdings fast ausschließlich für religiöse Poesie. Um Hausa für ihre eigenen administrativen Zwecke nutzbar zu machen, beschloss die britische Kolonialverwaltung, dass es mit lateinischen Buchstaben geschrieben werden müsse. Örtliche Gelehrte und Regenten widersetzten sich jedoch jahrzehntelang einer solchen Veränderung, die für sie nicht nur einem Verrat am Islam gleichkam, sondern hinter der sie auch, nicht ganz zu Unrecht, Bekehrungsabsichten seitens christlicher Missionare witterten (die in der Tat am Rand des Hausalands aktiv waren). In den 1930er Jahren schließlich eröffneten die staatlichen Schulbehörden ein sogenanntes »Literature Bureau« und baten eine Gruppe junger Korangelehrter, die als Lehrer ausgebildet worden waren, kurze historische Romane in romanisiertem Hausa zu verfassen – ein Konzept, das nach den Worten des zuständigen britischen Beamten Rupert East »völlig neu war und von zweifelhaftem Wert, wenn nicht gar moralisch bedenklich«.[22]

Trotz dieser forcierten Anfänge entwickelte sich das säkularisierte und romanisierte Hausa schon bald zu einem lebendigen, modernen Medium. Einer der Romane aus den 1930er Jahren, *Shaihu Umar*, der noch heute gelesen wird, erzählt die – ausgesprochen transsaharische – Geschichte eines Hausa-Jungen, der erst entführt und zum Sklaven gemacht wurde, dann am Nordrand der Wüste eine Ausbildung bekam und schließlich als Koranlehrer nach Hause zurückkehrte. Der Verfasser, Alhaji Abubakar Tafawa Balewa, wurde später der erste Premierminister des postkolonialen Nigeria. Aber seine Ermordung 1966 – Auftakt zu einem blutigen Bürgerkrieg – verdeutlicht auch die Probleme, die aus einem Gegensatz zwischen saharischen und atlantischen Orientierungen im modernen Westafrika resultieren konnten. Eine solche Spaltung mochte den kurzfristigen Interessen der Briten insofern dienen, als sie das Unabhängigkeitsbestreben der Nigerianer – vor allem der aus dem Süden, die besser in die europäische Kultur integriert waren als ihre Landsleute im Norden – verlangsamte, ohne es allerdings völlig aufhalten zu können. Andererseits hinterließ sie auch ein Erbe religiöser und regionaler Konflikte, die bis heute, oft in gewalttätiger Form, anhalten.

In den französischen Kolonialgebieten des transsaharischen Afrika mussten sich Traditionen des Ajami-Schreibens selbständig behaupten. Auch Frankreich praktizierte in seinen Teilen des transsaharischen Afrika eine Politik des »divide et impera«, aber der Unterricht in einheimischen Sprachen spielte hier fast keine Rolle. In den Regionen

Der französische Maréchal Hubert Lyautey eroberte Marokko in den Jahren 1907–1912 und diente anschließend als »Résident Général« (praktisch Gouverneur) seines Landes bis 1925. Seine militärischen und administrativen Erfolge wurden durch den Versuch getrübt, Berber und Araber gegeneinander auszuspielen: Diese Politik, die die Marokkaner als direkten Angriff auf den Islam empfanden, wurde für sie zum Ansporn eines antikolonialen Nationalismus.

Südmarokkos, wo Berberisch gesprochen wurde, richteten die Franzosen sogenannte »Écoles franco-berbères« ein, was aber nichts anderes bedeutete, als das Arabische (und damit ganz konkret den Islam) zugunsten des Französischen und des Säkularismus auszuschließen. »Das Arabische ist ein Faktor der Islamisierung, denn es ist die Sprache des Koran; unser Interesse gebietet uns aber, dafür Sorge zu tragen, dass die Berber sich außerhalb islamischer Strukturen weiterentwickeln«, schrieb Maréchal Hubert Lyautey, der »französische Lugard« 1914. »In sprachlicher Hinsicht müssen wir bestrebt sein, vom Berberischen direkt zum Französischen zu gelangen.«[23]

Welche Politik mit diesen kulturellen Bemühungen verfolgt wurde, zeigte sich 1930, als die französischen Behörden den marokkanischen

König dazu drängten, einen *dahir* (Verordnung) zu erlassen, wonach es »im Interesse unserer Untertanen und der öffentlichen Ruhe« geboten sei, »den bisherigen Status der befriedeten Berberstämme zu respektieren«.[24] Den marokkanischen Eliten war sofort klar, dass der sogenannte »Dahir Berbère« einen Angriff auf den Islam bedeutete, und so nutzten sie ihn – entgegen den französischen Absichten und anders als im Falle Nigerias – als Grundlage für eine vereinigte nationalistische Opposition gegen das europäische Kolonialregime.

Keine einzige der sudanischen Sprachen, die in der vorkolonialen Zeit Ajami-Schreibsysteme entwickelt hatten, wurde von den offiziellen französischen Unterrichtsbehörden nachhaltig unterstützt. Dennoch konnte sich diese Art der Lese- und Schreibfähigkeit behaupten und fand aufgrund der Bemühungen inoffizieller Förderer – etwa die Ulema, weltliche afrikanische Intellektuelle und europäische Privatgelehrte im Dienst der Kolonialverwaltung – sogar noch weitere Verbreitung. Wolof, die Hauptsprache des Senegal, war in der vorkolonialen Zeit kaum geschrieben worden, aber die Sufi-Bruderschaften der Muriden und Tidschani sorgten mit ihrer Dynamik dafür, dass sich eine umfangreiche religiöse Literatur entwickelte, die das arabische und lateinische Alphabet benutzte.

Futa Jallon, eine Region im späteren Französisch-Guinea, blieb eines der wichtigsten Zentren der religiösen Fulfulde-Literatur, die in Ajami geschrieben wurde, aber die Dichter des frühen 19. Jahrhunderts entrüsteten sich auch moralisch über die kolonialen Verhältnisse:

> Allah erlegt uns Prüfungen auf, deshalb hat er uns
> in die Welt gebracht zur Zeit der [französischen] Steuereintreiber,
> jener, denen die Glückseligkeit des Jenseits
> versagt bleibt.
>
> […]
>
> Geben wir ihnen also die Steuer, auf dass sie sie essen mögen!
> Wir aber, wir folgen unserer Religion; Allah
> wird uns entlohnen mit der Nahrung
> des Jenseits!

Die aber die Steuer mit ihnen essen,
sie sollen wissen, dass sie mit ihnen ins Feuer der Hölle gehen
im Jenseits![25]

Trotz seiner reichen Tradition konnte sich das geschriebene Fulfulde nie gegen die Vorherrschaft des Arabischen oder Französischen behaupten, denn die Viehhirten, die es sprachen, blieben als Minderheiten über weite Teile West- und sogar Zentralafrikas verstreut. Dagegen blieb Mande in seinen vielfältigen, aber untereinander verständlichen Formen unter allen westsudanischen Sprachen diejenige mit der größten Verbreitung. Hätte Großbritannien diese Region beherrscht, wäre ein standardisiertes Mande aller Wahrscheinlichkeit nach zu einem Medium früher Erziehung wie auch literarischer Produktion geworden. Im französischen Machtbereich fühlte sich Solomana Kante, ein nordguineischer Intellektueller, 1949 berufen, für die Mande-Kernsprachen Malinke, Bambara und Dyula ein neues phonetisches Alphabet zu erfinden, das sogenannte N'Ko (was so viel bedeutet wie »ich sage«).

Den Anstoß zu seinem Unterfangen erhielt Kante nach Aussage derer, die sich 1993 an ihn erinnerten, nicht etwa aus Europa, sondern aus der Arabisch sprechenden Welt, und zwar aus einem 1944 im Libanon erschienenen Buch, in dem die Afrikaner verunglimpft wurden, weil ihre Sprachen angeblich keine Schriftlichkeit besäßen. Ebenso wenig wie die Fulfulde-Poesie stellte N'Ko eine Bedrohung für die Franzosen dar; doch ihre beruhigende Ansicht über den *Islam noir* wie auch über die islamisch geprägte Kultur, die dieser Auffassung eine gewisse Gültigkeit zu verleihen schien, geriet in den letzten Jahrzehnten der Kolonialzeit zunehmend ins Wanken, als das Arabische zum Medium und zum Emblem neuer religiöser Kräfte aus dem Vorderen Orient wurde.

Diese Lehren brauchten nicht mehr mittels Wüstenkarawanen in Afrika verbreitet zu werden. Unter der Kolonialherrschaft wurde es für afrikanische Muslime sehr viel leichter, Pilgerreisen nach Mekka zu unternehmen oder zu den mediterranen Zentren islamischer Gelehrsamkeit zu reisen: Anders als in der Vergangenheit konnten sie zu diesem Zweck jetzt motorisierte Fahrzeuge durch die Sahara, Schiffe auf dem Atlantik oder – im späteren 20. Jahrhundert – Flugzeuge benutzen. Zudem verknüpften die neuen Formen des Islam ein fundamentalistisches

Bedürfnis nach Rückkehr zu den religiösen Wurzeln mit einem modernen Bestreben, das wissenschaftlich-technische Denken des Westens in die religiöse Orthodoxie zu integrieren. Die ersten Verfechter dieser neuen Religiosität attackierten den Kolonialismus denn auch nicht direkt, sondern eher die Protektion, die er dem »verderbten« Islam, insbesondere den Sufi-Bruderschaften, zukommen ließ.

Islamische Reformbewegungen entstanden zunächst im Maghreb, bevor sie eine gute Generation später auch im sudanischen Afrika aktiv wurden. 1931 schloss sich eine Gruppe von Gelehrten, die im Vorderen Orient ausgebildet worden waren, unter dem Vorsitz von Abdelhamid Ben Badis zur »Association des Ulama Musulmans Algériens«

Zweiter Weltkrieg. Truppentransport aus Französisch-Westafrika (1939). Trotz des Projekts einer transsaharischen Eisenbahn, mit der lange geliebäugelt wurde, mussten diese Soldaten die Wüste mit dem LKW durchqueren. Die Compagnie Générale Transsaharienne, *die den Transport organisierte, betrieb auch eine Fluglinie auf denselben Routen.*

(A.U.M.A.) zusammen, die – wie ihr Vizepräsident zwei Jahre später erklärte – »zwei noble Ziele« verfolgte: »die Würde der islamischen Religion und die Würde der arabischen Sprache wiederherzustellen«.[26] 1936 verurteilten Ben Badis und seine Anhänger die Sufi-Praktiken als etwas, das »nur der Zeit des Heidentums angemessen« sei, und ihre Förderung durch die Kolonialverwaltung ziele darauf ab, »uns als rückwärts gewandt und abergläubisch hinzustellen«.[27] Die A.U.M.A. opponierte nicht direkt gegen die französische Herrschaft, die Ben Badis als notwendig für das algerische Volk betrachtete, »um Fortschritte auf dem Weg zu Zivilisation und Entwicklung zu machen«. 1936 erklärten sich die A.U.M.A.-Führer jedoch zu Angehörigen einer »algerischen Nation von Muslimen, die nicht Frankreich ist. [...] Sie will nicht zu Frankreich werden.« Gleichzeitig forderten sie – unter Berufung auf die französischen Prinzipien der Trennung von Kirche und Staat –, sie und nicht die Kolonialverwaltung müssten islamische Wohlfahrtsorganisationen, Moscheen und Schulen kontrollieren.[28]

1952 berichtete Marcel Cardaire, ein kolonialer »Wallfahrtsbeamter« (zuständig für die Beaufsichtigung des Hadsch), über seine Begegnung mit fünfhundert Studenten aus Französisch-Westafrika, die an der islamischen Universität Al-Azhar in Kairo studierten. Sie sagten ihm, die Anführer des *Islam noir* seien in ihren Augen »ignorant und habgierig«, und wenn sie nach Hause zurückkehrten, würden sie »diese schlechten Muslime dem Heidentum und dem westlichen Einfluss entreißen«.[29] Um den auf Arabisch verbreiteten Lehren der muslimischen Reformer gegenzusteuern, unternahm Cardaire einen der wenigen französischen Versuche, die Lese- und Schreibfähigkeit in westafrikanischen Sprachen zu fördern, allerdings nicht mit großem Erfolg.

Um diese Zeit ging die Kolonialherrschaft im transsaharischen Afrika bereits ihrem Ende zu. Sowohl im blutigen Kampf um die Unabhängigkeit Algeriens als auch in den friedlicheren Transformationen, die in den französischen und britischen Kolonien des tropischen Afrika stattfanden, wurden die nationalistischen Bewegungen jeweils von Leuten angeführt, die ihre Bildung nicht dem Islam, sondern europäischen Sprachen und Kulturen verdankten. Doch dieser Triumph der westlichen Zivilisation war alles andere als vollständig. Die ersten postkolonialen Regime in Afrika erwiesen sich als unfähig, ihre Versprechen zu erfüllen und die wirtschaftliche und soziale Entwicklung voranzutreiben. Die daraus folgende Enttäuschung führte unter anderem zu einer erneuten Stärkung des Islam, aber auch zu weiteren Konflikten unter Muslimen im Maghreb wie im Sudan, in denen es um rivalisierende Formen der Religion und ihre Rolle als Ordnungsfaktor des sozialen Lebens ging.

Auch noch im ausgehenden 20. und frühen 21. Jahrhundert sorgte die Sahara für Verbindungen zwischen Afrika und globalen Interessen, allerdings auf andere Weise als zu den Blütezeiten der Kamelkarawanen. Der wichtigste ökonomische Aktivposten der Wüste besteht heute in den riesigen, äußerst ergiebigen Ölvorkommen in ihren nördlichen Regionen. Den Land- und Luftverkehr durch und über die Sahara nutzten einige der reichsten Menschen der Welt (sogenannte »Abenteuertouristen«) wie auch einige der ärmsten (illegale Migranten aus dem tropischen Afrika, die über den Maghreb nach Europa zu gelangen hoffen). Seit 2003 ist die Region auch zum Schauplatz des US-amerikanischen »Kriegs gegen den Terror« geworden. Dieser Terror war zunächst vermutlich eher ein Hirngespinst als eine tatsächliche Bedrohung, ist aber 2012 mit der Ausrufung eines unabhängigen Tuareg-Staats Azawad in Nordmali zur Realität geworden. Inzwischen wird diese Region von extremistischen muslimischen Kräften beherrscht, die der AQIM (Al-Qaida im Islamischen Maghreb) nahestehen. Eine weitere Rolle spielen daneben anhaltende Dispute über das frühere spanische Territorium Westsahara (»Afrikas letzte Kolonie«) und genozidale Angriffe Arabisch sprechender Viehtreiber aus dem Niltal auf die Bevölkerung von Darfur.

Damit ist die Sahara wieder das geworden, was sie zur Zeit der Karthager und Römer schon war – eine umkämpfte, vielleicht auch gefährliche Zone jenseits der Grenzen der damals bekannten Welt (beziehungsweise, heute, zweier solcher Welten, der mediterranen und der sudanischen), nicht aber eine florierende Verkehrsader innerhalb ihrer eigenen afrikanischen Welt. Die Geschichte dieser Verkehrsader hat uns noch immer sehr viel zu erzählen, nicht nur darüber, wie unser gesamter Globus in der Vergangenheit zu einer Einheit zusammenwuchs, sondern auch, wie die Afrikaner auf beiden Seiten der Wüste und in ihrem Innern bis heute ihre Identitäten herausbilden

Chronologie

3000 v. u. Z. – 300
Herausbildung der heutigen Sahara nach der vorangegangenen Feuchtphase des Holozäns.

814–146 v. u. Z.
Besiedelung der nordafrikanischen Küsten durch Karthager, Griechen und Römer.

ca. 450 v. u. Z.
Herodot beschreibt eine Handelsroute durch die Wüste.

ca. 400 v. u. Z. – 300
Blütezeit der Garamanten im Fessan.

ca. 100 v. u. Z. bis zur Zeitenwende
Wiedereinführung von Kamelen in der Sahara.

642
Islamische (arabische) Invasion Nordafrikas.

800
Beginn des Transsahara-Handels durch die muslimische Sekte der Ibaditen.

8. – 14. Jh.
Blütezeit der sudanischen Reiche.

11. Jh.
Die Almoraviden setzen in der westlichen Sahara, im Maghreb und im Sudan den Sunnismus und das malikitische Recht durch.

13.–15. Jh.
Dürre in Mauretanien, im südwestlichen Mali; der westsudanische Handel verlagert sich an die Niger-Biegung; bedeutende Goldvorkommen jetzt in Buré und im Volta-Becken.

ca. 1250
Sunjata gründet das Mali-Reich.

1332–1406
Lebenszeit des Abd al-Rahman Ibn Khaldun, der als Historiker und Sozialanthropologe den Maghreb, die Sahara und den Sudan beschreibt.

15. Jh.
Ankunft der Europäer an der westafrikanischen Küste.

1493–1538
Askia Mohammed herrscht über das Songhai-Reich.

16. Jh.
Spanien, das Osmanische Reich und Marokko kämpfen um die Vorherrschaft in Norafrika.

16. Jh.
Aufstieg der Hausa-Städte (Nordnigeria) als Handelszentren.

1571–1603
Idris Alauma herrscht über Bornu.

1591
Der marokkanische Sultan Ahmad al-Mansur erobert Timbuktu.

1656
Abd-el-Rahman al-Sadi vollendet seine *Geschichte des Sudan*.

17.–19. Jh.
Dschihadistische Bewegungen und Regime im Sudan.

1804
Usman dan Fodio gründet das Kalifat von Sokoto.

1818
Amadu Lobbo gründet Hamdullahi in Maasina.

1830
Mit der französischen Invasion Algeriens beginnt das moderne Kolonialzeitalter.

1852
Al-Hadsch Umar Tal beginnt mit der Eroberung des Gebiets am Mittellauf des Niger.

1884–1885
Die Berliner Kongokonferenz legt Grundregeln für den europäischen »Wettlauf um Afrika« fest.

20. Jh.
Koloniale Eisenbahnlinien ersetzen Sahara-Karawanen im internationalen Handel mit dem sudanischen Afrika.

1952–1962
Der Maghreb und Westafrika erlangen ihre Unabhängigkeit zurück.

Anmerkungen

Die Sahara: Von der Wüstenbarriere zur globalen Verkehrsader

1 Der Sudan, das südlich von Ägypten liegende heutige Land mit seiner geographischen Vielfalt, steht nicht im Zentrum dieses Buchs. Sofern der Begriff hier doch auftaucht, bezieht er sich auf den Nilsudan. Wenn »Sudan« ohne weitere Spezifikation verwendet wird, sind damit die zwischen der Sahara und den Waldgebieten West- und Zentralafrikas gelegenen Regionen gemeint, die auch als West- und Zentralsudan bezeichnet werden.
2 »Hanno, des karthagischen Sufeten Bericht von der Umsegelung der jenseits der Säulen des Herakles liegenden libyschen Teile der Erde«, dt. v. Karl Bayer, als Anhang in: Gaius Plinius Secundus d. Ä.: *Historia naturalis* (*Naturkunde*), lat.-dt., Buch V, hrsg. u. übers. v. Gerhard Winkler in Zusammenarbeit mit Roderich König, Zürich/München 1993, S. 345.
3 Ebenda, Buch V (VIII-45), S. 37.
4 Ebenda, Buch V (VIII-38), S. 33; Publius Cornelius Tacitus: *Historiae* (*Historien*), Buch IV/50, hrsg. v. Joseph Borst unter Mitarbeit v. Helmut Hross u. Helmut Borst, Zürich/München 1984, S. 451.
5 Herodot: *Geschichten und Geschichte*, Buch IV/183, dt. v. Walter Marg, Zürich/München 1973, S. 392.
6 Andrew Wilson: ›Saharan Trade in the Roman Period: Short-, Medium- and Long-Distance Trade Networks‹, in: *Anzania: Archeological Research in Africa*, Bd. 47, Heft 4. Ich bin Andrew Wilson sehr dankbar, dass er mir dieses Material zur Verfügung gestellt hat.
7 Michael Brett: ›Islam and Trade in the Bilad Al-Sudan, Tenth-Eleventh Century A. D.‹, in: *Journal of African History* 24 (1983), S. 433.

Karawanenhandel und afrikanische Wirtschaft

1 Charles de la Roncière: *La découverte de l'Afrique au Moyen Âge*, Kairo 1925, Bd. 1, S. 158.
2 Ibn Fadl Allah al-Umari: ›Pathways of Vision‹, in: N. Levtzion/J. F. P. Hopkins (Hrsg.): *Corpus of Early Arabic Sources for West African History*, Princeton, N. J. 2000, S. 267.
3 Levtzion/Hopkins: *Corpus of Early Arabic Sources*, s. Anm. 2, S. 170.

4 John O. Hunwick/Eve Trout Powell: *The African Diaspora in the Mediterranean Lands of Islam*, Princeton, N. J. 2002, S. 106.
5 Eugène Daumas: *Le Grand Désert ou Itinéraire d'une Caravane du Sahara au Pays des Nègres (Royaume de Haoussa)*, Paris 1848, S. 7.
6 Ghislaine Lydon: *On Trans-Saharan Trails: Islamic Law, Trade Networks and Cross-cultural Exchange in Western Africa*, New York 2008, S. 278.
7 Levtzion/Hopkins: *Corpus of Early Arabic Sources*, s. Anm. 2, S. 22.
8 James L. A. Webb Jr.: *Desert Frontier: Ecological and Economic Change along the Western Sahel, 1600–1850*, Madison, Wis. 1995, S. 110.

Der Kampf um die Herrschaft über die Sahara und ihre »Ufer«

1 John Hunwick: *Timbuktu and the Songhay Empire: Al-Sa'di's »Ta'rikh Al-Sudan« down to 1613 and other Contemporary Documents*, Leiden 1999, S. 190.
2 Levtzion/Hopkins: *Corpus of Early Arabic Sources*, s. o., Kap. »Karawanenhandel«, Anm. 2, S. 109–110.
3 *Die Reisen des Ibn Battuta*, hrsg. u. übers. v. Horst Jürgen Grün, München 2007, Bd. II, S. 285.
4 Levtzion/Hopkins: *Corpus of Early Arabic Sources*, s. o., Kap. »Karawanenhandel«, Anm. 2, S. 262.
5 Ebenda.
6 Hunwick: *Timbuktu and the Songhay Empire*, s. Anm. 1, S. 91.
7 Ebenda, S. 102–103.
8 Muhammad al-Saghīr ibn Muhammad Ifrānī: *Nozhet-elhâdi; histoire de la dynastie saadienne au Maroc (1511–1670)*, hrsg. u. übers. v. Octave Houdas, Paris 1888–1889, Bd. 2, S. 160.
9 Bintou Sanankoua: *Un empire peul au XIXe siècle. La Diina du Maasina*, Paris 1990, S. 35.
10 Brief von Ahmad ibn Muhammad al-Shinqiti, in: John Hanson/David Robinson (Hrsg.): *After the Jihad: The Reign of Ahmad Al-Kabir in the Western Sudan*, East Lansing, Mich. 1991, S. 83.
11 Levtzion/Hopkins: *Corpus of Early Arabic Sources*, s. o., Kap. »Karawanenhandel«, Anm. 2, S. 188.
12 Dierk Lange: *Le dīwān des sultans du (Kānem-)Bornū: chronologie et histoire d'un royaume africain (de la fin du Xe siècle jusqu'à 1808)*, Wiesbaden 1977, S. 76.
13 Dierk Lange: *A Sudanic Chronicle: The Borno Expeditions of Idris Alauma (1564–1576) According to the Account of Ahmad b. Furtu*, Stuttgart 1987, S. 35, 70.
14 Gustav Nachtigal: *Sahara und Sûdân. Ergebnisse sechsjähriger Reisen in Afrika*, Leipzig 1879, Erster Theil, III. Buch, 5. Kapitel, S. 592.
15 David Robinson/Douglas Smith: *Sources of the African Past: Case Studies of Five Nineteenth-Century African Societies*, New York 1979, S. 140–142; Mervyn Hiskett: *The Sword of Truth; The Life and Times of the Shehu Usuman dan Fodio*, New York 1973, S. 77.

16 Lange: *A Sudanic Chronicle*, s. Anm. 13, S. 38.
17 Robinson / Smith: *Sources of the African Past*, s. Anm. 15, S. 136–137.
18 Levtzion / Hopkins: *Corpus of Early Arabic Sources*, s. o., Kap. »Karawanenhandel«, Anm. 2, S. 348.
19 A. D. H. Bivar: ›Arabic Documents of Northern Nigeria‹, in: *Bulletin of the School of Oriental and African Studies* 22 (1959), S. 339.

Der Islam

1 Levtzion / Hopkins: *Corpus of Early Arabic Sources*, s. o., Kap. »Karawanenhandel«, Anm. 2, S. 79–80.
2 Walter J. Skellie: *A Translation of as Sanusi's Creed Umm Al Barahin, and a Comparison of It with the Creeds of Al Fadali and an Nasafi*, Magister-Arbeit, Hartford Seminary, 1930, S. 45.
3 *Die Reisen des Ibn Battuta*, s. o., Kap. »Der Kampf um die Herrschaft«, Anm. 3, S. 286.
4 Aus dem im 12. Jahrhundert von Iyad ibn Musa al-Qadi verfassten biographischen Nachschlagewerk *Tartīb al-madārik*. Siehe: http://bewley.virtualave.net/mad1.html [August 2012]
5 Abu Ubayd Abd Allah al-Bakri: ›The Book of Routes and Realms‹, in: Levtzion / Hopkins: *Corpus of Early Arabic Sources*, s. o., Kap. »Karawanenhandel«, Anm. 2, S. 72.
6 John O. Hunwick: *Sharia in Songhay: The Replies of al-Maghili to the Questions of Askia al-Hajj Muhammad*, London 1985, S. 93.
7 Aziz A. Batran: *The Qadiryya Brotherhood in West Africa and the Western Sahara: The Life and Times of Shaykh Al-Mukhtar Al-Kunt (1729–1811)*, Rabat 2001, S. 163.
8 Bintou Sanankoua: *Un empire peul au XIXe siècle*, Paris 1990, S. 58–59.
9 Hiskett: *The Sword of Truth*, s. o., Kap. »Der Kampf um die Herrschaft«, Anm. 15, S. 66.
10 Hanson / Robinson: *After the Jihad*, s. o., Kap. »Der Kampf um die Herrschaft«, Anm. 10, S. 88.
11 Knut S. Vikør: *Sufi and Scholar on the Desert Edge: Muhammad b. Alī al-Sanūsī and His Brotherhood*, Evanston, Ill. 1995, S. 202.
12 Thomas C. Hunter: ›The Jabi Ta'rikhs: Their Significance in West African Islam‹, in: *International Journal of African Historical Studies* 9 (1976), S. 444.

»Islamicate« Kultur

1 John O. Hunwick: *Jews of a Saharan Oasis: Elimination of the Tamantit Community*, Princeton, N. J. 2006, S. 13.
2 S. D. Goitein: *A Mediterranean Society: The Jewish Communities of the Arab World as Portrayed in the Documents of the Cairo Geniza*, Berkeley, Cal. 1967, Bd. 1: *Economic Foundations*, S. 280–281.

3 Mungo Park: *Reisen im Innern von Afrika auf Veranstaltung der afrikanischen Gesellschaft in den Jahren 1795 bis 1797*, dt. v. Friedrich Schleiermacher u. Henriette Herz, Berlin 1799, S. 183.
4 Hunwick: *Timbuktu and the Songhay Empire*, s. o., Kap. »Der Kampf um die Herrschaft«, Anm. 1, S. 200.
5 Lange: *Le dīwān des sultans du (Kānem-)Bornū*, s. o., Kap. »Der Kampf um die Herrschaft«, Anm. 12, S. 68–69.
6 Mervyn Hiskett: *A History of Hausa Islamic Verse*, London 1975, S. 3.
7 Ibn Khaldun: *The Muqaddimah: An Introduction to History*, übers. v. Franz Rosenthal, New York 1958, Bd. 3, S. 420.
8 Susan Slyomovics: *The Merchant of Art: An Egyptian Hilali Oral Epic Poet in Performance*, Berkeley, Cal. 1987, S. 67.
9 *Die Reisen des Ibn Battuta*, s. o., Kap. »Der Kampf um die Herrschaft«, Anm. 3, S. 283.
10 Ebenda.
11 Hiskett: *A History of Hausa Islamic Verse*, s. Anm. 6, S. 29.
12 ›The Path of Truth‹, in: *Collected Works of Nana Asma'u, Daughter of Usman dan Fodiyo (1793–1864)*, hrsg. u. übers. v. Jean Boyd/Beverly Mack, East Lansing, Mich. 1997, S. 179.
13 Tierno Mouhammadou-Samba Mombéyâ: *Le filon du bonheur éternel*, hrsg. u. übers. v. Alfa Ibrahim Sow, Paris 1971, S. 43.
14 Provinz im heutigen Burkina Faso.
15 Christiane Seydou: *Bergers des mots: poésie peule du Mâssina*, Paris 1991, S. 261.
16 Lilyan Kesteloot/Bassirou Dieng: *Les épopées d'Afrique noire*, Paris 1997, S. 349.
17 Christiane Seydou: *Silâmaka et Poullôri: récit épique peul*, Paris 1972, S. 42.

Europäischer Kolonialismus: Bruch und Kontinuität der transsaharischen Verbindungen

1 Dixon Denham/Hugh Clapperton/Walter Oudney: *Beschreibung der Reisen und Entdeckungen im nördlichen und mittlern Africa in den Jahren 1822 bis 1824*, Weimar 1827, S. 601.
2 Ebenda, S. 591.
3 Ebenda, S. 590–591.
4 Adolphe Duponchel: *Le chemin de fer Trans-Saharien, jonction coloniale entre l'Algérie et le Soudan: études préliminaires du projet et rapport de mission*, Montpellier 1878, S. 28.
5 Douglas Porch: *The Conquest of the Sahara*, New York 1984, S. 127.
6 Fernand Foureau: *D'Alger au Congo par le Tchad: mission saharienne Foureau-Lamy*, Paris 1902, S. 797–798.
7 Ebenda, S. 798.
8 Ahmadou Kourouma: *Der letzte Fürst*, dt. v. Horst Lothar Teweleit, Wuppertal 2004, S. 24. Deutsche Übersetzung leicht korrigiert im Sinne des französischen Originals: *Les soleils des indépendances*, Montréal 1968, S. 21

9 Jean Tilho: ›Variations et disparition possible du Tchad‹, in: *Annales de Géographie* 37 (1928), S. 258.

10 Vgl. Richard Roberts: *Two Worlds of Cotton: Colonialism and the Regional Economy in the French Soudan, 1800–1946*, Stanford, Cal. 1996, S. 122.

11 A. H. M. Kirk-Greene: *The Principles of Native Administration in Nigeria: Selected Documents, 1900–1947*, London 1965, S. 43, 68.

12 Amadou Hampâté Bâ: *Oui, mon commandant! In kolonialen Diensten*, dt. v. Karin Boden u. Monique Lütgens, Wuppertal 1997, S. 314.

13 Raphael Danziger: *Abd al-Qadir and the Algerians: Resistance to the French and Internal Consolidation*, New York 1977, S. 79.

14 Jamil M. Abun-Nasr: *The Tijaniyya, a Sufi Order in the Modern World*, London 1965, S. 69.

15 Jean-Louis Triaud: *La légende noire de la Sanûsiyya: une confrérie musulmane saharienne sous le regard français (1840–1930)*, Paris 1995, Bd. 1, S. 334.

16 Jean-Louis Triaud: *Tchad 1900–1902, une guerre franco-libyenne oubliée?: une confrérie musulmane, la Sanûsiyya face à la France*, Paris 1987, S. 33.

17 Kirk-Greene: *The Principles of Native Administration*, s. Anm. 11, S. 43.

18 Paul Marty: *Études sur l'Islam au Sénégal*, Paris 1917, Bd. 1, S. 265.

19 Christopher Harrison: *France and Islam in West Africa, 1860–1960*, Cambridge 1988, S. 166.

20 Sylvianne Garcia: ›Al-Hajj Seydou Nourou Tall, 'grand marabout' tijani. L'histoire d'une carrière (c. 1880–1980)‹, in: David Robinson/Jean-Louis Triaud (Hrsg.): *Le temps des marabouts. Itinéraires et stratégies islamiques en Afrique occidentale française v. 1880–1960*, Paris 1997, S. 254–255.

21 Serge Jouin et al.: *L'école en Algérie, 1830–1962: de la Régence aux Centres sociaux éducatifs*, Paris 2001, S. 31–32.

22 R. M. East: ›A First Essay in Imaginative African Literature‹, in: *Africa: Journal of the International African Institute* 9 (1936), S. 352.

23 Hubert Lyautey: *Rapport général sur la situation du protectorat du Maroc au 31 Juillet 1914*, Rabat 1914, hier zitiert nach: Paul Marty: *Le Maroc de demain*, Paris 1925, S. 228.

24 Joseph Luccioni: ›L'élaboration du Dahir berbère du 16 Mai 1930‹, in: *Revue de l'occident musulman et de la mediterannée* 38 (1984), S. 80.

25 Gilbert Vieillard: ›Poèmes Peuls de Fouta Djallon‹, in: *Bulletin du Comité d'études historiques et scientifiques de l'Afrique occidentale française* 20 (1937), S. 248–249.

26 Ali Merad: *Le réformisme musulman en Algérie de 1925 à 1940: essai d'histoire religieuse et sociale*, Paris 1967, S. 416.

27 James McDougall: *History and the Culture of Nationalism in Algeria*, Cambridge 2006, S. 133.

28 Merad: *Le réformisme musulman*, s. Anm. 26, S. 392, 397–398.

29 Marcel Cardaire: *L'Islam et le terroir africain: études soudaniennes*, Koulouba [Mali] 1954, S. 97.

Literatur

Abun-Nasr, Jamil M.: *A History of the Maghrib*, Cambridge 1975.

Africa. General History of Africa, hg. v. UNESCO (International Scientific Committee for the Drafting of a General History of Africa), 8 Bde., London 1981–1993.

Ajayi, J. F. Ade / Crowder, Michael (Hgg.): *History of West Africa*, 2 Bde., New York 1972–1976.

Ajayi, J. F. Ade / Crowder, Michael: *Historical Atlas of Africa*, Essex (England) 1985.

Ansprenger, Franz: *Geschichte Afrikas*, München 2002.

Austen, Ralph A.: *African Economic History: Internal Development and External Dependency*, London 1987.

Austen, Ralph A. (Hrsg.): *In Search of Sunjata: The Mande Epic as History, Literature and Performance*, Bloomington 1999.

Austen, Ralph A.: ›Trans-Saharan Trade‹, in: Benjamin, Craig (Hrsg.): *The Cambridge History of the World*, Bd. 4: *A World with States, Empires, and Networks, 1200 BCE–900 CE*, erscheint voraussichtlich Cambridge 2013.

Barich, Barbara E.: *People, Water and Grain. The Beginnings of Domestication in the Sahara and the Nile Valley*, Rom 1998.

Barth, Heinrich: *Reisen und Entdeckungen in Nord- und Central-Afrika*, hrsg. v. Heinrich-Barth-Institut e.V. und Heinrich-Barth-Gesellschaft e.V., Faks. der Ausg. Gotha 1857/58, Köln 2005.

Bearman, P.J. / Bianquis, Th. / Bosworth, C. E. et al. (Hgg.): *The Encyclopaedia of Islam*, 12 Bde., Leiden 1960–2005.

Black, Jeremy: *Geschichte der Landkarte. Von der Antike bis zur Gegenwart*, Leipzig 2005.

Bley, Helmut (Hrsg.): *Sklaverei in Afrika. Afrikanische Gesellschaften im Zusammenhang von europäischer und interner Sklaverei und Sklavenhandel*, Pfaffenweiler 1991.

Boahen, Albert A.: *Britain, the Sahara and the Western Sudan 1788–1861*, London / Oxford 1964.

Bovill, Edward W.: *The Golden Trade of the Moors. African Kingdoms in the Fourteenth Century*, Oxford 1968.

Boyd, Jean / Mack, Beverly: *One Woman's Jihad: Nana Asma'u, Scholar and Scribe*, Bloomington 2000.

Brett, Michael / Fentress, Elizabeth: *The Berbers*, Oxford 1996.

Bulliet, Richard: *The Camel and the Wheel*, Cambridge 1975.

Charry, Eric S.: *Mande Music: Traditional and Modern Music of the Maninka and*

Mandinka of Western Africa, Chicago 2000.

Cornevin, Robert und Marianne: *Geschichte Afrikas – Von den Anfängen bis zur Gegenwart*, Stuttgart 1966.

De Villiers, Marq / Hirtle, Sheila: *Sahara: A Natural History*, New York 2002.

Devisse, Jean: ›Trade and Trade Routes in West Africa‹, in: El-Fasi, M. (Hrsg.): *Africa from the Seventh to the Eleventh Century*, UNESCO (*General History of Africa*, 3. Bd.), Berkeley 1988, S. 367–435.

Dowler, Amelia / Galvin, Elizabeth R. (Hgg.): *Money, Trade and Trade Routes in Pre-Islamic North Africa*, London 2011.

Dreikluft, Robert: *Die Sahara. Natur und Geschichte*, Darmstadt 2005.

Farias, Paulo F. de Moraes: *Arabic Medieval Inscriptions from the Republic of Mali: Epigraphy, Chronicles, and Songhay-Tuareg History*, Oxford 2003.

Gardi, René: *Sahara. Monographie einer großen Wüste*, Bern 1967.

Gérard, Albert S.: *African Language Literatures: An Introduction to the Literary History of Sub-Saharan Africa*, Washington, D. C. 1981.

Göttler, Gerhard (Hrsg.): *Die Sahara – Mensch und Natur in der größten Wüste der Erde*, Köln 1984.

Hartmann, Jürgen: *Staat und Regime im Orient und in Afrika. Regionenporträts und Länderstudien*, Wiesbaden 2011.

Hiskett, Mervyn: *A History of Hausa Islamic Verse*, London 1975.

Hodgson, Marshall G. S.: *The Venture of Islam: Conscience and History in a World Civilization*, Chicago 1974.

Hofmeier, Rolf / Schönborn, Mathias (Hgg.): *Politisches Lexikon Afrikas*, 4. Aufl., München 1988.

Hogendorn, Jan / Johnson, Marion: *The Shell Money of the Slave Trade*, Cambridge 1986.

Hunwick, John O.: *Timbuktu and the Songhay Empire: Al-Sa'di's ›Ta'rikh Al-Sudan‹ down to 1613 and Other Contemporary Documents*, Leiden 1999.

Hunwick, John O. / Trout Powell, Eve: *The African Diaspora in the Mediterranean Lands of Islam*, Princeton, N. J. 2002.

Iliffe, John: *Geschichte Afrikas*, München, 2. Aufl., 2003.

Johnson, John William / Hale, Thomas A. / Belcher, Stephen: *Oral Epics from Africa: Vibrant Voices from a Vast Continent*, Bloomington 1997.

Kühme, Walter: *Das Königtum von Gobir. Götter, Priester, Feste einer sakralen Gesellschaft*, Hamburg 2003.

Lange, Dierk: ›Un document de la fin du XVIIe siècle sur le commerce transsaharien‹, in: Devisse, Jean (Hrsg.): *Le sol, la parole et l'écrit. Mélanges en hommage à Raymond Mauny*, Paris 1981, Bd. 2, S. 673–684.

Lange, Dierk: ›Der Ursprung des Namens ‚Hausa' und die Entstehung der Hausa-Legende‹, in: Hagedorn, H. / Baumhauer, R. (Hgg.): *Geowissenschaftliche Untersuchungen in Afrika*, Würzburg 1988, S. 305–315.

Lange, Dierk: ›Zwischen Regenwald und Wüste – die Großreiche der westlichen Sudanzone (9.–16. Jh.)‹, in: M. Münter-Elfner (Hrsg.): *Die Weltgeschichte. Brockhaus*, Bd. 3, Mannheim 1998, S. 620–631.

Lange, Dierk: *Ancient Kingdoms of West Africa*, Dettelbach 2004.

Lange, Dierk: ›Afrika südlich der Sahara: Von den Sakralstaaten zu den Großreichen‹, in: Fried, Johannes/Hehl, Ernst-Dieter (Hgg.): *Weltdeutungen und Weltreligionen 600–1500*, Darmstadt 2010, Bd. 3, S. 103–116.

Law, Robin: *The Horse in West African History: The Role of the Horse in the Societies of Pre-colonial West Africa*, Oxford 1980.

Lenz, Otto: *Timbuktu. Reise durch Marokko, die Sahara und den Sudan in den Jahren 1879 und 1880*, 2 Bde., Leipzig 1884/1892.

Levtzion, Nehemia: *Ancient Ghana and Mali*, London 1973.

Levtzion, Nehemia/Hopkins, J. F. P.: *Corpus of Early Arabic Sources for West African History*, Princeton, N. J. 2000.

Levtzion, Nehemia/Pouwels, Randall L. (Hgg.): *The History of Islam in Africa*, Athens 2000.

Lopes, Marília P.L. dos Santos: ›Schwarze Portugiesen. Die Geschichte des frühen Westafrika-Handels‹, in: *Kolumbus' Erben. Europäische Expansion und überseeische Ethnien im ersten Kolonialzeitalter (1415–1815)*, Darmstadt 1992, S. 21–37.

Lydon, Ghislaine: *On Trans-Saharan Trails: Islamic Law, Trade Networks, and Cross-cultural Exchange in Nineteenth-Century Western Africa*, Cambridge 2009.

Meerpohl, Meike: *Kamele und Zucker. Transsahara-Handel zwischen Tschad und Libyen*, Diss., Universität Köln 2009, URL: http://kups.ub.uni-koeln.de/3263/ (August 2012).

Mori, Fabrizio: *The Great Civilisations of the Ancient Sahara*, Rom 1998.

Nachtigal, Gustav: *Sahărâ und Sûdân: Ergebnisse sechsjähriger Reisen in Afrika*, 2 Bde., Leipzig/Berlin 1879/1881.

Norris, Harry T.: *The Arab Conquest of the Western Sahara*, London 1986.

Oliver, Roland/Atmore, Anthony: *Africa since 1800*, Cambridge 2005.

Oswald, Rainer: *Die Handelsstädte der Westsahara. Die Entwicklung der arabisch-maurischen Kultur von Sinqît, Wâdân, Tîsît und Walâta*, Berlin 1986.

Polkehn, Klaus: *Im Banne der Sahara*, Leipzig 1969.

Porch, Douglas: *The Conquest of the Sahara*, New York 1984.

Prussin, Labelle: *Hatumere: Islamic Design in West Africa*, Berkeley 1986.

Raven, Susan: *Rome in Africa*, London 1993.

Reder, Christian/Semotan, Elfie (Hgg.): *Sahara. Text- und Bildessays*, Universität für angewandte Kunst Wien, Institut für Medienkunst, Kunst- und Wissenstransfer, Wien/New York 2004.

Rippin, Andrew: *Muslims: Their Religious Beliefs and Practices*, London 2001.

Ritter, Hans: *Salzkarawanen in der Sahara*, Zürich/Freiburg i. Br. 1980.

Robinson, David: *Muslim Societies in African History*, Cambridge 2004.

Ruedy, John: *Modern Algeria: The Origins and Development of a Nation*, 2. Aufl., Bloomington 2005.

Ruprechtsberger, Erwin M.: *Die Garamanten. Geschichte und Kultur eines libyschen Volkes in der Sahara*, Mainz 1997.

Savage, Elizabeth (Hrsg.): *The Human Commodity: Perspectives on the Trans-Saharan Slave Trade*, London 1992.

Savage, Elizabeth: *A Gateway to Hell, a Gateway to Paradise: The North African Response to the Arab Conquest*, Princeton, N. J. 1997.

Schiffers, Heinrich: *Die Sahara. Entwicklungen in einem Wüstenkontinent*, Kiel 1980.

Schubarth-Engelschall, Karl: ›Arabische Berichte muslimischer Reisender und Geographen des Mittelalters über die Völker der Sahara‹, in: *Abhandlungen und Berichte des staatlichen Museums für Völkerkunde Dresden*, Bd. 27, Berlin 1967.

Schuerkens, Ulrike: *Geschichte Afrikas. Eine Einführung*, Köln 2009.

Seiwert, Wolf-Dieter (Hrsg.): *Maurische Chronik. Die Völker der Westsahara in historischen Überlieferungen und Berichten*, Leipzig/Weimar 1988.

Swanson, John T.: ›The Myth of Trans-Saharan Trade during the Roman Era‹, in: *The International Journal of African Historical Studies* 8 (1975), S. 582–600.

›The Sahara: Past, Present and Future‹. Special issue, *Journal of North African Studies* 10, 3–4, 2005, S. 247–647.

Wilson, Andrew: ›Saharan Trade in the Roman Period: Short-, Medium- and Long-Distance Trade Networks‹, in: *Azania: Archaeological Research in Africa*, 47, 4 (Dezember 2012).

Wippel, Steffen: *Wirtschaft, Politik und Raum. Territoriale und regionale Prozesse in der westlichen Sahara*, Berlin 2012.

Zöhrer, Ludwig G. A.: ›Die Tuareg der Sahara. Handel, Religion und soziale Gliederung als Grundlage der wirtschaftlichen und handwerklichen Entwicklung‹, in: *Archiv für Völkerkunde* 2 (1956), S. 152–201.

Dank

Manche Seiten dieses Buchs sind das Ergebnis eigener Recherchen, doch im Wesentlichen fassen sie die wissenschaftlichen Leistungen anderer Autoren zusammen, von denen nur einige namentlich in den Fußnoten genannt sind. Diese Arbeit des Synthetisierens wäre nicht möglich gewesen ohne die exzellenten Bestände und das stets hilfreiche Personal zweier bedeutender Institutionen – der Joseph Regenstein Library an der University of Chicago und der Melville J. Herskovits Library of African Studies an der Northwestern University. Der Zugang zu diesen Quellen und die Reproduktion des Bildmaterials in diesem Buch verdanken sich weitgehend meinem Forschungsassistenten Kelly King-O'Brien. Zu danken habe ich auch dem Team der Networking Services and Information Technologies an der University of Chicago für die Hilfe bei den Karten und Illustrationen. Unter den vielen Kollegen, die mich unterstützt und beraten haben (aber natürlich nicht für die Ergebnisse verantwortlich sind), danke ich insbesondere Louis Brenner, Paulo de Moraes Farias, John Hunwick, Ghislaine Lydon, Ann McDougall, Labelle Prussin, Gregg Reynolds (neben weiteren Gesprächspartnern des Chicago Center for Middle Eastern Studies, mit denen ich mich beim Mittagessen austauschte), David Robinson, Susan Slyomovics, Jean-Louis Triaud, John Woods sowie sämtlichen Mitgliedern von MANSA (the Mande Studies Association).

Abbildungsnachweis

Frontispiz: UNESCO/Alexis N. Vorontzoff; S. 10: UNESCO/Bernard Galy; S. 16: akg-images; S. 23: DeA Picture Library/Art Resource; S. 30: Photo: Toby Savage; S. 44–45: Bibliothèque nationale de France; S. 57: Mamma Haidara Commemorative Library, Timbuktu; S. 60, 63: akg-images; S. 73: *Quelle:* Pieter de Morees, *Beschryvinshe ende historiche verhael van Gout Koninchkrijk van Gunea*, Gravenhage 1912 [Original 1602]. Courtesy Joseph Regenstein Library, University of Chicago; S. 76: akg-images; S. 98: *Quelle:* Dixon Denham und Hugh Clapperton: *Narrative of Travels and Discoveries in Northern and Central Africa, in the Years 1822, 1823, and 1824* (1824). Courtesy Joseph Regenstein Library, University of Chicago; S. 104–105: *Quelle:* Dixon Denham und Hugh Clapperton: *Narrative of Travels and Discoveries in Northern and Central Africa, in the Years 1822, 1823, and 1824* (1824). Courtesy Joseph Regenstein Library, University of Chicago; S. 108: *Quelle:* Gustav Nachtigal: *Sahrâ und Sûdân: Ergebnisse sechsjähriger Reisen in Afrika* (1879), Bd. 1. Courtesy Joseph Regenstein Library, University of Chicago; S. 118: Timbuktu libraries; S. 126: Library of Congress, LC-DIG-ppmsca-04592; S. 134: Wikimedia Commons; S. 145: Werner Forman/Art Resource; S. 156: Courtesy Susan Slyomovics; S. 163: Metropolitan Museum of Art/Art Resource, New York; S. 171: Manuscripts, Archives and Rare Books Division, Schomburg Center for Research in Black Culture, New York Public Library, Astor, Lenox and Tilden Foundations; S. 180: culture-images; S. 189: Library of Congress LC-USZ62–104871; S. 196: Library of Congress LC-DIG-ggbain-26038; S. 199: akg-images

Index

W

Y

Z

© University of Chicago

Ralph A. Austen ist emeritierter Professor für Afrikanische Geschichte an der University of Chicago und Autor zahlreicher Bücher über die Geschichte und Literatur Afrikas, über Sklavenhandel und Kolonialismus. Austen lehrte an verschiedenen Universitäten in Afrika, Frankreich, Deutschland und Israel.

… mit Wagenbach

Norbert Rehrmann Simón Bolívar
Die Lebensgeschichte des Mannes, der Lateinamerika befreite

Außer Che Guevara ist kein anderer lateinamerikanischer Freiheitskämpfer so oft abgebildet, verklärt und umgedeutet worden wie Simón Bolívar. Höchste Zeit also, Herkunft und Wirkung dieser politischen Ikone zu untersuchen.
Sachbuch. 240 Seiten mit vielen Abbildungen. Gebunden mit Schutzumschlag

Lev Gudkov, Victor Zaslavsky Russland
Kein Weg aus dem postkommunistischen Übergang?

Stillgelegte Fabriken und aufgegebene Menschen, Megakonzerne und eine reiche Führungsklasse, dahinter ein autoritärer Staat, der unliebsame Oligarchen hinter Gitter bringt – widersprüchlich sind die Nachrichten aus der früheren Sowjetunion. Zaslavsky und Gudkov analysieren mit großer Kenntnis und schonungslos das heutige Russland.
Aus dem Italienischen von Rita Seuß
Sachbuch. 208 Seiten. Gebunden mit Schutzumschlag

Erik Wegerhoff Das Kolosseum
Bewundert, bewohnt, ramponiert

Ehe sich das Kolosseum als archäologisch abgezirkelte, gesäuberte Ruine präsentierte, war es jahrhundertelang bewohnt: von römischen Adligen, später von einem Eremiten und schließlich von zahllosen Pflanzen. Die Geschichte eines der bekanntesten Bauwerke der Welt. Reich illustriert!
Sachbuch. 240 Seiten. Gebunden mit Schildchen und Prägung

Vittorio Magnago Lampugnani Die Stadt im 20. Jahrhundert
Visionen, Entwürfe, Gebautes

Das Opus Magnum des Architekten und Architekturhistorikers Vittorio Magnago Lampugnani über die Architektur der Stadt im 20. Jahrhundert: eine Ideengeschichte, eine Baugeschichte, eine Kulturgeschichte.
Sachbuch. 912 Seiten. 2 Bände im Schmuckschuber. Großformat. Klappenbroschur

Die englische Originalausgabe erschien 2010 unter dem Titel *Trans-Saharan Africa in World History* bei Oxford University Press.

Emser Straße 40/41, 10719 Berlin
Umschlaggestaltung Julie August unter Verwendung einer Fotografie

Gesetzt aus der Dante.
Einbandmaterial von peyer graphic GmbH, Leonberg.
Gedruckt auf chlor- und säurefreiem Papier (Schleipen)
und gebunden bei Kösel, Krugzell.
Printed in Germany.

ISBN 978 3 8031 3643 5